Otto Ernst Schmidt

Semper der Jüngling

Otto Ernst Schmidt

Semper der Jüngling

ISBN/EAN: 9783337356101

Hergestellt in Europa, USA, Kanada, Australien, Japan

Cover: Foto ©Lupo / pixelio.de

Weitere Bücher finden Sie auf **www.hansebooks.com**

Semper der Jüngling

Von demselben Verfasser
erschien im gleichen Verlage:

Asmus Sempers Jugendland

Der Roman einer Kindheit

86. bis 100. Tausend

Brosch. M 3.50, geb. M. 4.50
100. Tausend Jubiläumsausgabe

in Leder geb. M. 10.–

Alle Rechte, besonders das der Übersetzung in fremde Sprachen, vorbehalten

Published on the 19th of March 1908. Privilege of copyright in the United States of North America reserved under the act approved March 3, 1905, by Otto Ernst.

Inhalt

Semper der Jüngling

Ein Bildungsroman

von

Otto Ernst

Sechsundfünfzigstes bis sechzigstes Tausend

Leipzig • Verlag von L. Staackmann • 1914

Schon trat aus ferner, tannendunkler
 Pforte
Der Schlaf hervor.
Schon raunte mir die ersten, leisen Worte
Der Traum ins Ohr.
Da klang von nahen Zweigen
Ein tiefer Freudenschall
Und klang getrost und stark durch Nacht
 und Schweigen.
In meinen Traum sang eine Nachtigall.

Ich ritt durch flimmerdunkle
 Waldesräume
Im Traum, im Traum.
Nur fern, o fern, durch mitternächt'gen
 Bäume
Ein lichter Saum.
Doch horch: von jenen Röten
Ein süß geheimer Hall,
Ein weiches, tiefes, morgenstilles Flöten!
In meinen Traum sang eine Nachtigall.

Nun weiß ich auch, daß mir dieselbe
 Stimme
Von je erklang
Und mir das Herz in Kampf und
 Leidensgrimme
Voll Hoffnung sang.
Ein Land des Lichtes träumen
Wir armen Seelen all!
Ich aber höre Klang aus jenen Räumen:
In meinen Traum singt eine Nachtigall.

Erstes Buch

Spiel und Arbeit

I. Kapitel.

Handelt von Balladen und Präparanden, Gendarmen und hebräischen Handschriften, zum Glück auch von Präparandinnen.

Asmus Semper, der halbwegs sechzehnjährige Schüler des Hamburger Präparandeums, schwamm bis über die Augenbrauen in Seligkeit. Vor seinen Blicken wogte eine warme, goldene Flut. Herr Tönnings, der Ordinarius, der genau so aussah wie die Geometrie mit einem Stehkragen und von dem ein Gerücht ging, daß er vor sieben Jahren den einen Mundwinkel zu dem Versuch eines Lächelns verzogen habe, Herr Tönnings also hatte soeben verkündet, daß u. a. auch Asmus Semper eine Hospitantenstelle erhalten solle. Man denke, was das heißt: eine Hospitantenstelle! Jeden Morgen von 8-12 Uhr sollte er in einer Volksschule dem Unterricht der Kleinen zuhören dürfen, und dafür bekam er noch obendrein ein jährliches Gehalt von dreihundertundsechzig Mark! Jeden Morgen sollt' er aus nächster Nähe hineinhorchen dürfen in die

Werdestatt der Seelen, in die Wiege der Erkenntnis; das hohe Wunder sollt' er nun begreifen: wie der Geist des Menschen Nahrung aufnimmt, wächst und sich vollendet!

Und noch dreihundertundsechzig Mark! Er hatte ja nichts von dem Geld, wollte auch keinen Pfennig davon, haha – aber auf das Gesicht seiner Eltern freute er sich, daß ihm die Augen heiß wurden. Er wollt' es ihnen nicht eher sagen, als bis er sie beide beisammen hatte, und dann wollte er die Wirkung beobachten; aber die kleine Wohnung der Semper betrat man durch die Küche, und in der Küche briet Frau Rebekka die Abendkartoffeln, und als er seine Mutter sah, konnte Asmus sich nicht mehr halten, und weil er wußte, was seine Mutter am meisten freute, rief er: »Ich kriege dreihundertundsechzig Mark das Jahr!«

Im nächsten Augenblicke war Frau Rebekka schon in der anstoßenden Zigarrenmacherstube, schwang das Messer, mit dem sie die Kartoffeln umgerührt hatte, hoch in der Luft und rief: »Freude war in Trojas Hallen!« Aber da stand auch schon Asmus neben ihr, und damit sie ihm nicht zuvorkommen könne, rief er: »Laß, Mutter, laß, ich will es Vater sagen! – Ich krieg' eine Hospitantenstelle mit dreihundertundsechzig Mark das Jahr!«

Und da hatte Asmus wieder den Anblick, der ihm vielleicht von allen auf der Welt der liebste war: in dem weißumwallten Jupiterantlitz Ludwig Sempers gingen zwei Sonnen auf und verbreiteten Licht durch die ganze Welt.

»Ach nein – es ist ja wohl nicht möglich!« rief der Vater, indem er den Kopf zurückwarf.

»Ganz gewiß!« rief Asmus. »Nun verdiene ich mehr, als wenn ich Handwerker geworden wäre. Seht mal, wenn ich Tischler oder Hutmacher lernte, dann kriegte ich das erste Jahr gar nichts oder vielleicht drei Mark die Woche, und dies sind beinahe sieben Mark die Woche, und das geb' ich natürlich alles euch!«

Da schlug Ludwig Semper heftig das linke Bein über das rechte, wie er immer tat, wenn er in seinem Innern sehr zornig oder sehr lustig war, und redete fast den ganzen Rest des Abends mit stumm bewegten Lippen zu sich selber. Und hin und wieder lachte sein Gesicht laut und hell auf, ohne daß man einen Ton gehört hätte, und unzählige Tabakblätter verschnitt er an diesem Abend und warf sie in die Abfallschürze, weil er mit seinem Messer immer wieder sausend über die sonnigen Felder und Weiden seiner Jugend fuhr. Ach, er hatte ja auch studieren sollen; aber dann war der finanzielle Zusammenbruch seines Vaters gekommen, und dann die Sorge, dann der Krieg mit den Dänen, dann seine Träumerei und sein erhabener Leichtsinn, und dann die Liebe, und dann immer ein Kind nach dem andern. Und so machte er mit 58 Jahren noch immer Zigarren. Aber mit einem Schlage war jetzt seine Jugend wieder da – da stand sie vor ihm, fünfzehnjährig, rotwangig – nichts war verloren; denn ob nun Ludwig Semper oder Asmus studierte, das war ja vollkommen dasselbe.

Rebekka aber, als sie von »sieben Mark die Woche« hörte, vergaß all ihre Sparsamkeit, lief in die Küche und schob noch ein Stück Rindertalg unter die Kartoffeln, und als sie auch da noch ziemlich trocken ausschauten, griff sie leichtsinnig nach dem Teekessel und goß einen gewaltigen Strahl Wassers in die Pfanne, daß eine mächtige Wolke wie eines Dankopfers zu den Himmlischen emporstieg.

Dann kam die Pfanne auf den Tisch, und sieben Semper versammelten sich andächtig um das zentrale Heiligtum. Sie waren alle gesund, das sah man an den Bewegungen der Gabeln; aber Adalbert, der Jüngste, war so gesund, daß Frau Rebekka nach einer Weile ausrief: »Halt, mein Junge, du hast jetzt genug. Es wird kein Fresser geboren, es wird einer gemacht!«

Adalbert wollte sich melancholisch zurückziehen, da sprach der Vater: »Laß doch den Jungen essen!« und trat seine Ansprüche an die Allgemeinheit ab.

Und nach dem Essen – obwohl die Semper über das Abendbrot hinaus bis gegen Mitternacht zu arbeiten pflegten – warf Ludwig Semper Messer, Tabak und Rollklotz in die Ecke, holte den stark zerlesenen und vergilbten »Faust« vom Bücherbrett und las und warf das linke Bein über das rechte und bewegte die Lippen und lächelte. Und alle waren still, und Asmus wußte: Nun kommt eine heilige Stunde. Und wirklich, es währte nicht lange, da klang es durch den Raum:

>»Erhabner Geist, du gabst mir, gabst mir alles,
> Warum ich bat. Du hast mir nicht umsonst
> Dein Angesicht im Feuer zugewendet. –«

— — — — — — — — —

In einem wunderlieben Dorfe, das sich jetzt zu einer großen, häßlichen Vorstadt Hamburgs ausgewachsen hat, damals aber noch im heitern Frieden seiner Kindheit lag, in einem Garten mit Rosen und Apfelbäumen fand Asmus die Schule, an der er hospitieren sollte. »Ich habe zuviel Glück,« dachte er, als er sie nach einstündiger Wanderung vor sich liegen sah. Gewöhnlich, wenn er solch ein stummes Dankgebet in den Himmel hinaufsandte, zog ihm gleich darauf das Glück etwas ab, als wenn es dächte: Der ist auch mit weniger zufrieden. Das erste nämlich, was er tun mußte, war: sich im Portal der Schule aufstellen und alle Schüler aufschreiben, die zu spät kamen. So hatte sich Asmus das

Belauschen der Kindesseele nicht gedacht. Aber da es nun einmal sein Amt war, so notierte er gewissenhaft alles, was an Buben oder Mädchen den letzten Glockenschlag versäumte, obwohl es ihm bei den Mädchen mitunter schwer wurde. Anfangs empfand er wohl so etwas wie die Würde einer obrigkeitlichen Stellung, namentlich als ein Vater, der mit dem Schulgeld im Rückstande war, an ihn herantrat und bat, daß man noch ein wenig Geduld mit ihm haben möchte, und ihm heimlich ein paar Zigarren in die Hand drücken wollte. Asmus wich zwar ängstlich zurück und rief: »Darüber habe ich leider gar nichts zu sagen!« – aber als deutscher Jüngling fühlte er sich doch geschmeichelt, daß man ihn für eine Behörde hielt. Diese Reize indessen verflüchtigten sich schon nach wenigen Tagen. Dann kam eines Morgens ein blasses, frierendes, von Regen durchnäßtes Mägdelein, das weinte.

»Warum weinst du?« fragte Asmus.

»Ich konnte nicht eher kommen; mein Vater hat meine Mutter 'rausgeschmissen.«

»Warum das denn?«

»Och, er is all wieder duhn (betrunken).«

»So früh schon?«

»Ja, er säuft immer 'rum.«

Asmus erschrak. Gab es Kinder, die so über ihren Vater reden konnten?

»Geh' nur zu,« sagte er. Das war ja selbstverständlich, daß man die nicht aufschrieb. Er sah ihr nach und dachte daran, daß sie fror. Und dachte, wie er als Junge gefroren, wenn ihm der Wind unter die dünne Jacke fuhr.

Von nun an fragte er öfter nach dem Grunde der

Verspätung, und er notierte immer weniger. Und eines Tages sagte er sich: Entweder man muß alle aufschreiben oder keinen. Und nun ließ er alle vorbeilaufen und arbeitete an seiner ersten Ballade, die handelte von einem Fischer, der aufs Meer fuhr, um seinen Sohn zu retten, und der dann mit seinem Sohne ertrank. Das Schönste an dieser Ballade war eine Refrainstrophe, die mit den Zeilen schloß:

»Drunten klingt verworrner Klang,
Tönt es nicht wie Grabgesang?«

Alles, was nach Grab und Unglück klang, das fand der glückliche Asmus jener Tage ohne weiteres schön.

»Warum notieren Sie nicht die Zuspätkommenden?« fragte schließlich der Oberlehrer.

»Ich mag das nicht,« sagte Asmus verlegen.

»Ja, danach geht es nicht,« rief der Vorgesetzte. Aber bald darauf wurde die ganze Einrichtung aufgehoben, und der Posten des Kulturgendarmen wurde eingezogen.

Der Oberlehrer schätzte den jungen Semper wegen anderer Fähigkeiten. Leider, dachte Asmus. Denn wenn die Wache am Portal vorüber war, mußte er im Amtszimmer des Schulleiters dickleibige Schülerregister anlegen und auf dem Laufenden halten, Schulgeldrechnungen schreiben, sie mit den Hebeprotokollen »kollationieren« und endlose Kolonnen von Schulgeldern addieren. Auch das führte den Begierigen nicht in die Tiefen der Kindesseele. Es waren fünf Präparanden da: zwei junge Mädchen und drei junge »Männer«, sie alle mußten Protokolle schreiben und Rechnungen addieren. Unter den jungen Herren war aber einer, dessen Handschrift man zunächst immer für hebräische Schriftzeichen hielt; erst nach und nach kam man dahinter, daß es die bekannten deutschen Buchstaben sein sollten. Da Claus Münz überdies ohne jedes Schamgefühl addierte, so wurde er schon nach drei Tagen in die Klassen zum Hospitieren geschickt. Asmus hingegen, weil er eine gute Handschrift hatte, seine Rechnungen sogar mit einem gewissen Schönheitsbedürfnis schrieb und es nicht über sich gewann, falsch zu addieren, Asmus durfte im Bureau sitzen bleiben. Ihm fielen die Verheißungen des Herrn Rösing, seines alten Lehrers ein, der jeden Morgen gesagt hatte: »Jungens, schafft euch 'ne schöne Handschrift an; wer 'ne schöne Handschrift hat, kommt überall fort!«

Freilich: sein Schönheitsbedürfnis hatte auch schon in den ersten Tagen das Glück herausgefunden, das auch mit dieser Schreibstube wieder verbunden war, und dieses Glück war eine der Präparandinnen, die sehr hübsch war und noch obendrein brünett. Asmus schrieb und addierte den ganzen Morgen mit einer selig-schmerzlichen Spannung in der Brust, und der Schmerz kam daher, daß er sich sagte: Ich kann ja noch lange nicht heiraten. Und wenn ich heiraten kann, hat sie ein anderer geholt. Die andern beiden Jünglinge kokettierten in unschuldiger, aber fleißiger Weise mit den beiden Mädchen. Asmus dachte nicht daran, auch nur den Versuch zu wagen, weil er von seiner vollkommenen Tölpelhaftigkeit in dieser Hinsicht durchaus überzeugt war. Und eines Tages machte er dennoch den Versuch, zu imponieren. Das Zimmer war überheizt, wie alle Schreibstuben, und man klagte darüber. »Ja,« sagte Asmus, der nahe dem Ofen saß, »hier sitzt man wie die Sau am Spieß; denn er hatte das Gefühl, daß eine kraftvolle Ausdrucksweise den Mann verrate. Aber, o weh: die Damen fuhren wie wild mit den Köpfen in ihre Arbeit und kicherten, wie nur Backfische kichern können. Sie denken: das ist ein Bauerntölpel, sagte sich Asmus, und fühlte, daß er von den Haarwurzeln bis unter den Halskragen erröte. Und die männlichen Kollegen Asmussens, Herr Münz und

Herr Morieux, betrachteten ihn mit überlegen-mitleidigen Blicken, als wollten sie sagen: Ist das ein ungebildeter Mensch. Aber als wenige Tage darauf von Rousseaus »Emile« die Rede war, da zeigte sich, daß nur Asmus wußte, was wirklich darin steht, und die Braune hielt ihre braunen Augen so lange auf ihn gerichtet, als wenn sie ihn heute zum ersten Male sehe.

II. Kapitel.

Wie Asmus im Vorhof der Pädagogik weilen durfte, wie er eine andere Religion bekam, auf den Spuren Aglaias wandelte und Herrn Rothgrün nicht hinaustrampeln wollte.

Endlich, als einmal alle Rechnungen geschrieben waren und auch das letzte Protokoll »auf dem Laufenden« war, durften auch die übrigen Präparanden in die Klasse gehen und hospitieren. Welch' ein Glück, dachte Asmus, und mit weihevollem Herzen ging er der erhofften Offenbarung entgegen. Aber zunächst kam er an einen Lehrer, der es liebte, die Kinder so still zu beschäftigen, daß sie ihn möglichst wenig belästigten, und der sich, während die Schüler schrieben und rechneten, mit dem jungen Semper über Gehalts- und Anstellungsverhältnisse, über seine Frau, über Bismarck, oder über den letzten Raubmord unterhielt. Das war ja nun recht unterhaltend und wenig anstrengend; aber es war nicht das, was Asmus gesucht hatte. Er kam zu einem andern Lehrer, der hatte das ganze Einmaleins auf Reime und Bilder gebracht: die Bilder hatte er auf die Wandtafel gezeichnet, und nun mußten die Kinder die zugehörigen Verse hersagen, z. B.:

> 6×6 sind 36
> In die große Schlackwurst beiß'
> ich

oder

> 8×9 sind 72
> Dieser Knabe übergibt sich,

aber der gute Mann bedachte gar nicht, daß sich die Worte »beiß' ich« ebensogut auf 32 wie auf 36 reimen, und wenn dann ein Schüler die falsche Zahl nannte, so schalt ihn der Lehrer in komischer Verwechslung einen Esel, zerriß sich vor Aufregung und ließ die kunstreichen Verse bis zum vollkommenen Stumpfsinn wiederholen.

»Bei dem kann ich auch nichts lernen,« sagte Asmus zu jenem Mitpräparanden mit der hebräischen Handschrift, und dieser sah ihn ob solcher Anmaßung mit grenzenloser Verwunderung an.

Und schließlich fand Asmus doch einen, der auf manchen stillen Wegen der Kindesseele heimisch war, der mit den Kindern in ihrer Sprache zu reden verstand und sie, wenn auch nicht immer, so doch manchmal, aus wirrer Dunkelheit den Weg zur Klarheit führen konnte. Er war kein hoher und starker Geist, dieser Mann; aber er war sein Lebenlang mit einem Fuß im Kinderlande stehen geblieben, und so verstand er unbewußt die Regungen der Kindesseele. Hier befiel nun den Hospitanten eine andere Not: er brannte vor Ungeduld, sich selbst vor den Kindern zu versuchen; ja, manchmal schien es ihm, als wisse er einen Ausweg, wenn der Lehrer in der Wirrnis des Kindergeistes stecken blieb. Aber er hätte sich eher die Zunge abgebissen, als vor diesem Manne dergleichen laut werden zu lassen. Und alles Wippen von einem Fuß auf den andern, wenn er am Fenster stand und horchte und nicht einmal Finken und Apfelblüte seine

Sinne nach außen zu locken vermochten, alle Ungeduld half ihm nichts; er mußte warten.

Inzwischen feierte er jeden Nachmittag und jeden Abend hohe Feste. Er hatte ja in der Präparandenanstalt eines der herrlichsten Geschenke seines Lebens empfangen: da war ein Religionslehrer, der sagte nicht: Das muß man glauben, sonst ist man verdammt; der fragte überhaupt nicht, was man glaube; der trug Stunde für Stunde vor, was die Wissenschaft zu den Berichten der Bibel sagt. Gleich in der ersten Stunde, im Schöpfungsbericht, trennte er die Erzählung des Jehovisten von der des ersten Elohisten und von der des zweiten Elohisten, und vor den Augen des jungen Semper zerriß ein vieljähriger Nebel. Also hatte nicht Moses diese Dinge geschrieben, also war es nicht unfehlbares Gotteswort. Sie hatten ihn bedrückt wie eine dumpfe Last, hatten ihn gequält, geängstigt; aber er hatte keinen Ausweg gewußt. Mit einem Male gab ihm dieser Mann eine Waffe und ein Licht. Und mit solchem Licht und solcher Waffe durchwanderte der Mann die ganze Bibel, festen Schrittes und unablenkbar; was nur die menschliche Wissenschaft zur Bibel zu sagen wußte, das kannte er, und er trug es frei aus dem Kopfe vor. So fest hing Asmus an seinen Lippen, daß er kein Wort zu schreiben wagte, aus Furcht, es möchte ihm ein Wort des Redenden entgehen. Und sieh: wenn er am Abend daheim saß, dann konnte er den ganzen Vortrag von Anfang bis Ende niederschreiben; so fest hing alles mit ehernen Klammern zusammen.

Ein merkwürdiger Mann, dieser Herr Stahmer. Er sprach außer seinen Vorträgen kaum ein Wort zu seinen Schülern; er verlängerte fast jede Stunde um die ganze folgende Erholungspause – ein Ding, das Schüler nicht lieben – er verlangte viel und verschonte weder Trägheit noch Dummheit. Aber er bedurfte keiner Disziplinarmittel. Von diesen jungen Leuten, unter denen manch ein dreister

Gelbschnabel war, hätte nicht einer ein unehrerbietiges Wort gegen ihn gewagt; instinktiv verehrten sie in ihm das lautere Gefäß einer großen Kraft. Während zweier Jahre brauchte er wohl nie die Worte »Wahrheit« und »Gerechtigkeit«, und doch war das die stumme Lehre seines ganzen Wirkens: Wer Wissenschaft will, der muß wahrhaftig und gerecht sein, und wenn es das Leben gilt. Kein Gottesdienst hatte je das Herz des Asmus erhoben wie dieser.

Leider gab es davon nur zwei Stunden die Woche. In seiner Dorfschule waren es wöchentlichen sieben bis acht Stunden gewesen. Und welchen Erfolg hatten die gehabt? Mit einem leidenschaftlichen Haß gegen diese sogenannte »Religion« hatte er die Schule verlassen. In dieser Schule hatte die »Religion« die ganze Naturgeschichte aufgefressen. Ein einziges Mal hatte Herr Cremer von den Giftpflanzen gesprochen und Bilder dazu gezeigt, nicht etwa die Pflanzen selbst, und ein andres Mal hatte ein anderer Lehrer ganz unmotiviert die Feigwurz behandelt. Die Giftpflanzen und `Ranunculus ficaria` – das war die Naturgeschichte, mit der Asmus Semper, ein Kind der darwinischen Zeit, das Präparandeum bezog. Aber da stapfte nun zweimal wöchentlich mit drolligen Koboldschritten der naturselige »Papa Hamann« herein; er schleppte jedesmal eine Botanisierdose, die so groß war wie er selbst, und sein Gesicht glänzte wie ein Pfannkuchen, wenn er mit anstoßender Zunge sagte: »Heute meine Herren, hab' ich Ihnen etwath[1] ganth Bethondereth mitgebracht!«

Und dann kramte er aus mit dem Gesicht eines Vaters, der seine Kinder zur Weihnacht überrascht, und Asmus hörte zum erstenmal vom Bau und vom Leben der Pflanze, und wenn man ihn sah, so konnte man glauben, er wolle die Pflanzen im wörtlichsten Sinne verschlingen, so versessen war er auf dies neue Erkennen. Freilich blieb die

Wissenschaft des guten Papas einigermaßen an der Oberfläche; er sprach allerlei vom Chlorophyll; aber was es für eine Bedeutung habe, wußte er eigentlich selbst nicht. Für den ausgehungerten Geist des kleinen Semper aber war alles, was er ihm bot, Gewinn, und überdies war die Lehrweise des Alten so väterlich und fröhlich und mit so wundervollen Redeblumen geschmückt!

»Eth mag wohl funfthehn Jahre thein,« sagte Papa Hamann zum Beispiel, »dath ich dath Vergnügen hatte, den Schwanth eineth Walfischeth von Angethicht zu Angethicht zu thehen!«

Oder wenn er zu den Damen von den Pflanzen einer bestimmten Familie sprach, so sagte er:

»Einige von ihnen, meine Damen, thind ganth reitthende Pfläntthchen; andere dagegen thind häthlich und widerlich!«

Und darin hatte er recht, einige von diesen Präparandinnen, die in einer anstoßenden Straße unterrichtet wurden, waren wirklich ganz reizende Pflänzchen, und Asmus und ein paar Bürschchen mit ihm ließen es sich nicht nehmen, dreien von ihnen, die auf gleichem Wege heimwärts wandelten, an laulichen Abenden in respektvoller Entfernung zu folgen und sich ihnen durch lautgesprochene Galanterien und wundervolle Witze bemerklich zu machen. Bald schon taufte Asmus die drei auf die Namen Aglaia, Euphrosyne und Thalia, und die eine von ihnen – es war Aglaia – verehrte Asmus viele Monde hindurch, ohne jemals ihre Vorderseite gesehen zu haben. Aber sie hatte einen anmutsvollen Gang, und ein schöner Gang griff Asmussen ans Herz.

Auf andern Wegen schwärmten andre Herzen, und nach den drei Grazien zu urteilen, schien den jungen Damen der schüchterne Kultus der Jünglinge durchaus nicht zu mißfallen; sie verfielen wenigstens aus einer zeitweiligen entrüsteten Gangart immer wieder in Kichern, Lachen und träumendes Hinschlendern; aber sei es nun, daß irgendwo ein Jüngling dem Drange seines Busens zu weit nachgegeben hatte, sei es, daß sich unter den verfolgten Unschulden ein strenges oder ein eifersüchtiges Herz befand – eines Tages lief eine Klage beim Seminardirektor ein, und dieser Mann hatte aus seinem heimischen Preußen und aus dem französischen Kriege, in dem er als Reserveoffizier gefochten, einige üble Gewohnheiten mitgebracht. Er hielt eine donnernde Standrede und nannte die ritterlichen Präparanden »grüne Jungen«. Man war sich sofort darüber einig, daß man sich das mit fünfzehn bis sechzehn Jahren nicht mehr bieten lassen könne und daß der einmütige Austritt aller aus der Anstalt die einzig würdige Antwort auf diese Roheit sei. Am folgenden Tage dachte man milder über die Sache; man bedurfte ja der Einwilligung der Eltern zum Austritt, und man hielt es im stillen für möglich, daß die Eltern sich von der Auffassung des Direktors nicht wesentlich entfernen möchten. Am dritten Tage endlich beschloß man, die unqualifizierbare Äußerung des Direktors auf dessen preußische Unbildung zurückzuführen und ihn zu verachten.

Nur ein pathetisches Herz vermochte sich nicht zu bezwingen. Der Träger dieses Herzens war ein gewandter Zeichner; er zeichnete an die Wandtafel einen Pfahl, der einen preußischen Adler trug, und dazu eine Kanone, die sich gegen das flügelspreizende Wappentier entlud. Der Direktor kam, sah das Bild, kratzte sich lächelnd den schwarzweißen Stachelbart, tickte dann mit den Fingern auf den Adler und sagte zur Klasse: »Da können Se lange schießen, bis Se den runterkriegen ...« und wandte sich seinen Geschäften zu.

Und als diese erledigt waren, trat in breiter Aufmachung Herr Rothgrün, der Lehrer der Geschichte, herein. Wenn Herr Rothgrün auftrat, so sah das immer aus wie: Jetzt beginnt eine neue Epoche der Wissenschaft. Und Herr Rothgrün begann, Geschichtszahlen zu repetieren. Er nannte das Ereignis, und der Schüler mußte die Zahl nennen:

»Amenemha III.?«

»2200.«

»Vertreibung der Hyksos?«

»1580.«

»Durch wen?«

»Durch Thutmosis.«

»Amenophis?«

»1500.«

Oder Herr Rothgrün nannte die Zahl und der Schüler das geschichtliche Faktum, was genau ebenso bildend und interessant war. So ging es die ganze Stunde hindurch; denn fortfahren in der Geschichte konnte Herr Rothgrün nicht, weil er heute nichts wußte.

»Er war wieder mal nicht präpariert,« sagten die Präparanden, als er fort war.

In der nächsten Geschichtsstunde begann Herr Rothgrün nach effektvollem Eintritt und imperatorenhafter Besteigung des Katheders von neuem:

»Phul?«

»770.«

»Tiglat Pilesar?«

»740.«

Und so fort über Ägypter, Phönizier, Israeliten, Meder, Perser, Griechen und Römer bis zu den Franken und Merowingern. Wer die Zahl wußte, war gescheit, wer sie nicht wußte, dumm.

Als auch diese Stunde der Pein vorüber war, ward es abgemacht: Wenn er die nächste Stunde wieder Zahlen büffelt, dann trampeln wir. Aber keiner darf sich melden! Man kannte Herrn Rothgrün schon als einen langatmigen Hasser, der sich auch bei den spätesten Examinibus derer erinnerte, die ihm einmal mißfallen hatten. Asmus und einige andere waren gegen dieses heimliche Verfahren. Das sei »unmännlich«. Man solle eine Abordnung zu Herrn Rothgrün schicken und sich über seinen Unterricht beschweren.

»Ja, willst du das tun?« riefen einige höhnend.

»Ich gehe mit,« sagte Asmus. Aber die andern wollten nicht, und da sagte Asmus: »Allein will ich auch nicht.«

»Semper will artig Kind spielen,« spottete einer.

»Du bist ein Esel!« rief Asmus. »Trampeln tu ich nicht. Aber die Folgen trage ich natürlich mit.«

---

[1] th sprich wie das englische th.

III. Kapitel.

Wie die Augen des Asmus die Jahrhunderte der Vergangenheit und wie sie die Dinge der lebendigen Welt sahen, und wie er darum mit diesen Augen zum Arzt mußte.

Die nächste Geschichtsstunde erschien, und Herr Rothgrün begann: »Tiglat Pilesar?«

»740,« sagte der Gefragte, und dann ging ein Trampeln durch die Klasse, das wie grollender Donner klang.

Herr Rothgrün wurde weiß.

»Was soll das?« rief er.

Keine Antwort.

»Was soll das heißen?«

Eisiges Schweigen.

»Es wird ja wohl einer den Mut haben, aufzustehen und zu sagen, was das bedeuten soll?« schrie der Lehrer.

Niemand rührte sich.

»Nun, dann bleibt mir nichts anderes übrig, als Herrn Direktor Korn zu melden, daß ich durch ein unerklärliches Geräusch im Unterricht gestört worden bin.«

Aber Herr Rothgrün erstattete dem Direktor keine Meldung; denn er wußte wohl, daß der einen sehr direkten Schluß auf seinen Unterricht ziehen würde. Der Direktor hielt zu dem Grundsatze: »Unterrichtet nur gut; dann kommt der Respekt der Schüler von selbst.« Auch erklärte sich Herr Rothgrün das »unerklärliche Geräusch« sehr schnell und richtig; er begann sofort zu erzählen; diesmal erzählte er freilich noch mangelhaft, weil er den Stoff nur in einigen Reminiszenzen beherrschte, aber von der nächsten

Stunde an vorzüglich; denn wenn er wollte, so konnte er's vielleicht am besten von allen Lehrern der Anstalt.

Geschichte hören oder Geschichte lesen, das gab Asmus immer besondere Freuden. Nicht, daß er an die Geschichte geglaubt hätte, – er glaubte die profane Geschichte so wenig wie die biblische. Aus seiner »Faust«-Lektüre wußte er sehr wohl:

> »Die Zeiten der Vergangenheit
> Sind uns ein Buch mit sieben Siegeln.
> Was ihr den Geist der Zeiten heißt,
> Das ist im Grund der Herren eigner Geist,
> Darin die Zeiten sich bespiegeln.«

und dem stimmte er von ganzem Herzen zu. Um wirklich zu wissen, mußte man von all den Fürsten, Feldherren und Priestern, mußte man vor allem von der Menge des Volkes wissen, was sie bei ihren Handlungen dachten, fühlten, beabsichtigten und wünschten, und davon hörte man so gut wie nichts. Kaum daß einmal durch einen glücklichen Zufall ein Lichtschein in diese ewig versunkene Welt fiel, wie ein Sonnenstrahl in eine Kammer einer verschütteten Stadt. Und die Menschen der Geschichte waren ihm wie die Gebilde einer rohen Holzschneidekunst, die die menschliche Gestalt kaum in leisen Andeutungen erkennen lassen. Daß man aus der Geschichte etwas lernen könne, das glaubte er nicht. Aber lange Zeitläufte der Geschichte formten sich ihm zu riesigen Bildern von wunderbarer Gewalt, und in diese Bilder versank er mit aufgerissenen Augen und horchender Seele, wenn er hörte und las. Er sah ein Jahrhundert, da stille Mönche in stiller Zelle saßen und vom Virgil oder Cassiodor den Blick erhoben und durchs Fenster voll gläubiger Hoffnung schauten über weites, unbesiedeltes deutsches Land, indessen andere, das Kreuz in der Hand, durch unerforschte Wälder schritten und auf heiterer

Lichtung ein Kirchlein oder eine Kapelle errichteten. Er sah ein Jahrhundert voll Weihrauch und Meßgewänder, da königliche Väter büßend vor unnatürlichen Söhnen knieten und lange Sündenregister, vom Priester singenden Tones verlesen, bekannten, und das ganze neunte Jahrhundert ward ihm zum »Lügenfeld«. Dann gab es eine lange Zeit, deren Angesicht in die bunte Glut des Ostens schaute und blinkende Ritter und düstere Mönche, Männer und Weiber, Greise und Kinder in jahrhundertelangen Zügen nach den ewigen Spuren des Nazareners wandern sah. Das ernste Jahrhundert des Wittenberger Mönches baute sich ihm auf mit den strengen und nüchternen Säulen eines lutherischen Gotteshauses, aus dem die streitbaren Glaubensgesänge hinausklangen in einen grauen und feuchten Novembertag; dann kam ein Jahrhundert, das lag verborgen unter den Brand- und Blutwolken eines endlosen Krieges, und so nah zogen die Wolken über den Erdboden dahin, daß die Menschen nur gebückt dahinschlichen. Aber das achtzehnte Jahrhundert, das sah er trotz aller Kriege und aller großen Revolution wie eine friedsame Stadt mit winkelig-sauberen Gäßchen, wo aus schnurrig gegiebelten Häusern Gelehrte mit Zöpfen und Kniehosen hervortraten und bedachtsam über die Straße schritten zum Nachbar von drüben, um mit ihm über die Schriften Voltaires oder über das neueste Werk des erstaunlichen Königsberger Professors zu streiten.

So hörte, so sah er die Geschichtserzählungen des Herrn Rothgrün. Aber dann mußte dieser Herr einmal ein halbes Jahr lang vertreten werden, und die Vertretung übernahm Herr Stahmer, der Religionslehrer. Und wieder empfing Asmus eine Offenbarung. Herr Stahmer behandelte während eines ganzen Semesters einen Zeitraum von zehn Jahren; er verfolgte die Geschichte bis in die Kabinette von Wien, Berlin und Petersburg hinein und erzählte so ziemlich alles, was man über die zehn Jahre wußte. Und mit einem

Male ward dem Jüngling die Geschichte zur Wissenschaft. Die rohe, unverdauliche Masse der Tatsachen, wie sie Herr Rothgrün und wie sie die üblichen Lehrbücher aufhäuften, absonderlich die Großtaten der Kriegesfürsten, die mit dem Schwerte die Welt durchzogen, waren ihm von jeher furchtbar gleichgültig und langweilig gewesen: jetzt zum ersten Male ahnte er etwas von geschichtlichen Zusammenhängen. Bei Herrn Stahmer sah er keine visionären Bilder; aber er sah das Leben, und eine andere, neue Freude wärmte ihm das Herz. Wieder verschlang er jedes Wort, fast eh' es der Lehrer gesprochen; wieder schrieb er des Abends im stillen Hause mit fliegender Feder zwanzig, dreißig Quartseiten voll, und wohl zehnmal mußte ihm sein Vater mit milde mahnendem Finger auf die Schulter tupfen, er möge sich zur Ruhe legen. Mit brennendem Eifer sagte sich Asmus: In der Geschichte muß man alles wissen, sonst weiß man nichts. Und etwas Größeres begriff er: Viel wissen, bedeutet gar nichts; aber eine Sache ganz wissen, das ist Aufklärung, Befreiung. Dann wird Wissen zum Leben und macht in die gefrorenen Fenster, die uns umgeben, ein Guckloch nach der Außenwelt. Als er später in der »Systematischen Pädagogik« das »non multa sed multum« bis zum Ekel wiederkäuen mußte, da begriff er nicht, warum man dies Wort immer wiederholte und niemals befolgte.

Das und manches andere im heiligen Tempel des Präparandeums war nun wohl gut und schön; aber es gab auch gefürchtete Stunden, und die gefürchtetsten waren die Zeichenstunden, die in einer weit entlegenen Gewerbeschule genommen werden mußten. Sie waren so schlecht, daß sie sogar den Charakter verdarben.

Wie hatte sich Asmus aufs Zeichnen gefreut! Von früher Kindheit an hatte er gezeichnet, und in den Berg- und Waldlandschaften, die er kopiert hatte, hatte er ein frommes und seliges Leben gelebt. Selbst der kümmerliche Zeichenunterricht seiner Dorfschule hatte ihm noch Freude gemacht. Als Asmus zum ersten Male in dem riesigen Zeichensaal, der so viel mit der Kunst gemein hatte wie das Wartezimmer eines Bezirkskommandos, Platz genommen hatte, da setzte ihm Herr Semmelhaack ein dreiseitiges Prisma von Holz vor. Asmus zeichnete willig den Holzklotz und wartete die Wiederkunft des Lehrers ab.

Herr Semmelhaack kam und legte das Prisma auf eine Seitenfläche. (Bis dahin hatte es auf einer Grundfläche gestanden.)

Asmus zeichnete den Klotz in der neuen Stellung und erwartete den Lehrer.

Herr Semmelhaack kam und legte das Prisma auf eine andere Seitenfläche.

Asmus dachte: Aller Anfang ist öde, und zeichnete den Klotz zum dritten Male.

Herr Semmelhaack hatte an der Zeichnung einiges auszusetzen und legte dann den Klotz auf die große Seitenfläche.

Asmus dachte: Die Wurzeln der Kunst sind bitter; aber ihre Früchte sind süß, und porträtierte das interessante Holz zum vierten Male.

Jetzt bin ich mit dem verdammten Klotz durch, dachte Asmus; da kam der Lehrer und stellte das Prisma etwas nach rechts.

Asmus richtete einen langen Blick auf Herrn Semmelhaack und zeichnete dann das rechtsstehende Prisma.

Danach kam Herr Semmelhaack und stellte der

Abwechslung wegen das Prisma etwas nach links.

`Per aspera ad astra`, dachte Semper und machte auch das.

Hierauf nahm der »Lehrer« das Prisma und stellte es Sempern wieder gerade vor die Nase, aber »über Eck«, so daß man drei Flächen auf einmal sah.

»Es ist allerdings etwas Anderes und Neues,« sagte sich Asmus, betrachtete Herrn Semmelhaack mit einem noch viel längeren Blick und machte sich wieder an seinen vertrauten Klotz.

In verzweifelten Momenten schaute Asmus sich sehnenden Blickes um; es gab überall nur Holz und Gips. Der größte Künstler unter den Schülern zeichnete einen pompösen Blumenstrauß – von Gips. In der ganzen Anstalt, soweit er hineinblicken konnte, sah er kein lebendiges, erfreuendes Objekt.

Er traute seinen Augen nicht, als Herr Semmelhaack eines Tages das dreiseitige Prisma wegnahm und einen neuen Klotz brachte. Dieser Klotz bestand aus zwei vierseitigen Prismen, die im rechten Winkel aneinander saßen. O, damit konnte man nun die tollsten und interessantesten, die bizarrsten und perversesten Dinge vornehmen; bis zum jüngsten Gericht konnte man das immer anders aufstellen. Als Asmus bei der siebenten Stellung war, da lag der Winkelklotz da wie eine Sphinx, die ihre Arme breit über die ganze lange Bank legte, den Kopf in die Hände stützte und ihn anglotzte und angähnte, und dann sagte die Sphinx, indem sie immer zwischen zwei Worten gähnte: »Ich kann – dreihundertfünfundneunzig Millionen – Stellungen – einnehmen – huu – ja.«

»Das hält kein Nilpferd aus,« antwortete Asmus.

»Sagten Sie etwas?« fragte Herr Semmelhaack.

»Ja. Ich kann nicht mehr zeichnen. Ich habe Augenschmerzen.«

Zum nächsten Unterricht ging er überhaupt nicht; er entschuldigte sich mit Augenschmerzen.

Das ging nun wohl einmal, ging auch zweimal; dann aber sagte Herr Tönnings mit dem steifen Halskragen: »Ja, dann müssen Sie ein ärztliches Attest beibringen.«

Also mußte Asmus zum Vertrauensarzt der Schulbehörde.

IV. Kapitel.

Asmus befreit sich aus einem Hungerturm und studiert in einem Taubenschlag.

Von allen Qualen des Lebens hielt Asmus zwei für die unerträglichsten: Zahnschmerzen und Langeweile. Lieber als in dieser Kunstkaserne wöchentlich zwei Stunden, das heißt zwei Jahrhunderte an einen Klotz geschmiedet zu sein, lieber wollte er ein schlechter Mensch werden. Und so rieb er sich im Vorzimmer des Arztes tüchtig die Augen und kniff sie ein Dutzend Mal zusammen.

»Die Augen tränen,« sagte der Arzt, und er schrieb ein Attest, daß der Patient wegen tränender Augen sechs Wochen lang nicht zeichnen dürfe.

Asmus barg das kostbare Blatt sorgfältig wie eine Banknote in der Tasche, fühlte unterwegs mehrmals nach, ob er's auch noch habe, und überreichte es frohen, tränenlosen Blickes Herrn Tönnings.

Herr Tönnings vertrat mit Recht die exaktesten Wissenschaften. Man weiß, wie es zugeht, wenn ein dicker Pfahl tief in ein festes Erdreich getrieben werden soll. Immer wieder saust die Ramme herab, immer wieder, hundertmal, tausendmal, stundenlang, tagelang. So unterrichtete Herr Tönnings: immer wieder auf denselben Pfahl, immer wieder drauf. Dann aber saß er auch für die Ewigkeit, und man konnte ein Haus drauf bauen. Was man bei ihm gelernt hatte, vergaß man niemals wieder. Aber leider vergaß er ebensowenig. Und also sprach genau nach sechs Wochen Herr Tönnings, der niemals Lächelnde: »Ihr Attest ist abgelaufen.«

Asmus ging wieder zum Arzt und kniff und rieb rechtzeitig seine Augen.

»Die Augen tränen noch immer,« konstatierte der Arzt sehr richtig und dispensierte den Kranken »bis auf weiteres« vom Zeichenunterricht.

»Ja, damit müssen Sie wohl zum Direktor gehen,« sagte Herr Tönnings.

Als der Direktor gelesen hatte, schnauzte er los: »Das jibt's nicht. Ein Lehrer muß jesunde Sinne haben!« Er durchbohrte Asmus mehrere Male mit Blicken und wartete, ob er etwas sagen werde. Aber Asmus wußte schon Bescheid: er sagte nichts. »'n Lehrer, der nicht sehen kann, können wir nicht brauchen!« schrie Herr Direktor Korn, durchbohrte mit seinen glitzernden Brillenaugen den jungen Semper noch ein paar Mal und wartete auf eine Erwiderung. Aber der sagte nichts. Es war in der Anstalt alte Überlieferung: man muß ihn ein paar Minuten kochen lassen, dann wird er genießbar. »Dann müssen Sie die Anstalt verlassen!« stieß der Direktor hervor, kratzte sich hörbar seine silbernen Bartstacheln und durchbohrte Sempern noch drei- bis viermal. Semper sagte nichts. »Wie heißen Sie noch?« Direktor Korn warf einen Blick ins Attest. »Semper?«

»Jawohl, Herr Direktor!«

»Waren Sie das nicht, der neulich den 'Erlkönig' vortrug, als ich hospitierte?«

»Jawohl, Herr Direktor!«

»Na. – Das war jut. – Kennen Sie denn sonst noch was von Joethe?«

Asmus wurde lebendig. Er begann aufzuzählen.

»Na, das ist ja so ziemlich alles. Haben Sie denn auch alles verstanden?«

»Das – wohl kaum!«

»Welche Dichter haben Sie denn noch jelesen?«

Asmus nannte eine lange Reihe.

»Haben Sie Jean Paul jelesen?« Doktor Korn hatte ein ganz sonniges Gesicht bekommen. Das war sein Liebling.

Asmus nannte ein paar Romane Jean Pauls.

»Na, Sie haben ja 'ne janze Masse jelesen. Dabei haben S' sich wohl die Augen verdorben?«

»Die Augen?« wollte Asmus schon verwundert fragen; da fiel sein Blick noch rechtzeitig auf das Attest. Er blieb stumm und errötete tief; so viel Freundlichkeit konnte er nicht mit offenen Augen anlügen.

»'s is jut. Sie können jehen,« sagte der Herr Direktor. Und Asmus betrat das Holzmagazin niemals wieder. Der Direktor mochte eine Ahnung haben von den Schrecken jenes Hungerturms, wo der Geist an einen Klotz geschmiedet und mit Gips ernährt wurde.

Viktoria! Nun konnte er wöchentlich noch zwei Stunden länger in seinem Arbeitszimmer sitzen und sich immer tiefer in den Kuchenberg des Weltalls hineinessen. Ja, das Weltall war ein Kuchenberg, nahrhaft und süß, und das Leben ein Schlaraffenland und sein Arbeitszimmer eine heilige Halle, obwohl es eigentlich kein Zimmer, sondern ein Tisch mit zwei Beinen war, den man mit der einen Seite an die Wand genagelt hatte. Dieser Tisch stand in der allgemeinen Arbeitsstube, wo der Tabak zubereitet und die Zigarren gemacht wurden; denn im Winter durfte der Sparsamkeit halber nur ein Raum geheizt werden, und als der Sommer kam, war es Asmussen eine liebe Gewohnheit geworden, unter den schwatzenden, lachenden und sich streitenden Arbeitern seine Quadratwurzeln auszuziehen, Vokabeln zu lernen und Aufsätze zu schreiben. In diesem bescheidenen Raume saßen Ludwig Semper, der Vater, Johannes, sein Sohn und Gehilfe, zwei andere Gehilfen, ein Tabakzurichter, gewöhnlich auch Rebekka, die Mutter, beim Tabak helfend oder mit einer häuslichen Verrichtung beschäftigt, und endlich der Präparand Semper. Das war der Personenstand in ruhigen Zeiten. Aber das Arbeitszimmer der Semper war ein Taubenschlag, wo es von seltsamem Geflügel immer aus- und einflog. Da kamen sozialdemokratische Parteihäupter, die mit Johannes Semper wichtige Dinge von aufgelösten und anzumeldenden Versammlungen zu beraten hatten. Da kam der Kontrolleur des Fabrikanten, der nachschauen mußte, ob die Zigarren gut und nicht zu schwer gemacht würden, ein ernster, steifer Mann, der aber jedesmal warm wurde, wenn Ludwig Semper mit ihm vom Theater sprach, und der diesem angelegentlichst empfahl, er möchte sich doch einmal den »Lohengrin« anhören. Ludwig Semper faßte denn auch um diese Zeit zum ersten Male den Entschluß, in den »Lohengrin« zu gehen.

Da kam schrecklicherweise auch der Barbier Ludwig Sempers, der drei Minuten rasierte und dann zwei Stunden schwatzte; er glich in Miene und Gestalt, in seiner Stimme und seiner Schwatzhaftigkeit einem alten Weibe; nur seine Hand und sein Messer lasteten schwer auf der Wange seiner Opfer wie die Keule des Herkules.

»Ein schrecklicher Zwirnbeutel,« sagte Ludwig Semper, wenn er gegangen war, und das war ein treffender Vergleich. Wie man aus dem Nähbeutel einer unordentlichen alten Dame, in dem sich die Garnknäuel vieler Generationen verwirrt und verfitzt haben, nur nach stundenlanger Mühe einen Faden hervorholt, so holte er aus seinem Erinnerungssack seine zwirndünnen Geschichten hervor; jede auftretende Person verfolgte er bis in ihre entferntesten Verwandtschaften; er entwickelte die Genealogien der unbekanntesten Milchleute und der gleichgültigsten Grünwarenhändler.

»Und geschnitten hat er mich auch wieder,« pflegte Ludwig nach solchen Besuchen zu sagen.

»Ja, mein Gott,« rief Frau Rebekka erregt, »warum schaffst du ihn denn nicht ab!«

»Ach, das mag ich nicht,« sagte Ludwig lächelnd, »er schneidet mich nun schon so viele Jahre.«

Nicht der Geringste aber von allen, die da kamen, war Heinrich Moldenhuber, genannt der »Wolkenschieber«, weil er lieber Wolken schob als Zigarren machte und lieber hoch oben auf der Galerie des Stadttheaters saß als in der Tabakstube. Wie ein Komet schoß er von Zeit zu Zeit in die Arbeitsstube der Semper, und in der Tat, für Asmus war dieser Mann wie ein Stern der Kinderzeit; er erinnerte ihn an manche Feierstunde voll Gedanken und Träume, und jedesmal mußte er nach den hinteren Rocktaschen des

Wolkenschiebers blicken, aus denen er einmal einen Apfel und ein Bilderbuch hatte hervorholen dürfen.

Aber wenn er wollte, so konnte er auch im zehnten Teil einer Sekunde eine hundert Fuß dicke und tausend Fuß hohe Mauer um sich aufrichten, durch die kein Ton und Bild der Kommenden und Gehenden, der Plappernden und Klappernden hindurchdrang. Wenn er wollte, so konnte er jeden Augenblick allein sein, ganz allein, wie in einem Grabe.

Aber wahrlich nicht wie in einem Grabe war es in dieser Stille. Es war wie in einer wuchernden Waldwildnis voll wirren Gezweigs, voll Blätter und Blumen, voll Duft und tropfenden Lichts, voll jenes ewigen Summens, das aus dem inneren Getriebe der Welt zu kommen scheint. Wie er sich als Knabe in das innerste Dickicht eines Gehölzes verkrochen und dort stundenlang gehockt und nur geschaut und gehorcht hatte, als müss' er eines Tages etwas vernehmen wie den Atem der Welt, so konnte er sich in die innerste Einsamkeit seiner Seele zurückziehen und selig sein. Aber freilich: schöner noch als am Alltag war es am Sonntag, wenn die Arbeit der andern ruhte und nur sein Vater, schweigend und nimmermüde, den Tabak für die kommende Woche vorbereitete. Dann war Sonntag außen und innen, Sonntag lag in allen Büchern, wo man sie auch aufschlug, selbst die Logarithmen hatten Sonntag, und, wenn er's auch gar nicht sah, Asmus wußt' es immer, wann die warmen Augen seines Vaters auf ihm ruhten, und er war glücklich unter dem Glanz dieser Sterne.

V. Kapitel.

Ob der Mensch schlafen muß oder nicht. Von stummer Liebe und von stygischen Gewässern.

Der Präparand hatte ein kindliches Vergnügen daran, wenn die Bücher sich neben ihm aufhäuften. An Faust mußte er denken, der hatte auch »über Büchern und Papier« gesessen. Faust hatte alle Fakultäten durchstudiert und sagte dann, er sei so klug als wie zuvor. Aber das war im 16. Jahrhundert! Jetzt war die Sache schon anders. Asmus wollte auch alles studieren, alles! Und dann wollte er doch sehen! Er wollt' es schon herausbekommen,

> »was die Welt
> Im Innersten zusammenhält«!

Und er konnte dem Famulus eigentlich nicht so unwirsch begegnen, wie es Faust tat. Freilich:

> »Man sieht sich bald an Wald und Feldern satt;
> Des Vogels Fittig werd' ich nie beneiden«

das war natürlich Torheit, oder, wie Asmus in jugendlicher Kraft sagte: »Blödsinn«; aber was dann folgte, das war doch wahr und schön!

> »Wie anders tragen uns des Geistes Freuden
> Von Buch zu Buch, von Blatt zu Blatt!
> Da werden Winternächte hold und schön,
> Ein selig Leben wärmet alle Glieder –«

Ja, ja, ja, so war es, da hatte der »trockne Schleicher« dennoch recht! Und zuweilen fragte sich Asmus, ob es nicht das schönste Leben wäre, immer am Tische zu sitzen, links Bücher und rechts Bücher, vor sich Bücher und hinter sich

Bücher, und gar nicht wieder aufzustehen und niemals schlafen zu gehen. Wenn Ludwig Semper ihm mit leisem Finger auf die Schulter klopfte und sagte: »Du mußt zu Bett gehen,« dann fragte sich Asmus immer: »Warum geht man eigentlich schlafen? Ich werde noch einmal beweisen, daß man überhaupt nicht zu schlafen braucht.«

Er hatte den Gang und die Haltung seines Vaters geerbt; sein Vater aber ging mit großen Schritten und mit gesenktem Kopf.

»Jung', geh' doch grade!« rief seine Mutter; »grad auf wie ich, sagte der schiefe Tanzmeister,« so rief sie viele hundert Male, und dann richtete Asmus den Kopf empor und trug ihn über eine Minute lang hoch in den Lüften; dann aber sank er langsam, langsam wieder hinab, dem Tal der Träume zu.

Wer aber nun gefürchtet hätte, daß Asmus Semper ein Bücherwurm und Stubenhocker werden könnte, der würde doch nur den vierten Teil seines Wesens gekannt haben. Wie er als Knabe zu seinen Einkaufgängen immer mehr Zeit gebraucht hatte, als der Weg eigentlich erforderte, so fand er noch immer auf seinen Schul- und Heimwegen an diesem wunderbaren, ewig sich wandelnden Panorama der Welt ein unermeßliches Vergnügen. Da war zum Beispiel ein hübsches Mädchen, das ihm jeden Morgen begegnete. Sie war sehr einfach, aber ordentlich gekleidet und schien eine etwas bessere Stellung in einer Fabrik zu haben. Eines Morgens trafen sich ihre Blicke. Und von da ab traf es sich jeden Morgen, daß sie ihm in die Augen sah und er ihr. Das traf sich wohl monatelang so. Zuletzt fanden sich ihre Blicke schon ganz von weitem, auf zwanzig Schritte, und blieben so lange ineinander haften, bis die beiden Morgenwanderer aneinander vorbei waren. Und eines Morgens – war es möglich? war es denkbar? – eines Morgens schien sie leise zu nicken. Asmus griff an den Hut; aber weil er so verwirrt war, tat er es erst, als sie schon vorüber war. Dann fragte er sich auch, ob es nicht eine kolossale Dreistigkeit wäre, sie zu grüßen. Aber am nächsten Morgen nickte sie schon ganz deutlich, und tief zog Asmus den Hut, als wäre sie die Königin Semiramis. Und nach und nach nickte sie immer deutlicher und lächelte dabei, und Asmus zog den Hut und lächelte ebenfalls. Er mußte an Don Juan denken, der auch mit allen Mädchen angebunden hatte. Als aber nun die Semper auf Frau Rebekkas Betreiben wieder einmal umgezogen waren und Asmus einen andern Weg zur Schule nehmen mußte, da hörten die Begegnungen auf. Es wußte wohl keiner vom andern, wer er sei, und ob ihm ein Glück vorübergegangen oder ein Unglück. Langsam, wie der Regenbogen aus dem Grau hervorgetreten war, ward er wieder aufgesogen vom Grau.

Er ging durch manche graue Straße und manchen grauen Tag; denn der Himmel Hamburgs verhüllt sich oft wochenlang. Aber immer war er erstaunt, wenn er die andern seufzen hörte: »Nun haben wir in drei Wochen die Sonne nicht gesehen!« Brauchte man denn die Sonne? Gewiß, wenn sie am Himmel stand, dann war die Welt über alles Begreifen schön; aber konnte man nicht auch ohne Sonne fröhlich, glücklich und begeistert sein? »Drei Wochen keine Sonne?« fragte er ungläubig. Er hatte sie nicht vermißt. Ihm war es, als wäre eben noch Sonnenschein gewesen. Unter seiner Hirnschale wölbte sich ein ewig heiterer Himmel. Aber merkwürdigerweise sah man ihm das nicht an. Er schaute meistens mit einem ernsten Gesicht in die Welt, wohl darum, weil er sie über alles Erwarten schön fand.

Und in warmem Behagen stapfte er durch den tagelangen, wochenlangen Nebel und den »fisselnden« Regen Hamburgs und schaute mit Behagen in die grauen Kanäle und mit

Behagen empor an den altersgrauen Häusern der ehrwürdigen Stadt. Jedes dieser Häuser sah anders aus und guckte einen an wie ein Mensch und sagte: »Hier ist sicheres und behagliches Wohnen.« Und seltsam, obwohl die Straßen schmal und dunkel waren, glaubte man's doch, während man draußen durch die neuen Viertel seines heißgeliebten Oldensund, wo die wachsende Industrie eine Mietskaserne nach der andern aufwarf, nur mit Ekel und Grauen ging. Asmus Semper hatte sich nie eine Vorstellung von der Hölle machen können; seitdem er diese neuen Arbeiterviertel, diese rauchbeschmutzten Kasernenreihen, diese Kolumbarien, diese vierstöckigen Hundehütten – nein, Hundehütten waren gewöhnlich hübscher – seitdem er die freche Prosa, die schamlose Häßlichkeit dieser Zementkisten gesehen hatte, seitdem konnte er sich ein Bild machen von einem Ort der ewigen Verdammnis. Seine Seele hatte ja Millionen von Saugfäden, die selbst aus dem ärmsten und dunkelsten Winkel noch Schönheit und Freude sogen; auch in seiner Tabak- und Studierstube fand er noch Schönheit und Freude; aber vor dem gemeinen Blick dieser Häuser zogen sich alle Fäden seiner Seele schaudernd zurück, und nie empfand er ein grimmigeres Mitleid mit den Armen, als wenn er durch diese Straßen ging.

O, wie hatte er's dagegen wieder gut getroffen mit seiner neuen Wohnung in der roten Twiete. Diesmal hatte die quecksilberne Frau Rebekka einen guten Griff getan, und sie triumphierte in hellen Tönen. Das Haus selbst war freilich auch nur eine Mietskaserne; aber gegenüber lag ein Park mit uralten Bäumen, und davor stand eine unbewohnte, strohbedeckte Hütte, und neben dem Park öffnete sich unter hohen Baumkronen, schmal und schattenheimlich, wie ein Weg zur Unterwelt, der Philosophenweg. O nein, es fiel dem Präparanden Semper gar nicht ein, um der Bücher willen solche Dinge stehen und liegen zu lassen; er durchkostete den Park bis in seine fernsten, zartesten Wipfel, wenn auch nur mit den Augen – denn im Klettern hatte er's niemals weit gebracht – er bevölkerte die Strohdachhütte mit den Gestalten Pestalozzis und Jeremias Gotthelfs, Berthold Auerbachs und Fritz Reuters; am Eingange des Philosophenweges aber sah er den Laertiaden Odysseus die Opferbräuche vollziehen, die den Schatten des Teiresias dem Hades entlocken sollten. Er war schon hundertmal durch diesen Philosophenweg gegangen und wußte ganz genau, daß nur ein kümmerliches Rinnsal ihn begleitete und daß er auf eine Goldleistenfabrik mündete – aber wenn er von seinem Bett aus durchs Fenster nach dem Eingang des Weges sah, dann war es der Ort,

> »Wo in den Acheron sich der
> Pyriphlegethon stürzet
> Und der Strom Kokytos, ein Arm der
> stygischen Wasser.«

daran hätten siebzigtausend Goldleistenfabriken nichts zu ändern vermocht.

VI. Kapitel.

Fortsetzung des Beweises, daß Asmus kein Bücherwurm, sondern ein Sklave irdischer Lust ist.

Aber auch derbere Freuden verschmähte Asmus nicht; der Welt- und Sinnenlust war er ergeben wie in seiner Kindheit. Nicht jeden Sonntag und nicht den ganzen Sonntag verbrachte er bei den Büchern, nein, gewöhnlich suchte er am Sonntag nachmittag seine Freunde Knapp und

Diepenbrock auf, die ehemaligen Mitdirektoren seines Puppentheaters. Zunächst ging er zu Knapp, den er gewöhnlich mit seinem Vater zusammen im Garten beschäftigt fand. Einmal waren sie bei der Mohrrübenernte, da sagte der alte Knapp:

»Na, Asmus, haust du deine Jungens auch fix?«

»Nein,« rief Asmus lachend, »ich unterrichte überhaupt noch gar nicht.«

»Ja, hauen mußt du sie, sons wird da nix aus.«

Und dann zog der alte Knapp eine Mohrrübe aus und gab sie Asmussen.

»Da – muß deine Kinder mitnehmen un muß sie sagen: »So wächsen die Worzeln.«

Asmus sah den Bildungswert dieses Verfahrens nicht ohne weiteres ein; aber er dankte höflich und steckte die Wurzel ein.

Und wenn die beiden dann zu Diepenbrock kamen, dessen Eltern ein Logier- und Speisehaus hatten, dann sah er da einen interessanten Mann auf dem Sofa liegen. Er hieß Zöllner, war Zigarrenmacher und lag jeden Sonntag, den Gott werden ließ, auf dem Sofa und las. Er besaß nicht nur den großen Meyer, sondern auch sämtliche Klassiker und Halbklassiker in prächtigen Einbänden. Und wenn er zwölf Sonntage hintereinander auf dem Sofa gelegen und gelesen hatte, dann ging er am dreizehnten hin und betrank sich so vollständig und andauernd, daß er eine Woche lang nicht aus dem Rausche herauskam; dann kehrte er wieder zu Meyer und den Klassikern zurück. Diepenbrock hatte viele Messer und Gabeln zu putzen, und Ewald Knapp und Asmus Semper halfen ihm dabei, damit er schneller fertig werde; aber Asmus mußte zwischendurch immer wieder nach dem Mann auf dem Sofa blicken, der ein schönes, vornehmes Gesicht mit einem langen braunen Bart hatte.

Wenn sie dann endlich fertig waren, gingen die drei fast eine Stunde weit nach der Hamburgischen Vorstadt St. Pauli, nach diesem St. Pauli, das in der ganzen Welt bekannt war als ein Stapelplatz irdischer Genüsse und Seligkeiten für Anspruchslose. Da gab es nicht nur Kuchenbuden, Obstbuden, Bücherkarren, Karren mit Spielsachen, mit Kokusnüssen, die vor den Augen des Publikums geöffnet wurden, mit ambulantem Käse, der sich alle Düfte der Vorstadt unterwarf, mit Limonaden und Likören, da gab es auch Kasperletheater, Mordgeschichtenbilder, fliegende Museen, Naturalienhandlungen, Wachsfigurenkabinette, Theater, Singspielhallen – o, diese Singspielhallen! Am Abend waren die Portale mit hunderten von bunten Lichtern umkränzt, und wenn eine Tür aufging, sah man durch Rauchwolken wunderschöne Frauen tanzen – »wenn ich Lehrer bin und viel Geld verdiene, da geh ich auch hinein,« sagte sich Asmus.

Das erste aber, was die drei taten, war regelmäßig, daß sie – immer bei demselben »Konditor« – einen Eisenbahnkuchen kauften. Das war ein Gemisch von zerriebenem Schwarzbrot und Syrup mit einer Zuckerglasur darüber und war vielleicht eher zu den Laxiermitteln als zur Gattung der Kuchen zu rechnen; aber es schmeckte um so schöner, als es für 5 Pfennige einen halben Kubikdezimeter gab. Dann gaben sie sich zufrieden dem Genuß des Schauens, Kauens und Staunens hin.

»Der siebenfache Raub- und Elternmörder Timm Thode, das größte Scheusal in Menschengestalt!« schrie ein dickes Weib und schlug mit einem Rohrstock klatschend gegen ein 12teiliges »Gemälde«, das die Leistungen des Gefeierten im einzelnen zur Darstellung brachte. Schon von weitem schlug Asmus einen andern Weg ein, er wußte auf der Welt nichts Widerwärtigeres als diese Bilder und die erklärenden Gesänge der Schausteller.

Aber dann gab es einen Mann auf dem »Spielbudenplatze«, der war am ganzen Leibe mit Musik bewaffnet. Mit dem Fuße schlug er Becken und Triangel, mit dem Ellbogen eine große Trommel, mit der rechten drehte er einen Leierkasten, mit dem Munde blies er eine Panflöte, und wenn er den Kopf schüttelte, erklangen von seinem Hute, der einer chinesischen Pagode glich, eine Menge von Glöcklein. Die Musik war gewiß scheußlich; aber die Fertigkeit des schwitzenden Mannes blieb bewundernswert. Er hatte denn auch immer ein Rudel von Jungen um sich, und darum mußte er die linke Hand frei behalten.

»Käupt, Lüd, käupt!« schrie mit furchtbarer Schnapsstimme, die dem Bellen eines heiseren Wüstenwolfes glich, ein Mann, der Datteln verkaufte. Aber es waren keine Datteln mehr, es war nur noch ein unerklärbares Mus, das zu Klumpen geballt auf der Karre lag. »Tein Penn dat Pund, Lüd!« schrie der Mann. »Ick verkäup se mit Schoden, Lüd; ick sett dor noch bi too! Blos ut Schobernack käupt mi wat af, Lüd!«

Und einmal kam Asmus an eine Bude, auf deren Vorderseite ein Schwein mit Menschenaugen abgebildet war. Das Tier hatte einen seelenvollen Blick und schien darüber nachzusinnen, ob es ein Mensch oder ein Schwein sei. Was es in seinem Zweifel noch bestärken konnte, war der Umstand, daß es an den Hinterfüßen fünf menschliche Zehen hatte. Wohl hundertmal drehte Asmus sein Zehnpfennigstück in den Händen herum; aber dann sagte er sich, daß ein zukünftiger Lehrer seiner Bildung jedes Opfer bringen müsse; er gab es hin und trat ein. Er fand in einem Glashafen voll Spiritus ein kleines totes Ferkel, das genau wie jedes andere Ferkel aussah. Der Schausteller, ein großer Kerl in Hemdärmeln, erklärte ihm, das Ferkelauge sei ein vollkommenes Menschenauge, und die hinteren Zehen seien Menschenzehen. Asmus blickte schon lange nicht mehr auf das Ferkel im Glashafen, sondern auf den Mann in Hemdärmeln; er sah ihn mit staunenden Blicken an; denn er begriff nicht, daß ein Mensch so unverschämt sein könne.

»Das ist ja alles Schwindel!« sagte Asmus. Im nächsten Augenblick fühlte er sich unsanft vor die Bude befördert, und wenig fehlte, so wäre er die Stiege, die zum Eingang hinaufführte, hinuntergefallen. Es war nicht die erste Erfahrung dieser Art, die er im »Kampfe gegen das Unrecht« machte; aber noch viel, viel weniger war es die letzte.

Nach solchen Erlebnissen gab es einen Wirbel in seinem Kopfe. Wie konnte so etwas geschehen! Das war doch **Unrecht**! Und Unrecht brauchte man sich doch nicht gefallen zu lassen! Unrecht **durfte** man sich gar nicht gefallen lassen ...

Wenn es sich aber traf, daß die drei sich männlich aufgelegt fühlten, so wandten sie den kindlichen Freuden des Spielbudenplatzes nach gründlicher Betrachtung mit kritisch geschürzten Lippen den Rücken und gingen noch dreiviertel Stunden weiter nach Hamburg hinein. Dort gab es nämlich eine Wirtschaft, wo man ein ganzes Seidel »echtes Kulmbacher« für fünfzehn Pfennige verzapfte und sechzehnjährige Männer mit Hochachtung behandelte. Sie saßen dort eine Stunde lang bei einem Glase und übten Kritik nach Art der Jugend, das heißt sie rezensierten die Bälle der Billardspieler, ohne von diesem Spiel etwas zu kennen. Auch das Billardspiel war ein *pium desiderium* Asmussens; aber ach, zu all dergleichen gehörte ein Lehrergehalt. Ja, wenn man 1200 Mark verdiente – nach einem vorzüglichen Examen bekam man sogar 1300 Mark das Jahr – dann ließen sich alle Sehnsüchte kühlen.

Wenn sie mehr Geld als gewöhnlich hatten, so gingen sie in ein Vorstadttheater, wo die Vorstellung 7 Stunden dauerte. Da gab es Musik, Couplets, Liedervorträge, Männer, die abgeschossene Kanonenkugeln auffingen, wunderschöne Trapezkünstlerinnen in Trikots und dazu noch ganze Dramen in fünf oder mehr Akten, z. B. Anna Field, die Frau in Weiß oder ein Opfer der Liebe von Charlotte Birch-Pfeiffer. Aus den Stücken machte sich Asmus nicht viel; aber der jugendliche Held und Liebhaber gefiel ihm über die Maßen. Asmussens Vater behauptete, diesen Mann schon vor dreißig Jahren als jugendlichen Liebhaber gesehen zu haben, und taxierte ihn auf sechzig Jahre. Aber er hatte sich aus besseren Tagen in Spiel und Stimme einen edlen Rest bewahrt, und dieser genügte, um Asmus zu entflammen. Vor allem diese Sprache! Das mußte auch in Wirklichkeit ein edler, seelenguter Mensch sein, davon war Asmus tief überzeugt. Und die Liebhaberinnen verehrte und liebte er ohne Ausnahme; denn er war etwas kurzsichtig und saß auf einem billigen Platze weit hinten. Eine sanfte Stimme und ein weißes Gewand genügten, um ihn von der heiligen Unschuld einer Heldin zu überzeugen. Er war in jenem Alter, wo die Ästhetik der jungen Leute immer dem andern Geschlechte recht zu geben pflegt.

Wenn sie aber sehr viel Geld hatten, fünfzig Pfennige oder noch mehr, dann gingen sie in ein »richtiges« Theater, wie Asmus es nannte, das heißt ins Stadt- oder Thaliatheater. Einmal erwischte Asmus auf der höchsten Galerie einen Platz, von dem aus er nur dann die Bühne erblicken konnte, wenn er seinen Körper in einen fast rechten Winkel bog. Man gab Don Carlos, ein Stück, das zwischen sechs- und siebentausend Verse hat. In den Zwischenakten hatte er beachtenswerte Kreuzschmerzen; aber sobald der Vorhang wieder aufging, waren sie verschwunden. Es war eine

Begeisterung mit Hindernissen; aber so stark war sie, daß die Jünglinge noch stundenlang im Regen spazieren gingen und sich nur in Ausrufungssätzen über den Don Carlos und seinen Dichter unterhielten. An solchen Abenden hatte Asmus stärker denn je das Gefühl: Warum geht man eigentlich zu Bett? Man verliert ja die Hälfte des Lebens, die Hälfte der Welt! Und als er eines Tages bei Grabbe die Worte fand: »Die Zeit, die man nicht schläft, heiß ich dem Tode abgewonnen,« da jauchzte er förmlich auf: Ja, das ist mein Mann.

VII. Kapitel.

Wie Asmus sang, trank, lachte, weinte und prustete.

Es muß andrerseits gesagt werden, daß er dasselbe Gefühl auch beim Biertrinken hatte, und das Biertrinken studierte er außer anderem bei Herrn Bockholm. Franz Bockholm war ein blindgeborner Orgel- und Klaviervirtuos und wohnte, obwohl er ein ziemlich wohlhabender Mann war, in einer winzigen, obskuren Arbeiterkneipe, die innen und außen vom Ruß der nahen Glashütten geschwärzt war. Asmus wurde eines Tages durch einen Zigarrenarbeiter, dem er Privatstunden gab und der das Honorar für das abgelaufene Vierteljahr in einem Glase Bier erlegen wollte, dorthin geführt. Natürlich genoß der blinde Künstler in diesen Räumen die Verehrung eines weißen Elefanten, und Asmus empfand eine tiefe Ehrerbietung, als er ihm in aller Form vorgestellt wurde. Schon vor dem Unglück der Blindheit allein empfand er eine heilige Ehrfurcht; als sich nun aber der Blinde gar ans Klavier setzte und wunderschön aus der »Zauberflöte« phantasierte, da vergaß er »in diesen heiligen

Hallen« vollends, daß es eine Schnaps- und Bierschenke war. Dann unterhielt man sich, und Asmus fiel es auf, daß Herr Bockholm den Kopf neigte und horchte.

»Donnerwetter!« schrie plötzlich der Blinde, »Donnerwetter! Sie müssen doch singen können!«

Asmus stotterte verlegen, daß er nur ein bißchen singen könne – »eigentlich gar nicht!« rief er schnell; denn er hatte Angst.

»Kommen Sie, kommen Sie!« rief Bockholm, und schon saß er wieder am Klavier. »Sie haben einen Bariton. Was können Sie singen?«

Asmus begann mit bebendem Herzen das Lied des Zaren »Einst spielt' ich mit Zepter«, und als er das beendet hatte, schrie Herr Bockholm: »Weiter, was können Sie noch?«

Und nun sang Asmus, kühner geworden:

»Horch auf den Klang der Zither.«

»Verflucht!« schrie der Blinde, sprang auf, schlug sich auf den Schenkel und lachte übers ganze Gesicht, »verflucht! Er hat eine Stimme wie Krückl!« Das war ein Bariton, der am Stadttheater den Mozartschen Almaviva und den Rossinischen Figaro sang.

»Frau Piefke, Bier!!« brüllte der Musiker mit vehementer Lustigkeit, und nun mußte Asmus auf seine Kosten eins trinken und noch eins und noch eins. Noch am selben Abend mußte Asmus mit dem weißen Elefanten auf du und du trinken, obwohl dieser ein viertel Jahrhundert älter war, und dann wurde nicht weniger abgemacht als dies: Asmus solle jeden Tag kommen und bei Bockholm das Klavierspiel lernen und solle sich Gesangsnoten verschaffen, z. B. die Balladen von Löwe, und zum Entgelt solle er dem Blinden hin und wieder etwas vorlesen.

Und ungefähr so geschah es. Asmus kam, wenn auch nicht täglich, so doch oft, lernte Klavierspielen, sang den »Archibald Douglas« – »darin steckt mehr als in mancher großen Oper,« schrie Bockholm mitten im Spiel – las seinem Lehrer die Zeitung bis in den Inseratenteil vor – denn der Blinde wollte alles wissen – und übte sich im Biertrinken.

In dieser Kunst leistete der Meister noch mehr als in der Musik; ein Seidel voll schien auf einen Schluck, wie in einer Klappe, zu verschwinden, und er hatte begnadete Tage, wo er es auf dreißig Seidel brachte. Das sah nun Asmus freilich mit Staunen und mit Grauen; aber er hielt es doch für Ehrensache, es auf vier oder fünf zu bringen. Zuweilen allerdings kam ihm die ganze Atmosphäre etwas trüb und traurig vor; es kamen da Gesellen, bei denen er sich wunderte, daß Bockholm ihnen vorspielte und mit ihnen trank; aber dann kamen auch wieder Leute, ungebildete Arbeiter, in berußten Blusen und kalkbefleckten Kitteln, die mit einer schier leidenschaftlichen Begierde und mit innerster Teilnahme zuhörten. Und Kerle mit Humor kamen da! Eines Tages, als Bockholm ein Bravourstück mit ungeheurer Fingerfertigkeit gespielt hatte, sagte ein Steinbrügger:

»Junge – wenn ick den sin'n Kopp harr!« und ein anderer versetzte langsam und gedankenvoll:

»Djä – – un wenn du denn so dumm wärs wie jetz, denn nütz di dat ook nix.«

»Och,« sagte dann wieder der erste, »wenn ick man din Mul harr, denn gung dat woll,« und dann stießen sie miteinander an und lachten.

Ja, das war doch auch wieder etwas, wobei einem das Herz ganz frei und warm wurde!

Gewöhnlich wollten die Arbeiter unzählige Seidel Bier für den Künstler zahlen; aber das nahm er nur unter der Bedingung an, daß er sich revanchieren dürfe, und so kam er immer häufiger auf die dreißig Seidel und mit jedem Tage seinem frühen Ende um zwei Tage näher.

Die Privatstunden im Biertrinken kamen Asmus zu statten bei den heimlichen Zusammenkünften der Albingia. Die Albingia war eine heimliche Präparandenverbindung mit Burschenbändern, Zereviskappen und allem Zubehör eines regelrechten Komments. Durch ein bemoostes Haupt, das die Geheimnisse der Albingia mit dem furchtbaren Ernste des Verschwörers behandelte und an ein Sakrament der Kneipe zu glauben schien, wurde Asmus in diesen nächtlichen Zirkel eingeführt. Gleich bei der ersten Kneipe hieß es: »Semper muß aus 'm Faust rezitieren,« und Asmus ließ sich vom Kellner ein Fläschchen voll braunen Saftes und ein Glas bringen und bestieg die kleine Bühne am Ende des Saales. Er sprach die ersten Monologe des Faust bis zum Anbruch des Ostermorgens, und als er an die Stelle kam:

>»Ich werde jetzt dich keinem Nachbar reichen;
>Ich werde meinen Witz an deiner Kunst nicht zeigen;
>Hier ist ein Saft, der eilig trunken macht.
>Mit brauner Flut erfüllt er deine Höhle;
>Den ich bereitet, den ich wähle,
>Der letzte Trunk sei nun mit ganzer Seele
>Als festlich hoher Gruß dem Morgen zugebracht!«

da goß Asmus den Inhalt des Fläschchens in das Glas. Der Saft war nichts anderes als Bier; aber nicht nur Asmus, nein, die ganze Versammlung würde den mit ewiger Verachtung belegt haben, der darüber gelacht hätte.

Sonst aber lachte er lieber als alle anderen. Er fand es ungemein possierlich, daß er als Fuchs den andern Bier einzapfen und ihnen die lange Pfeife anzünden mußte, und er war glücklich und stolz, als er endlich »entschwänzt« wurde und in der Biertaufe den Namen »Dr. Faust« erhielt. Er war noch gewohnt, alle Dinge des Lebens tief zu nehmen, und hielt es für heilige Pflicht, einen »Kuhschluck« und einen »Bierjungen« genau so ernst zu nehmen wie die Gedanken Rousseaus und die Entstehung des Pentateuchs. Er konnt' es nicht begreifen, wie man trotz der Ermahnungen des Vorsitzenden, auszuharren, dennoch um drei Uhr morgens aufbrechen konnte, wo es doch die einfachste deutsche Treue gebot, den Präsidenten nicht im Stich zu lassen. Und am wenigsten konnt' er begreifen, daß sie nicht lustiger waren, daß sie all diese fidelen Bräuche, diese köstlichen Lieder und Schnurren, von denen das Kommersbuch förmlich platzte, für gewöhnlich so frostig, gleichsam geschäftsmäßig abmachten. Mein Gott – als er sich das Kommersbuch zu Hause vornahm – da lachten und schwärmten ja ganze Jahrhunderte daraus hervor; die Romantik, der Übermut, der Jugendglaube von zwanzig Generationen zogen durch seine Brust; alle Augenblick mußt' er aufspringen, mit den Fingern schnalzen, Tanzsprünge durchs Zimmer machen; auf seinen Wangen mischten sich Lachtränen und Weintränen – o, wie mußte das über alle Begriffe herrlich sein, wenn solch ein Lied durch den Saal brauste, wie göttlich lustig mußte das sein, wenn sie alle mit Leichenbittermienen sangen:

> O wie bimmel, bammel, bummelt,
> O wie bimmel, bammel, bummelt,
> O wie bummelt mir mein Frack!
> Ich hab noch nie einen Frack gehabt,
> der mir so sehr gebimmelbammelt hat –

aber wenn dann die Kneipe da war, ja, da gab es wohl zuweilen lustige Stunden; aber es war nicht das, was er gehofft hatte; es fehlte ein Duft – ein Glanz – eine unnennbare Weihe – es fehlten die rosigen, silbernen Wolken über der Versammlung – – –!

Er begriff überhaupt nicht, warum die Menschen nicht öfter lachten und nicht öfter weinten, da doch die Welt so reichen Anlaß dazu bot. Als er einmal eine Molieresche Komödie sah und die Situation auf der Bühne plötzlich eine künftige Situation von großer Komik ahnen ließ, da schoß ihm ein so gewaltiges Lachen in die Nase, daß er es nicht zurückhalten konnte; da er es aber dennoch zurückhalten wollte, so kam ein eigentümlicher Prust-, Schnupf- und Grunzlaut zustande, über den das ganze Publikum in laute Heiterkeit ausbrach. So hatte sich Asmus vermutlich noch nie geschämt wie in diesem Augenblick; es ist anzunehmen, daß er bis in die Zehenspitzen errötete; aber nachher mußte er sich doch fragen: Warum habe ich denn allein gelacht? Warum lachten nicht alle?

VIII. Kapitel.

Warum Ludwig Semper nicht in den »Lohengrin« ging und Asmus mit einem Windhund verkehrte.

Wenn er von der monatlichen Kneipe der Albingia einmal spät nach Hause kam, so schüttelte Frau Rebekka den Kopf und äußerte ihre Besorgnisse; aber Ludwig Semper lachte vergnügt in sich hinein und sagte: »Laß ihn; das gehört dazu.« Auch er hatte zu Schleswig seine heimlichen Gymnasiastenkneipen gefeiert und den Landesvater gesungen, und manchesmal, wenn das Vergangene in ihm erwachte, hatte er, am Tabakstische sitzend und das blanke Zigarrenmesser schwingend, gesungen:

>»Seht ihn blinken
> In der Linken
> Diesen Schläger, nie entweiht!
> Ich durchbohr den Hut und schwöre:
> Halten will ich stets auf Ehre,
> Stets ein braver Bursche sein!«

Dagegen hatte Ludwig Semper für eine andere Neigung seines Sohnes durchaus kein Verständnis: Er begriff nicht, wie man ohne Not einen Weg von mehr als einer Viertel- oder gar halben Stunde machen konnte. Wenn Asmus in den Ferien Spaziergänge von vier Stunden machte, so schüttelte Ludwig andauernd den Kopf; bei einem acht- oder zehnstündigen Ausflug aber wurde er sozusagen böse, warf das linke Bein über das rechte und murmelte: »Verrückt!« Er schien das für gesundheitsschädlich zu halten, und einer der Gründe, weshalb er noch immer nicht den Lohengrin gehört hatte, war der, daß man ins Hamburger Stadttheater eine Stunde zu gehen hatte. Asmus hingegen hatte Seume gelesen, und einer seiner Träume war es, einen Spaziergang nach Syrakus zu machen, wie ihn dieser etwas nüchterne, etwas trockene, aber in seiner Unabhängigkeit, Kraft und Lauterkeit dennoch poetische Mann gemacht hatte.

Unter den Studiengenossen, mit denen Asmus seine botanisch-zoologisch-mineralogisch-poetisch-politisch-philosophisch-cerealisch-bacchischen Ausflüge – denn das Frühstück spielt bei Siebzehnjährigen eine genau so große Rolle wie der Idealismus – zu unternehmen pflegte, waren es besonders zwei, zu denen er in ein näheres Verhältnis trat. Der eine war sein Mithospitant Morieux, und dieser hatte Eigenschaften, die wohl auf einen französischen Vorfahren schließen lassen konnten. Er war ein hübscher, schlanker, geschmeidiger Bursche mit dunklem Haar und einem famosen schwarzen Schnurrbärtchen und zeigte in Sprache und Gebärden eine überschießende, ja, in seinen Mienen nicht selten eine fratzenhafte Lebhaftigkeit. Die Jugend urteilt wie die Frauen und wie das Publikum mit Vorliebe nach dem Instinkt und trifft damit gewöhnlich das Richtige. So erhielt denn auch Morieux in der Biertaufe den Namen Fritz Triddelfitz, mit der Begründung, daß er ein »langschinkiger, dünnrippiger Windhund« sei. Von den Windhunden sagt man, daß sie selbstsüchtig und wenig treu seien, und das stimmte bei Morieux insofern, als er nur eine halbe Treue besaß. Wenn Asmus in der Klasse irgend einen größeren Erfolg erzielt hatte, so beglückwünschte ihn Morieux mit fulminanten Worten und war dabei blaß bis in die Lippen, und Asmus sah mit vollkommener Gewißheit, daß der Neid, ja der Haß ihn innerlich zerwühlten. Aber er sah auch, daß Morieux mit diesem Neide kämpfte, daß er sich die Lippen fast blutig biß. Und immer wieder kehrte er zu Asmus zurück und zog seinen Umgang jedem anderen vor. Er überhäufte den Freund mit Ausdrücken einer so schwärmerischen, überschwenglichen Bewunderung, daß Asmus abwechselnd rot und blaß wurde und an die Aufrichtigkeit dieser Apotheosen niemals glauben konnte, und doch wußte er, daß Morieux in derselben Weise zu andern über ihn sprach. Auch Asmussens Eltern hatte er solchermaßen den Ruhm ihres Sohnes verkündet, und Frau Rebekka hatte alles geglaubt und mit Entrüstung ausgerufen: »Der dumme Bengel! Und davon sagt er zu Hause kein Wort!« Im innersten Herzen fühlte sich Asmus von diesem Freunde wohl mehr abgestoßen als angezogen; aber eines besaß dieser Freund, was ihn festhielt, und das war seine außerordentliche musikalische Begabung, im besonderen sein vorzügliches Geigenspiel. Morieux ließ nicht locker, bis sich Asmus von ihm die Anfangsgründe des Geigenspiels zeigen ließ, und alsbald traktierte der junge Semper mit solcher Versessenheit das schwierige Instrument, daß sie nach einigen Wochen schon leichte Duette spielten. Dieses Band hielt sie zusammen und zog sie bald zu einem Bratschisten und einem Cellisten hin und geleitete ihren jugendlichen Wagemut endlich zu den Quartetten Haydns, Mozarts, Beethovens und Schuberts.

Aber leider hatte der langschinkige, dünnrippige Windhund eine fatale Neigung, andere Leute aufzuziehen. Er hielt sich für so gescheit, daß er allen andern etwas aufbinden könne; er gab sich bei den gemeinsamen Ausflügen den einfachen Landbewohnern gegenüber für einen ausstudierten Lehrer, für einen Arzt, für einen höheren Beamten oder dergleichen aus, nur um ihnen allerlei Abenteuer und Räubergeschichten aufzubinden und sich an ihrer Leichtgläubigkeit zu weiden. Nun schlummert freilich hinter den träumerisch-gutmütigen Augen des Schleswig-Holsteiners eine feine und stattliche Klugheit, die nur dann vollends aufwacht, wenn es durchaus notwendig ist, und gelegentlich wurde der Aufschneider wohl durch ein ironisches Lächeln oder ein spöttisches Wort zurückgewiesen; aber manchmal fand er auch Gläubige, und solch ein Mißbrauch eines freundlichen Vertrauens verdroß Asmus jedesmal über die Maßen. Am wenigsten konnte er's vertragen, daß alte Leute in weißen Haaren gefoppt wurden, und wie wurde ihm nun gar zumute, als Morieux sich eines Tages einfallen ließ, seine Eltern, seine Mutter Rebekka Semper, seinen Vater Ludwig Semper anzulügen und zu hänseln. Als hätte man ihm mit der Peitsche ins Gesicht geschlagen, so war es ihm. Um seine Eltern nichts merken zu lassen, machte er gute Miene zum bösen Spiel und lenkte mit einer gewaltsamen Anstrengung das Gespräch geschwind auf einen anderen Gegenstand: nachher aber, beim Abschied vor der Tür, weigerte er dem

Frevler die Hand und sagte:

»Du brauchst mich nicht wieder zu besuchen. Wir sind geschiedene Leute.«

Morieux ging lächelnd und mit einem höhnischen Achselzucken davon.

IX. Kapitel.

Ein Afrikaforscher, der nicht revanchelüstern ist.

Ganz, ganz anders war Sempers zweiter Wandergenosse. Er war hager, sehnig und steif, von scharfgeschnittenem Gesicht, und sein silberweißes kurzgeschorenes Haar stand senkrecht aufgerichtet wie Nägel. Eigentlich hieß er Herrig; aber nach einem Vororte Hamburgs, wo die Insassen einer gewissen Anstalt gezwungenermaßen kurzgeschoren gingen, nannte der liebevolle Witz seiner Klassengenossen ihn »Fuhlsbüttel«. Weit davon entfernt, musikalisch zu sein, sang er, wenn er die Wacht am Rhein singen wollte, die Lorelei, die aber auch noch falsch. Er war überhaupt vom Kopf bis zu den Füßen amusisch, und unter allen Kunst- und Literaturschätzen der Welt gab es nichts, was seinen Herzschlag beschleunigen konnte. Allein auch er hatte etwas, was ihn Sempern interessant machte: nämlich eine grammatische Nase, und in der Analyse knifflicher Satzgebilde galten er und Asmus für Rivalen. Auch kannte er eine Menge Pflanzen und Insekten bei Namen, und Asmus, den seine Dorfschule in dieser Hinsicht mit wahrhaft imposanten Lücken ausgestattet hatte, ergriff mit Freuden die Gelegenheit, sich aus dem »Thesaurus« seines Freundes zu bereichern. Dafür bereicherte sich John Herrig, wie man sehen wird, aus einem anderen Schatze seines Freundes Asmus.

Zunächst freilich war es eine Bereicherung von zweifelhaftem Wert. Sie unterhielten sich auf ihren Wanderungen stundenlang mit bitterem Ernst über Fragen der Politik, der Volkswirtschaft, der Gesellschaftsmoral, der Philosophie, kurz de omnibus rebus et quibusdam aliis. (Morieux war immer nach zwei Minuten auf eine Hanswursterei abgesprungen.) Dabei sprachen sie auch von ihrer Zukunft.

»Ich bleibe nicht Lehrer,« sagte Herrig, »ich werde Afrikaforscher.« Da war es Asmussen, als ob plötzlich eine unbekannte Gewalt, von der er nie gewußt, die gar nicht aus seinem Innern, sondern aus einer weiten Zukunft zu kommen schien, ihm ein Wort auf die Lippen legte:

»Ich – ich –« sprach er zögernd, »ich möchte ja wohl Dichter werden!« Und schnell setzte er hinzu: »Aber das ist ja natürlich Unsinn.«

Dann gab es einen Tag, da gingen John und Asmus lange schweigend nebeneinander her.

»Warum reden wir eigentlich nichts?« sagte Asmus endlich.

»Hm,« machte Herrig, »weil wir nichts mehr zu streiten haben. Ich habe nach und nach alle deine Anschauungen angenommen.«

Asmus erschrak fast, als Herrig so nüchtern den wahren Sachverhalt feststellte. Er hatte recht: das innere Freundschaftsverhältnis war eigentlich abgestorben. Anschauungen aber, die man von einem anderen angenommen hat, weil man nichts mehr zu erwidern wußte, sind immer ein zweifelhafter Reichtum gewesen.

Asmus indessen ertrug es nicht, einen toten Freund mit sich herumzuschleppen. Er versuchte, von seinem Blut in die Adern seines kalten, blaßhaarigen Freundes hinüberzuleiten. Sie wollten an den herrlichen Sonnabend-Feierabenden etwas zusammen arbeiten. Und er holte Schillers Briefe über ästhetische Erziehung hervor, an denen er sich schon einmal geärgert hatte, weil er sie nicht verstand. Vielleicht gelang es, sie mit zwei Köpfen zu bewältigen. Aber nach einigen Briefen mußten sie's abermals aufgeben. Nun studierten sie Latein zusammen und lasen den Gallischen Krieg. Auch andere römische Autoren lasen sie; wenn sie ihnen lateinisch zu schwer waren, dann in Übersetzungen, und in den anschließenden Unterhaltungen fanden die alten Herren eine mehr oder weniger endgültige Beurteilung.

»Dieser Ovid ist doch ein fürchterlicher Quatschkopp!« rief Herrig eines Abends aus.

Das ärgerte Asmus und er versetzte:

»Und dein Sueton ist ein altes Waschweib.«

Auf solche Weise erwärmte sich nach und nach wieder das Freundschaftsverhältnis; bald aber sollte es trotzdem für immer erkalten.

John Herrig schöpfte nämlich aus seinem Freunde noch einen reelleren Reichtum als den der Weltanschauung. Wenn sie auf ihren Ausflügen einkehrten, um zu ihrem mitgenommenen Frühstück ein Glas Bier zu trinken, so zahlte Asmus regelmäßig die Zeche und teilte die vom Vater erhaltenen Zigarren mit seinem Freunde. Er sagte sich nämlich: Wenn er Geld hat, so wird er sich natürlich revanchieren; wenn er keins hat, versteht es sich von selbst, daß der bezahlt, der etwas hat. Und Asmus erwischte hin und wieder Privatstunden, die mit 50 Pfg. bezahlt wurden.

Und wenn sie rückkehrend, hungrig, durstig und müde von der Sonnenhitze, in Oldensund eintrafen, dann fand es Asmus unmenschlich, den Freund noch eine Stunde weit nach seinem Mittagessen gehen zu lassen, und er sagte: »Komm mit und iß mit mir; meine Mutter wird wohl soviel haben.«

Und Frau Rebekka, die für sieben Menschen kochte, darunter für fünf Söhne, deren Appetit täglich wuchs und sich nach oben hin jedem Voranschlag entzog, hatte auch noch genug für einen achten, und sie, die nach einem Worte ihres Gatten so sparsam war, »daß sie den Flicken eines Flickens flickte«, und das so akkurat, daß Herr Aufderhardt, der Schneider, ausrief: »Das ist so schön gemacht, daß ich es nicht besser kann!« – sie, die aus einem Rock eine Weste, aus der Weste eine Mütze, aus der Mütze einen Handschuh, aus dem Handschuh einen Putzlappen machte, und so das arme Tuch in Wahrheit zu Tode hetzte, um es zuletzt noch an den Lumpenhändler zu verkaufen, – sie strahlte von Heiterkeit und Stolz, wenn ein Gast an ihrem Tische saß und tüchtig einhieb. Das war eben eine der leichtsinnigen Anmaßungen, die sie von ihrem Gatten übernommen hatte, daß sie sich für berechtigt hielt, unbeschränkte Gastfreundschaft zu üben. Wer im Augenblick einer Mahlzeit als Freund das Semperische Haus betrat, der wurde an den Tisch gebeten, das war eine Überlieferung von Semperischen Urvätern her.

Und nun merkte Asmus eines Tages, daß dieser Satan, dieser Herrig, doch Geld hatte! Und daß es ihm gleichwohl gar nicht einfiel, sich zu »revanchieren«. Diese Entdeckung machte Asmussen von oben bis unten gefrieren. Von allen Lastern, soweit er sie bis jetzt kennen gelernt hatte, war ihm eins immer als das häßlichste erschienen: der Geiz. Und mit einem Schlage war er aufgetaut, und aus dem Grunde seines Herzens atmete er auf, als Herrig bald darauf, nachdem er den Freund für die nächste gemeinsame Arbeit in seine Wohnung geladen hatte, hinzufügte: »Du kannst ja dann bei mir zu Abend essen.«

Gott sei Dank, dachte Asmus, er ist doch nicht geizig.

Als Asmus am nächsten Sonnabend in die Stube seines Freundes trat, fiel ihm sofort dessen Verlegenheit auf. Nach einiger Zeit stotterte Herrig:

»Abend – Abendbrot hast du wohl schon gegessen!«

»Ja,« sagte Asmus, »Adieu!« Und nun war er sich klar über John Herrig.

Er hatte vorläufig kein Glück mit den »Freunden« unter seinen Studiengenossen.

X. Kapitel.

Asmus als Königsmörder und Galeerensträfling, als Gallo und Petrarca. Er erneuert eine gewisse, für die Folge nicht unwichtige Bekanntschaft.

Ob er den Freund in seinem andern Mithospitanten, jenem Jüngling mit der hebräischen Handschrift finden sollte, der seit einiger Zeit mit ihm denselben Weg zur Schule ging? Claus Münz war ein guter Kerl; aber er redete zu viel von seinen Muskeln. Er war nämlich vierschrötig und starkknochig wie ein Arbeitspferd, und wenn er Sempern die Hand gab, drückte er sie zum Beweise seiner Heldennatur so stark, daß Asmus das Gesicht verzog, und dann wieherte Claus Münz aus vollem Halse wie ein Roß. Er entblößte täglich einmal seinen Arm, um den Bizeps zu zeigen, und hatte den sehnlichen Wunsch, einmal mit einem Athleten vom Spezialitätentheater ringen zu dürfen. Es sei ein Jammer, sagte er, daß er als Schulmeister nur sechs Wochen dienen könne, sonst würde er zu den Gardehusaren kommen, und dann hätte er vielleicht einmal tüchtig in die Franzosen einhauen können. Er hatte als Knabe jenen Geschichtsunterricht empfangen, nach dem die Franzosen Lumpenhunde sind, die Deutschen hingegen bieder und treu. Asmus machte sich anfangs ein Vergnügen daraus, die Franzosen auf jede Weise herauszustreichen; aber bald ward ihm dieser Streit zu dumm. Claus Münz war auch in allen Muskeln und Knochen königstreu; Asmus hingegen war überzeugter Tyrannenmörder. Zwar konnte er kein Tier, geschweige denn einen Menschen leiden sehen, und sein schlimmster Feind hörte auf, sein Feind zu sein, sobald er litt; aber so sehr er Cäsarn bewunderte und liebte, an den Iden des März und bei Philippi hatte er's mit Brutus gehalten, sein Herz hatte den Möros, den Harmodius und Aristogeiton, den Tell und ihren Genossen gehört. Nun war es geschehen, daß ein Mann namens Nobiling auf den Kaiser Wilhelm geschossen und ihn verwundet hatte. Claus Münz war außer sich vor Entrüstung. Asmus, der in der Arbeitsstube der Zigarrenmacher den ersten Wilhelm kaum anders als »Kartätschenprinz« hatte nennen hören, hatte ein lebhaftes Mitgefühl mit dem alten Manne, wenn er ihn sich auf seinem Schmerzenslager dachte, und beklagte die Tat des Mörders; aber er ersuchte doch auch den mit allen Muskeln wütenden Freund, gefälligst nicht zu vergessen, daß Wilhelm I. und Bismarck Tyrannen seien. Er war der Meinung, daß es Fürsten und Minister, Herrschende und Besitzende durchaus in der Hand hätten, dem Volke Brot und Freiheit zu geben, und daß nur Herrschsucht und Habsucht sie daran hinderten. Die Erkenntnis, daß wir alle unter dem Zwange der Notwendigkeit stehen und daß es keine abhängigeren Menschen gibt als die Herrschenden, daß wir alle an Händen und Füßen, die Herrschenden aber an jedem Finger und jedem Haar von Fäden gezogen und geleitet werden, die aus dem Unendlichen kommen, es sollte noch lange währen, bis ihm diese Erkenntnis aufging. Die Geschichtsstunden des Herrn Stahmer hatten wohl ein leises Ahnen von der ehernen Verkettung der Dinge in ihm erweckt; aber dieser Unterricht war zu kurz gewesen und hätte wohl auch, wenn er länger gewährt, aus den jungen Keimen einer Jünglingsseele – einer Kindesseele fast – keine Bäume machen können. Die Geisteskräfte des guten Claus Münz aber waren vollends nicht dazu geschaffen, den jungen Semper zu überwältigen; dieser gab es sogar vollständig auf, zu streiten, weil Claus Münz immer nur muskulöse Behauptungen vorbrachte, und Asmus schleppte geduldig, aber gemartert, jeden Morgen den Geist des Claus Münz hinter sich her wie die Kugel eines Galeerensträflings.

Aber wie schon oft, so sollte er auch jetzt Erquickung und Trost finden bei den Frauen. Die Schule, an der er jeden Morgen hospitierte, hatte sich vergrößert und unter anderen Lehrkräften auch drei neue Lehrerinnen bekommen. Unter diesen war eine musikalische Dame von einer weichen und sanften Schönheit, und es dauerte natürlich keine zwei Tage, bis Asmus sie heimlich besang und in seinem Gedicht versicherte, daß die heilige Cäcilie unter den Irdischen wandle. Sie hatte oft eine Gefährtin bei sich, der Asmus eines Tages »die bezauberte Rose« von Ernst Schulze lieh, die ihm das Buch aber schon am folgenden Tage zurückgab, weil sie es nicht lesen könne, so fromm und tugendsam war sie. Asmus war empört und schwärmte ihr nun recht zum Trotz von Rousseau und Voltaire. Morieux hatte den beiden Damen mit Grimassen und schlenkernden Armen verraten, daß Semper Gedichte mache, »wunderbare, großartige Gedichte!« Und nun, wenn die Schule vorüber war, saßen die beiden Damen auf dem Pult wie auf einem Thron, und Morieux und Semper saßen auf den Kinderbänken zu ihren Füßen; Morieux geigte und Asmus las, fremde Gedichte und eigene; er hatte der Ballade vom ertrunkenen Fischer noch eine Ballade von einer gespenstischen Burgruine hinzugefügt, und Asmus dachte: So war es am Musenhof zu Ferrara oder Avignon.

Noch einen stärkeren Widerhall aber fand Asmus bei einer Frauenseele, von der man kaum begriff, daß sie in ihrem Körper Platz habe. Das war die Seele des Fräulein Wieselin, einer 38jährigen Jungfrau, Lehrerin und Dichterin. Sie war so klein und dünn, daß sie sozusagen nur eine Nadel war, in die der Herrgott einen Lebensfaden gezogen hatte, und diese Nadel fuhr unablässig auf und ab und verarbeitete ihren Lebensfaden mit einem rührenden Eifer und Opfersinn. Im Gesicht sah sie aus wie ein Geheimrat, der immer in einem überheizten Zimmer gesessen hat und darum etwas eingetrocknet ist. Tausend Mark Gehalt erhielt sie im Jahr, und davon ernährte sie sich und ihre Mutter und unterstützte sie die Familie eines kranken Bruders. Sie war damals schon fünfzehn Jahre Lehrerin und war es noch zwanzig Jahre hinterher, und Jahr für Jahr übernahm sie die Kleinsten der Kleinen; die Kleinsten zu lehren ist aber größte Mühe und größte Kunst. Die Bücher, die sie las, mußte sie sich leihen; denn kaufen konnte sie sich keine; aber als sie nach fünfunddreißig Jahren der Mühsal ihr Ende nahen fühlte, da sagte sie: »Ich kann ja zufrieden sterben; ich habe ja ein reiches Leben gehabt.«

In ihren seltenen Mußestunden machte sie auch Verse, kleine, unbedeutende Gelegenheitssächlein; aber da Asmus sie nicht loben konnte, so sprach er nie von ihren Dichtungen. Sie dagegen sprach viel von den seinigen, rühmte sie und sprach ihre Verwunderung darüber aus, daß er gleich mit epischen Gedichten anfange, während die jungen Leute sonst immer mit allgemeinen Gefühlsergüssen anfingen, was auch viel leichter sei. Und sie schloß gewöhnlich mit den Worten: »Ich habe immer das Gefühl, daß Sie kein Lehrer werden, daß wir Sie noch 'mal auf ganz anderen Pfaden wandeln sehen!«

»Vielleicht heirate ich auch die!« dachte Asmus.

Die dritte der neuangestellten Damen hieß Hilde Chavonne, war eine schlanke Brünette mit großen, schmachtenden braunen Augen und einem sanften Stolz der Bewegungen und trotz alledem eine Hamburgerin. Sie und Asmus schenkten einander zu Anfang nur wenig Beachtung, unvergleichlich viel weniger als später. Aber doch mußte er darüber nachdenken, wo er sie schon einmal gesehen habe. Richtig, das war die »Dame in Trauer«, die Seminaristin, die einmal ganz zu Beginn seiner Präparandenzeit mit ihm und einem Bekannten ein Stück

Weges zusammen gegangen war. Daß er ihr schon viel, viel früher einmal begegnet war, das konnte er nicht mehr wissen.

XI. Kapitel.

Wie Asmus plötzlich eine glänzende Karriere machte und dabei auf den Hund kam.

Zu diesen ganzen und halben Freunden gewann Asmus endlich eine ganze Schar von kleinen Freunden. Als er im zweiten Jahre seines Präparandentums eines Morgens in die Schule kam, ließ ihn der Oberlehrer in sein Zimmer rufen. »Herr Dohrmann hat sich krank gemeldet,« sagte er, »und wird voraussichtlich in acht Wochen nicht kommen können. Ich habe Sie zu seiner Vertretung ausersehen. Übernehmen Sie die Klasse. Ich bin überzeugt, daß Sie mein Vertrauen rechtfertigen werden.« Asmus konnte vor Überraschung nicht sprechen; er nickte nur stumm und verließ das Zimmer.

Als er draußen stand, war sein erstes Gefühl ein wirbelnder Jubel. Lehrer! Er sollte Lehrer sein! Einer ganzen Klasse sollte er vorstehen, er ganz allein! Er wußte im nächsten Augenblick selbst nicht, wie er die drei Treppen zum obersten Stockwerk hinaufgekommen war. Und als er vor der Klassentür stand und die führerlosen Kinder lärmen hörte, da stak ihm das Herz, das noch eben so hoch geflogen war, tief unten in den Schuhen. Warum sollte er, der kleinste und jüngste von den drei Präparanden, den kranken Lehrer vertreten? Warum nicht Morieux, der ein ganzes Jahr länger an der Schule war als er? Warum nicht

Claus Münz, der Große und Starke, der den Kindern gewiß mehr imponierte als er? Er kannte ja nichts vom Unterrichten, rein gar nichts. Ach ja, er wußte wohl: alle in der Schule hielten ihn für außerordentlich ernst und gesetzt. Die Leiden, die Verfolgungen, die er als Knabe erduldet, hatten seinem Gesicht, seinem ganzen Wesen einen zusammengerafften, entschlossenen Ernst gegeben, und wer ihn nicht in vertrauten Stunden gesehen, der konnte nicht wissen, daß hinter den Wolken seiner Stirn die volle Sonne stand. Er hatte gerade um jene Zeit auf Menschen solcher Art in schwerhinwandelnden Versen ein schwerernstes Gedicht gemacht, das nannte er »Erscheinung«.

> Eine düstre Wolke seh' ich schwimmen
> Durch den abendlichen Himmelsraum.
> Nur um ihres Scheitels Zacken glimmen
> Zarte Lichter wie ein Flockensaum.
>
> Gleichwie starrgewalt'ge Bergesschroffen
> Ragt die Wolke hoch in den Azur,
> Doch um ihre Stirne lichtgetroffen
> Hängt des Alpenglühens Rosenflur.
>
> Denn verborgen hinter jener Mauer
> Strömt der Gnadenquell des Sonnenlichts,
> Und die Wolke, uns ein Bild der Trauer,
> Blickt nach dort verklärten Angesichts.
>
> Also sah ich düstre Menschenstirnen
> In den Grenzen dieser Erde auch:
> Sie umfloß wie Glanz der Alpenfirnen
> Eines fremden Lichtes leiser Hauch.
>
> Augen sah ich, die dem Hier entrinnen,
> Das mit Tränenschatten sie umhüllt;
> Doch versunken war ihr Blick nach innen

>Und von dort mit sel'gem Glanz erfüllt. –

Er gab diesem Licht einen zum Himmel gewandten Blick, ein überirdisches Angesicht, weil er das für erhabener hielt und er damals gerade ein Dichter wie Klopstock und die Hainbündler werden wollte; in Wirklichkeit aber sprang seine Fröhlichkeit wie diejenige Klopstockens mit frischen Jugendbeinen auf der Erde umher. Das wußten die in der Schule nicht. Sie schrieben ihm auch weit größere Kenntnisse und Fähigkeiten zu, als er besaß, und das machte ihm Unbehagen, weil es ihm vorkam, als täuschte er sie, als müßte er seine Kenntnisse einmal alle aus dem Kopfe hervorholen und auf den Tisch legen, damit sie sähen, wie wenig er wisse und könne. Vor neuen, gewichtigen Aufgaben stand er stets mit einem ehrfurchtsvollen Gefühl der Unberufenheit.

Mit solchem Gefühl im Herzen drückte er endlich die Klassentür auf. Er stand vor den Kindern.

Sie verstummten vor Überraschung. Was will der denn, dachten sie. Asmus gebot ihnen, ihre Sachen unter den Tisch zu legen und sich ordentlich hinzusetzen. Sie gehorchten; aber einige duckten sich hinter den Rücken des Vordermannes und kicherten, weil der kleine Schreiber aus dem Zimmer des Oberlehrers Schulmeister sein wollte. Da steckte Asmus von seinen ernsten Gesichtern das allerernsteste auf und sah den Aufsässigen ruhig in die Augen – da saßen sie still und ohne Laut. Das fühlte er sofort, die Zügel in der Hand behalten, das war nicht so schwer; aber das Unterrichten!

Ja, die Unkundigen halten Unterrichten für die einfachste Sache von der Welt. Man sagt den Kindern, was sie wissen sollen, und dann wissen sie's ja! Aber man soll ihnen gar nichts sagen, das ist's ja gerade! Alles sollen sie selber sagen, durch unaufhörliche Fragen soll man's aus ihnen herausholen; so verlangt es das »erotematische« oder »katechetische« oder »heuristische« Lehrverfahren. Asmus kannte diese gelehrten Vorschriften wohl; aber als er nun vor den sechzig Gesichtern stand, wußte er nichts damit anzufangen. Ihm war, als solle er den Kindern über ein meilenbreites Wasser die Hand reichen. Und wenn ihm vorher das Herz in den Schuhen gesteckt hatte, so hatte er jetzt zum mindesten vier Herzen, eines in den Schuhen, eines im Halse, das ihn würgte, eines in der Brust, das ihm wehtat und eines in der Darmgegend. Und nun kamen überdies noch Münz und Morieux herein; denn es war Brauch, daß, wenn ein Präparand unterrichtete, die andern zuhörten und hernach ihre Kritik übten. Wie ein Doppelbeckmesser mußten sie aufpassen, ob auch alle Fragen des Katecheten mit »W« anfingen (denn so verlangt es das »System«), ob Asmus auch keine »Wahlfragen« stellte, d. h. Fragen, auf die man nur mit Ja oder Nein zu antworten brauchte, die also die Schüler zum Raten verleiteten, ob er auch rechtzeitig zusammenfasse und wiederhole, ob er auch alle Kinder gefragt habe, bevor er eins zum zweitenmal frage, ob er auch tadle, wenn ein Schüler beim Fingerzeigen aus der Bank trete, ob er auch bemerkt habe, daß Müller sich in vereinfachter Manier die Nase geputzt habe usw.

Asmus sollte zunächst eine Anschauungsstunde geben, und er holte sich aus dem kleinen Schulmuseum einen ausgestopften Fuchs, der aber dank der Kunst des Ausstopfers den Hinterleib einer feisten Katze hatte.

»Was ist das?« fragte Asmus.

»Das ist ein Hund,« antwortete ein Schüler; denn die Stadtkinder kannten keinen Fuchs.

Statt nun an diese nicht ganz unrichtige Antwort anzuknüpfen und den Fuchs zunächst als Hund zu behandeln, oder aber mit Eleganz darüber hinwegzugehen und einen anderen zu fragen, biß sich Asmus sofort in diese Antwort fest.

»Nein, ein Hund ist das nicht,« sagte er, »woran sieht man, daß es kein Hund ist?«

»Er hat gar keinen Maulkorb um!« rief ein kleiner Bursche.

»Haben denn alle Hunde Maulkörbe?« fragte der junge Präzeptor. (O weh, eine »Wahlfrage!«)

»Nein,« riefen viele Kinder. (O weh, der Präzeptor duldete, daß die Schüler im Chor antworteten, ohne es zu tadeln! Münz und Morieux notierten eifrig in ihren Heften.)

»Wozu gehört der Maulkorb also gar nicht?«

»Der Maulkorb gehört gar nicht zum Hund,« sagte ein Schüler.

Das genügte Asmus nicht so ganz. Er wollte den Irrtum beseitigen, daß der Maulkorb ein organischer Bestandteil des Hundes sei (er wußte, daß die Kinder auch das Hufeisen für einen Teil des Pferdehufes halten), er wollte die Antwort: »Der Maulkorb gehört nicht zum Körper des Hundes;« aber wie sollte er aus diesen Kleinen das Wort »Körper« herauskatechisieren? Sollte er fragen: »Ist der Maulkorb etwa ein Körperteil des Hundes?« Nein, das durfte er nicht, das war eine »Ja- und Nein-Frage«. Er versuchte es auf mancherlei Weise; denn er meinte, jeder auftauchende Irrtum müsse sofort und gründlich beseitigt werden; aber das ersehnte Wort kam nicht. So biß er sich im Maulkorb des Hundes fest und war noch immer nicht beim Fuchs, obwohl er schon am ganzen Körper schwitzte.

Endlich mußte er das Rätsel doch aufgeben, und so war

Zeit und Mühe verloren.

»Also ein Hund ist das nicht. Woran sieht man das?«

Da stand ein Genie auf und sagte:

»'n Hund hat nicht solchen Schwanz!«

»Na also!« jubelte Asmus, und in seiner Freude über das erlösende Wort vergaß er, daß das Genie »'n Hund« statt »ein Hund« gesagt hatte. Münz und Morieux notierten das.

XII. Kapitel.

Asmus ringt gewaltig mit einem Schüler wegen eines Frosches: er empfängt Rippenstöße, und der gewisse Seybold besteht das Examen.

Aber schon von der nächsten Stunde ab mußten Münz und Morieux wieder Listen und Protokolle schreiben, und Asmus sprach mit seinen Schülern, wie ihm der Schnabel gewachsen war. Und sieh, mit einem Male ging alles freier und besser. Wenn er sich nun aus dem Schulmuseum einen Hasen geholt hatte, so erinnerte er sich jenes Lehrers, bei dem er gern gehorcht hatte und der auch nicht immer im Stechschritt des Systems gegangen war. Er sang ihnen vor allen Dingen Lieder vom Hasen vor:

>»Als der Mond schien helle,
>Kam ein Häslein schnelle«

und

>»Gestern abend ging ich aus,
>Ging wohl in den Wald hinaus«

und

»Zwischen Berg und tiefem, tiefem Tal
Saßen einst zwei Hasen«

und nachdem ihnen Herr Lampe mit so vorzüglichen Empfehlungen vorgestellt war, schauten sie ihn mit ganz anderen Augen an. Und als Asmus heraushaben wollte, daß der Hase ein Säugetier sei, da fragte er sie:

»Was für ein Vogel ist denn der Hase?« Halloh, da gingen sie fast über die Bänke vor Lachen und Weisheit und riefen: »Das ist ja gar kein Vogel!« und erklärten ihm mit Begeisterung, warum der Hase kein Vogel sei! O Gott, wenn Münz und Morieux, und gar der Herr Oberlehrer dagewesen wären! Überhaupt fand er, daß es den Kindern ein besonderes Vergnügen bereitete, wenn er sich recht dumm stellte und sich dann von ihnen aufklären ließ. Der alte Sokrates kannte seine Leute.

Natürlich stieß er trotzdem noch täglich, ach, stündlich in seinem Fahrwasser auf Klippen, Untiefen und Stromschnellen. Da hatte er ihnen das Märchen vom Froschkönig und dem eisernen Heinrich erzählt. Der Frosch hatte der Königstochter ihren goldenen Ball aus dem Brunnen geholt unter der Bedingung, daß er mit ihr an einem Tische essen und in einem Bettchen schlafen dürfe. Und sie hatte es ihm doch hoch und heilig versprochen. Als nun der Frosch ins Schloß kam, wollte sie ihr Königswort nicht halten. Das ist mit Königsworten öfters so, ist aber unsittlich. Und Asmus wollte entwickeln, daß man sein Wort halten müsse, und wenn es auch noch so schwer sei.

»Warum wollte sie denn nicht mit dem Frosch zu Bett gehen?« fragte Asmus einen Schüler.

»Ich weiß nicht,« sagte der.

»Möchtest Du denn einen Frosch im Bett haben?«

»Ja!« rief das Bürschchen begeistert.

Hm. Das war ein unerwartetes Hindernis. Aber Asmus besann sich. Vielleicht sprach das Kind so aus ethischen Erwägungen. Es meinte wohl im stillen: wenn ich es versprochen hätte.

»Schön,« fuhr der Magister fort, »du möchtest also bei einem Frosch schlafen. Aber doch nur wann?«

»Immer!« versetzte strahlend der Gefragte.

Hm, hm. Wie sollte man diesem perversen Individuum die Moral der Geschichte begreiflich machen? Man mußte einfach die Segel streichen. Der kluge Magister begriff erst später die Freude der Kinder an allem Spiel mit den Tieren.

Aber solche und ernstere Schwierigkeiten erhöhten gerade die Lust an der Arbeit, und er widmete sich ihr auch mit so viel körperlichem Eifer, daß er infolge des vielen Sprechens von einer Heiserkeit in die andere fiel. Überdies kam der erkrankte Lehrer nicht wieder, aus den acht Wochen wurde ein Vierteljahr, aus dem Vierteljahr ein halbes. Asmus hatte morgens eine Stunde weit zur Schule und ging mittags denselben Weg zurück. Dann aß er eilig zu Mittag und ging abermals zur Schule, um den Nachmittagsunterricht zu erteilen. Danach begab er sich von der Schule ins Präparandeum, und abends hatte er eine gute Stunde nach Hause. Dann erst konnte er an seine Präparationen für Schule und Präparandeum gehen. Das machte etwa elf Stunden Arbeit und fünf Stunden Marsch. Aber Asmus war noch immer tief davon durchdrungen, daß der Schlaf ein eingebildetes Bedürfnis sei, eine Überzeugung, die er bald genug ablegen sollte. Einstweilen aber ging er nicht nur jeden Sonnabend zu Bockholm ans Klavier, er machte auf seinen Wanderungen auch noch Gedichte, die den Beifall Lauras, nämlich Fräulein Wieselins, und der beiden Leonoren fanden.

Nur einen Menschen gab es, dem die vielfältige Beschäftigung Asmussens Sorge machte, und das war seine Mutter. Nicht, daß sie für seine Gesundheit gefürchtet hätte, – seine vollen, roten Wangen ließen solche Befürchtungen nicht aufkommen, – nein, sie bangte wegen des bevorstehenden Abgangs-Examens. Im nahen März sollte Asmus ins Seminar übergehen, und sie fürchtete, daß er sich bei so viel Arbeit nicht ordentlich vorbereiten könne und dann womöglich durchfalle. Und sie schickte heimlich einen Seminaristen aus der Bekanntschaft ab, der sich bei einem Lehrer des Präparandeums nach den Aussichten ihres Sohnes erkundigen sollte. »Zu Hause sagt der Bengel ja nichts,« klagte sie. »Er macht auch Gedichte; aber meinen Sie, er zeigt sie uns? Wenn ich nicht mal eins in seiner Schublade finde, erfahren wir nichts davon.«

Seine Gedichte zu Hause zeigen, – nein, das brachte Asmus nicht über sich. Eine Scham, die er sich selbst nicht deuten konnte, hielt ihn davon zurück. Wir mögen auf der Gasse nicht im Nachtgewand und daheim nicht in der Toga palmata erscheinen.

Jener geheime Emissär geriet an den Lehrer für deutsche Sprache und Literatur, einen großen Mann mit einer prachtvollen Römerglatze und energischen Zügen, die lieber dem Spott als der Liebenswürdigkeit dienten. Er maß den Frager von oben bis unten mit höhnischem Blick und sagte dann: »Ja, wenn wir den durchfallen ließen, wen sollten wir dann bestehen lassen?«

Dieser Bescheid beruhigte Frau Rebekka einigermaßen, aber keineswegs vollständig. Als der erste Tag des schriftlichen Examens anbrach, strich sie unaufhörlich mit liebkosenden Händen an ihrem Sohne auf und ab, als ginge er den Weg zum Schafott und kehre nicht mehr zurück. Als ihn acht Tage später der Mann mit der Römerglatze auf die Seite genommen und mit spöttischem Lächeln gesagt hatte: »Ich gratuliere Ihnen. Sie haben den besten Aufsatz geschrieben,« da brachte er fliegenden Laufes wie der Bote von Marathon seiner Mutter die Nachricht, damit sie sich beruhige. Und wirklich wurde sie etwas ruhiger.

Ludwig Semper konnte zu der Unrast Rebekkens immer nur lächeln. »Du bist nicht gescheit,« sagte er kopfschüttelnd und blickte zum Fenster hinaus in die Ferne.

Asmus aber war aus Sicherheit und Unruhe wunderbar gemischt. Er pflegte weder sich noch anderen Demutsflausen vorzumachen und sagte sich wohl: »So viel wie die anderen weiß ich auch«; aber alles Leben, das er noch nicht kannte, stellte er sich als Wunder vor, als gutes oder schlimmes Wunder, und das Examen rechnete er vorläufig zu den schlimmen. Er dacht' es sich im Grunde als eine Lotterie, die der Zufall entschied; er stellte sich vor, daß Dr. Korn, der als Direktor natürlich alles wußte, oder Herr Stahmer, der ebensoviel wußte, ihm die abenteuerlichsten Fragen vorlegen könnten, die schwersten Fragen, an die er nie gedacht, und dann war ihm ungefähr zumut wie dem armen Gretchen beim dies irae.

> Quid sum miser tunc dicturus
> »Quem patronum rogaturus?«

Vielleicht war er der unruhigste von allen Examinanden. Sein Platznachbar Seybold z. B. schrieb im schriftlichen Examen einfach alles nach, was er mit seinen vortrefflichen Augen von Sempers Schriftstücken ablas, und war darum viel ruhiger als dieser. Ja, dieser Jüngling setzte ein so heiteres Vertrauen in die Kräfte seines Nebenmannes, daß er noch unmittelbar vor der naturgeschichtlichen Prüfung im Bücherschrank der Klasse von möglichst dicken Wälzern nach dem System »Mausefalle« einen babylonischen Turm errichtete, der bei der geringsten Erschütterung durch die angelehnte Schranktür ins Zimmer stürzen mußte. Der Campanile brach denn auch mit wunderbarer Präzision und furchtbarem Getöse zusammen, als Papa Hamann gerade die Frage von den Monocotyledonen und den Dicotyledonen diktierte. Natürlich mußte Asmus Semper wieder prusten, und als Papa Hamann ihn lachen sah, sagte er:

»Themper, thie gehen mit einem geradethu thträflichen Leichtthinn inth Ekthamen!«

In der mündlichen Prüfung war Seybold freilich erheblich unruhiger, und wenn der Examinator sich seinem Platze näherte, stieß er Sempern so heftig in die Rippen und trat ihm so deutlich auf den Fuß, damit er ihm aushelfe, daß Asmus noch drei Tage nachher die blauen Flecke beobachten konnte. Nun konnte er zwar nicht einblasen, wenn er sich nicht selbst ans Messer liefern wollte; aber der gute Seybold bestand trotzdem, und Asmus stellte ernste Erwägungen darüber an, warum man eigentlich Examina vornähme, wenn auch die Seybolde durchkämen.

XIII. Kapitel.

Frühlings- und Ferienlust; Wiederauftreten des Herrn Morieux; ein längerer Blick der »Dame in Trauer«, ein Aufstieg ins Gebirge und ein Gärtner mit einer Schere.

In der Tat, das einzige Gute, das solche Prüfungen haben, sind die Ferien, die sich ihnen gewöhnlich anschließen. Drei

Wochen hatte er nun frei – er warf sich daheim aufs Sofa und streckte die Beine, als wenn er sie gleich durch die ganzen drei Wochen hindurchstrecken wollte. Und auch gefeiert wurde er! Frau Rebekka, die nun endlich ganz beruhigt war, fragte ihn feierlich, was er denn heute essen wolle. Das war noch nicht dagewesen. Und Asmus nahm seinen Flug bis zum Gipfel der Imagination und sagte nach einigem Erwägen: »Pfannkuchen mit Pflaumenmus.« »Sollst du haben,« sagte Frau Rebekka und flog in die Küche an den Herd.

Was sein Vater ihm gab, war anderer Art. Asmus saß mit einem Buch an seinem gewohnten »Schreibtisch«, und Ludwig Semper saß an seinem Arbeitstisch und machte Zigarren. Und obwohl Asmus ihn nicht ansah, wußte er wieder ganz genau, daß die Augen seines Vaters auf ihm ruhten, und er hütete sich wohl, den Blick zu erheben und die zärtlichen, sommerwarmen Augen seines Vaters zu verscheuchen. Er las nicht mehr, er sah immer auf dasselbe Wort und dehnte sich in der Juliwärme dieses Blickes, dehnte sich langsam, kaum merklich, aus Furcht, die Sonne möcht' es merken und sich verhüllen; er fühlte sich von einem heiligen Licht umflossen und sah in diesem Licht wie goldene Stäubchen die Millionen seligen Erinnerungen seiner Kindheit wirbeln.

Und noch ein andres Herzensglück sollten diese Tage ihm bringen. Als Asmus eines warmen Frühlingstages am Fenster stand und auf seiner Zehn Marks-Geige nach einer Notenschrift in den Wolken fantasierte, wurde heftig geklopft. Im selben Augenblick sprang auch schon die Tür auf, und wer trat herein? Morieux. Morieux mit bleichem, verzerrtem Gesicht und weit vorgestreckter Hand.

»Ich wollte dir die Hand zur Versöhnung bieten,« sagte er.

»Bravo!« rief Asmus, indem er klatschend einschlug, »wie

geht's dir? Was machst du? Komm, setz' dich ins Sofa! Steck' dir eine Zigarre an, eine feine Brasil. Trinkst du lieber Bier oder Kaffee?«

Er war nahe daran, seinem Freunde Kost und Logis für drei Monate anzubieten; denn er mußte reden, um seiner Gemütsbewegung Herr zu werden. Er schämte sich viel mehr als sein Freund; er war über und über rot geworden, lief planlos im Zimmer hin und her und stellte seinem Gast die beiden besten Stühle hin, obwohl er ihn ins Sofa gebeten hatte.

Morieux fing an, von seinem Verschulden zu sprechen.

»Aber ich bitte dich!« rief Asmus, »sprich nicht davon. Wenn ich mich vertrage, hab' ich alles Vergangene vergessen. Ich hatt' es sowieso schon vergessen. Da – hier – spiel' mir was vor!« Er drückte ihm die Geige in die Hand. »Bitte, bitte, die F-Dur-Romanze!«

Und Beethovens Töne schwemmten alle Kleinigkeiten hinweg.

Drei Wochen sollte er so genießen! Was konnte man da für Spaziergänge machen, für Bücher lesen, für Duette spielen, für Gedichte machen – es war nicht auszudenken! Ganze Epopöen konnte man dichten! Er begann auch sofort mit einer breit angelegten Dichtung »Niobe«, in der die vierzehn Kinder der bejammernswerten Tantalstochter einzeln starben. Ach ja, Ferien waren doch noch schöner als die schönsten Unterrichtsstunden! Auch als Junge war er – wenn seine Mitschüler ihn nicht peinigten – mit Lust zur Schule gegangen, ja, die Geschichts- und Geographie- und Physikstunden des Herrn Cremer waren ihm zuzeiten das Liebste auf der Welt gewesen; aber das Allerliebste blieben doch die Ferien. Als er noch in der Klasse des Herrn Rösing gewesen war, da war eines Morgens ein Lehrer gekommen und hatte gesagt:

»Ihr könnt wieder nach Hause gehen, Herr Rösing ist krank.«

»Hurra!« hatte die ganze Klasse geschrien. Da hatte der Lehrer gerufen: »Jungens, seid ihr des Teufels? Wenn euer Lehrer krank ist, brüllt ihr Hurra?«

Aber das war eine tendenziöse Zusammenstellung. Sie dachten gar nicht an die Krankheit des Herrn Rösing; sie dachten nur an ihre Freiheit. Sie gönnten dem Lehrer jedes Wohlbefinden, wenn er nur nicht kommen wollte. Und auch Asmus hatte Hurra geschrien ...

Aber seine Ferien waren noch nicht ganz; einige Tage mußte er noch in die Schule zum Unterrichten, und dann mußte er noch eine Prüfung ablegen: prüfend sollte er geprüft werden. Da der kranke Lehrer noch immer nicht wieder erschienen war, so mußte Asmus »seine« Klasse bei der öffentlichen Prüfung vorreiten. Das war wieder eine bange Stunde; denn hinter ihm, neben ihm, an den Wänden entlang und auf den Bänken der Kinder saßen und standen sämtliche Damen und Herren des Kollegiums. Auch Laura war natürlich da und die beiden Leonoren; und ganz hinten auf der letzten Bank saß Beatrice, oder, wie sie eigentlich hieß: Hilde Chavonne. Sie hatte zum ersten Male die Trauer abgelegt, wenn auch nur in ihren Kleidern; sie trug ein leuchtend braunes Kleid, und in diesem Kleide, mit ihrem reichen braunen Haar und ihren melancholisch-braunen Augen war sie brünetter, hübscher und stolzer denn je. Und mit einem Male sprang in Asmussens Seele ein Imperativ empor: dieser Stolzen sollst du imponieren. Den Blick dieses Mädchens wählte er sich zum Leitstern durch die schwere Stunde, und nichts gibt der Arbeit eines Siebzehnjährigen einen feurigeren Aufschwung, als wenn auf ihr der Blick eines Weibes ruht.

Als die Prüfung vorüber war, sagte der Oberlehrer nichts; er wiegte nur wohlwollend auf und ab das Haupt. Als die Damen das Zimmer verließen, sah Asmus, daß Fräulein Chavonne sich mit einer Kollegin über ihn unterhielt; denn diese blickte ihn wiederholt von der Seite an; Hilde Chavonne aber heftete, bevor sie hinausschritt, noch einmal den Blick auf ihn, als habe sie den kleinen Herrn erst heute kennen gelernt, und was das Merkwürdige war: sie wandte den Blick nicht weg, wie es sonst die Mädchen zu tun pflegen, wenn der Blick eines Jünglings ihrem beobachtenden Auge begegnet; nein: offen, fest und ernst blickte sie ihm ins Auge.

Nach völlig beendigter Prüfung wollte Semper sich von den Herren des Kollegiums verabschieden.

»Was fällt Ihnen ein!« rief einer der Herren, »Sie müssen mit uns.«

Asmus erklärte, er könne nicht, er habe »furchtbar viel zu tun,« und als der joviale Herr ihn nicht lassen wollte, sagte er leise: »Ich habe kein Geld.«

»Wofür halten Sie mich denn?« rief der Lehrer lachend, »wenn ich Sie einlade, brauchen Sie doch kein Geld.«

Nun ging es in eine halbländliche Kneipe, wo man in Lauben saß und der Wirt noch ein Käppchen trug. Asmus war glücklich und stolz; die Herren behandelten ihn nicht nur als Kollegen, sie nannten ihn sogar so. Und sie waren über die Maßen lustig und erzählten sich in seiner Gegenwart die ausgelassensten Schnurren. Asmus saß mit weit offenen, lachenden Augen da. Er hatte mit jener scheuen Ehrfurcht, die er vor allem Unbekannten hegte, diese Herren für Halbgötter gehalten, die hoch über der Lust gewöhnlicher Sterblicher dahinwandelten. Die Entdeckung, daß sie fröhliche Menschen waren, war ihm ein fröhliches Wunder. So gefielen sie ihm noch viel besser.

Einer der Herren zog Asmus in ein Gespräch über Rousseau. Er meinte, das Leben Rousseaus sei tadelnswert und seine Theorien seien nicht ausführbar. Aber Asmus war schon beim dritten Glas und verteidigte seinen Liebling wie eine Löwin ihr Junges. Rousseau sei der beste der Menschen gewesen, und alle seine Ideen seien ausführbar, wenn man nur wolle.

»Na, Herr Semper,« warf ein etwas eingetrockneter Herr aus der Runde ein, »darüber können Sie doch wohl noch nicht urteilen.«

»Wissen Sie, was Schiller sagt?« rief Asmus.

»Nee,« sagte der Herr.

Und Asmus rezitierte mit hochgeröteten Wangen:

>»Monument von unsrer Zeiten Schande,
> Ew'ge Schmachschrift deiner
>   Mutterlande,
> Rousseaus Grab, gegrüßet seist du mir!
> Fried' und Ruh' den Trümmern deines
>   Lebens!
> Fried' und Ruhe suchtest du vergebens;
> Fried' und Ruhe fand'st du hier.
>
> Wann wird doch die alte Wunde narben?
> Einst war's finster, und die Weisen
>   starben;
> Nun ist's lichter, und der Weise stirbt.
> Sokrates ging unter durch Sophisten,
> Rousseau leidet, Rousseau fällt durch
>   Christen,
> Rousseau – der aus Christen Menschen
>   wirbt.«

Die Worte »Schande«, »Schmachschrift«, »Sophisten« und »Christen« hatte Asmus mit anzüglicher Betonung hervorgehoben.

»Ja, das ist ja sehr formvollendet,« sagte der Gedörrte mit einer empörenden Kälte, »aber Schiller ist für mich auch nicht maßgebend.«

»Was? Schiller –?«

Asmus wollte aufspringen; aber jener andere Herr legte ihm die Hand auf die Schulter und sagte: »Ich werde Ihnen mal Rousseaus »Bekenntnisse« leihen; die werden Sie interessieren.«

»O ja! Herzlichen Dank!« rief Asmus, und am nächsten Tage stürzte er sich in die »Bekenntnisse«.

Das war Öl ins Feuer. Den Kopf in beide Hände vergraben, las er stundenlang mit heißen und heißeren Wangen. Da plötzlich sprang er auf, warf die Arme nach beiden Seiten und rief ganz laut: »O Gott – o Gott!« Er hatte die Stelle gelesen, wo Rousseau sich vor dem Leser zu jenem Diebstahl bekennt, den er hartnäckig geleugnet hat. Wohl eine Stunde lang stürmte Asmus im Zimmer auf und ab, oder er warf sich ins Sofa, vergrub das Gesicht in beide Hände und atmete schwer. Welch ein Mut, welch ein Wahrheitsmut! Welch eine erschütternde Liebe zur Wahrheit! Asmus wollte weiterlesen; aber kaum hatte er das Buch berührt, so schlug er es heftig zu. Er konnte nicht weiterlesen; eine geheimnisvolle Macht verwehrte ihm, die heiligste, größte Stunde seiner Jugend selbst zu töten. Er lief ins Freie, rannte durch Felder und Wiesen und sah von Feldern und Wiesen nichts; er fühlte nur eine unaufhörliche Brandung gegen die Wände seines Herzens schlagen. Gegen Abend kehrte er ruhiger nach Hause zurück. Wieder schlug er das Buch auf, und langsam, zärtlich, mit ferngewandtem

Blick machte er es wieder zu. Wie der Bergwanderer, der einen höchsten Grat erstiegen und nun die freie und reine Herrlichkeit der Täler und Gipfel erschaut, sich nicht entschließen kann, wieder dort hinabzusteigen, wo alles das ihm entschwinden wird, so konnte es Asmus nicht über sich gewinnen, die Höhe zu verlassen, wo himmlische Luft sein Herz durchbraust hatte.

Und zu diesem Rousseau würde nun bald im Seminar Pestalozzi kommen und Comenius und die Alten: Plato, Aristoteles, die Kirchenväter – er hatte Einblick in den Lehrplan des Seminars bekommen – ach: was gab es da nicht alles in der Psychologie, in der Logik, in der Methodik, in Literatur und Geschichte, Mathematik und Naturwissenschaften – ihm lief das Wasser im Munde zusammen wie einem Schlemmer, der vom Gastmahl des Trimalchion liest, von einem jener römischen Gelage, wo ganze Ochsen und Eber auf goldenen Wagen herangefahren wurden und Speisen und Getränke aus der Decke, aus den Wänden und aus dem Boden hervorkamen. Das alles, was da in dem Lehrplan stand, sollte er studieren dürfen, bis in die tiefsten Schachte der Wissenschaft hinein, und zu Hause würde er noch Zeit haben, noch ebensoviel dazu zu lernen –

»O Erd', o Sonne,
O Glück, o Lust!«

das war der tägliche Text seines Herzschlages, die immer wiederkehrende Melodie seines Gedankenreigens. Was sich draußen golden und grün über Felder und Hecken breitete und was sich golden und grün über unendliche Fluren in seinem Herzen dehnte: es war derselbe Frühling, derselbe lerchenfrohe Lebensmorgen.

Der alte Moor fiel ihm ein, der, seines Erstgeborenen gedenkend, erzählt: »Da ihn die Wehmutter mir brachte, hub ich ihn gen Himmel und rief: Bin ich nicht ein glücklicher Mann?«

Im Übermute seines Herzens mußte er es still in sich hineinrufen: Bin ich nicht ein glücklicher Mann?

Freilich: der alte Moor war dann nichts weniger als glücklich geworden.

»Aber ich bin glücklich!« rief Asmus in sich hinein »und ich werde glücklich sein, ich weiß es.«

Mit solchen Empfindungen überschritt er an einem Aprilmorgen zum ersten Male die Schwelle des Seminars.

Er hörte nicht die Schere klingen, die Schere des Gärtners, der herankam, sein Glück zu beschneiden.

Zweites Buch

Arbeit und Kampf

XIV. Kapitel.

Der Gärtner beginnt, seine Schere zu handhaben.

Asmus war erst wenige Tage im Seminar, als er sich auf dem Heimwege, auf demselben Spielbudenplatze, der seine sonntäglichen Schwelgereien in nun vergangenen Tagen gesehen hatte, von einer weiblichen Stimme anrufen hörte.

»Asmus, sei man nich so stolz!« rief die weibliche Stimme.

Er fuhr aus seinen Gedanken auf und starrte in das Gesicht einer Frau, die ein Kind auf dem Arme trug.

Ja, war's denn möglich – das war ja Adolfine Moses, die mütterliche Gespielin früherer Jahre, die treffliche Sibylle, in deren Hexenküche er so manchen Buchweizenkloß gegessen hatte, die ihm die erste Nachricht vom Ausbruch des Krieges mit Frankreich gebracht hatte.

»Kenns mich woll ganich mehr?« rief Adolfine und verzog lachend den Mund bis an beide Ohren.

»Aber natürlich, Adolfine, natürlich kenn ich dich!« rief Asmus. Ihre Häßlichkeit war im wesentlichen nicht anders geworden, nur reifer.

»Wie geht's dir denn?«

»Och, ich bin jetz verheirat't. Dies is mein Jung; mags ihn leiden?«

»Ja, natürlich,« sagte Asmus.

»Was bist du denn geworden,« forschte Adolfine.

»Ich will Lehrer werden,« antwortete Asmus.

Da klaffte Adolfinens Mund wie eine Löwengrube, und sie lachte, daß es über den ganzen Platz hallte.

»Bis woll verrückt!« schrie sie.

Asmus sah sich unwillkürlich um. »Schrei doch nicht so!« rief er. »Natürlich werd' ich Lehrer.«

Aber es kostete viel Mühe, sie daran glauben zu machen. Und langsam und gradweise, wie sie ihm Glauben schenkte, öffnete sich wieder ihr Mund.

»Kanns das denn alles in'n Kopf behalten?« fragte Adolfine. Sie dachte an ihre eigene Schulzeit.

»Jaa – ziemlich,« versetzte er langsam. »Aber jetzt muß ich weiter. Adieu, laß dir's gut gehen!«

Er gab ihr die Hand; aber sie war jetzt sprachlos, und als er schon fünfzig Schritte weit war, stand ihr Mund noch immer offen. – –

Hinter der Satyrmaske Adolfinens war das Schicksal verborgen gewesen und hatte gerufen: »Du bist wohl verrückt!« – – – –

Das drohende Tabakmonopol und später die erhöhte Tabaksteuer lasteten schwer auf dem Gewerbe der Zigarrenmacher; wenigstens hatten die Fabrikanten die ohnedies bescheidenen Arbeitslöhne noch herabgesetzt. Der Urheber der Steuer nannte sich Bismarck, und dieser Bismarck wurde in den Stuben der Zigarrenarbeiter um dessen willen nicht geliebt. Aber dieser Bismarck hatte noch etwas anderes hervorgebracht, und das war das Ausnahmegesetz gegen die Sozialdemokratie. Asmussens Bruder Johannes aber war leidenschaftlicher Sozialdemokrat. Nicht als Redner trat er hervor; aber er war im Vorstand der Ortsgruppe und wirkte still und begeistert für die Organisation. In harter Winterzeit machte er Agitationsreisen ins unberührteste Schleswig-Holstein, dorthin, wo die Landbevölkerung den »Dezimalkroaten« Unterkunft und Nahrung weigerte und sie nicht selten mit Hofhunden an Leib und Leben bedrohte.

Einmal aber trat Heinrich Moldenhuber, der »Wolkenschieber« oder, wie ihn Ludwig Semper ob seiner sturmgeschwellten Rockschöße gewöhnlich nannte: Heinrich der Seefahrer ins Arbeitszimmer der Semper und sagte mit stoischem Lächeln:

»Ich bin ausgewiesen.«

Man glaubte anfangs, er scherze. Aber er zeigte lächelnd den Ausweisungsbefehl. Und man begriff noch immer nicht. Wie? Dieses neunundzwanzigjährige Kinderherz sollte »gemeingefährlich« sein? Wie? dachte Asmus, dieser Mann, der zu den besten Stücken meiner Jugend und meiner Heimat gehört – den verbannt man aus seiner Heimat? Gewiß würde Moldenhuber auch auf der Barrikade seine Schuldigkeit getan haben; aber nie würde er aufgefordert haben, eine zu bauen; er würde viel mehr versucht haben, den Fürsten Bismarck oder den das Standrecht ausübenden

General von seinem Irrtum und von der Richtigkeit der sozialistischen Lehre zu überzeugen.

Aber alles Verwundern half nichts gegenüber der brutalen Tatsache.

»Wohin willst du denn?« fragte Ludwig Semper.

»Nach Amerika,« antwortete Moldenhuber ruhig.

Nach Amerika! Der Wolkenschieber nach Amerika! Das war so, als wenn Hölderlin auf die Hamburger Börse gegangen wäre, um hinfort in Kaffee zu spekulieren. Ludwig Semper riet ihm dringend ab; aber der Seefahrer war heiter entschlossen. Fast schien es, als ob ihm die Schicksalswendung willkommen wäre und er sich auf die Entdeckung Amerikas durch Heinrich den Seefahrer freue. Was konnte ihm geschehen? Nahm er nicht seine Dichter und Philosophen überallhin im Kopfe mit? Und für eine Bücherkiste war wohl auch noch Platz im Zwischendeck.

Amerika! Asmussens Brüdern, Johannes und Alfred, hatte dies Land schon oft vor der Seele gestanden als ein Bereich, wo man aus dem ewigen Schuften und Sorgen herauskomme, wo brauchbare Arbeit einen reichlichen Lohn finde. Der Entschluß, dahin auszuwandern, war immer wieder verschoben worden; denn diese Heimat mit all ihrem Schuften und Sorgen übte ihre stille Kraft. Aber die Polizei kam ihrer Unentschlossenheit zur Hilfe. Ein Beamter, der Ludwig Sempern freundlich gesinnt war, teilte ihm unter der Hand mit, daß auch sein Sohn Johannes auf der Proskriptionsliste stehe und demnächst »drankomme«. Vielleicht ziehe er es vor, noch vordem auszuwandern.

Das gab einen Aufruhr im Hause Semper! Frau Rebekka sprach sich über Thron und Altar, über Bismarck und die Polizei in einer Weise aus, die ihr gegebenen Falles 100 Jahre Gefängnis gesichert hätten, und im stillen weinte sie.

Ludwig Semper trug das Unglück schweigend wie immer, nur warf er öfter als sonst das linke Bein über das rechte und bewegte heftig die Lippen, und nur einmal rief er: »Die Narren, wenn sie glauben, daß ihnen das was hilft!«

Am muntersten nahm Alfred die Neuigkeit auf. Er wollte sofort mit seinem Bruder nach Amerika, obwohl ihn niemand forttrieb und obwohl er sich ein Sümmchen erspart hatte. Aber er wollt' es »zu was bringen« und erbot sich, seinem Bruder das Geld für die Überfahrt zu leihen.

Und Johannes schlug ein. Entschlossen, nach Amerika zu gehen, war auch er. Aber seine Entschlossenheit hatte zwei Gesichter, die in den nächsten acht Tagen oft miteinander wechselten. Das eine pflegte mit unternehmendem Blick durchs Fenster nach Westen zu sehen, das andere die Blicke wandern zu lassen über Wände und Winkel, Gassen und Felder in Haus und Heimat, von denen er scheiden sollte.

XV. Kapitel.

Asmus hört ein französisches Lied von deutschem Heimweh, gibt Privatstunden bei Lachtauben und Häschen und erhält sein erstes Dichterhonorar.

Schon acht Tage später bewegte sich durch die Straßen von Oldensund und Altenberg ein Trupp von Auswanderern dem Hamburger Hafen zu. Außer Moldenhuber und Johannes Semper waren noch andere ausgewiesen worden; Europamüde hatten sich ihnen angeschlossen, und zahlreiche Verwandte und Freunde gaben ihnen das Geleite bis zu den Landungsbrücken. Man war auf gewisse Weise heiter; einige hatten ihrer Heiterkeit mit Alkohol auf die müden Beine geholfen. Man konnt' es Heiterkeit nennen, wie man es Sonnenschein nennen kann, wenn durch unaufhörlich ziehende Wolken hin und wieder auf Minuten die Sonne mit stechendem Glanze hindurchblickt. Man sang sogar, man sang lustige Lieder; aber kein Mensch nahm sie lustig. Asmus ging eine Weile allein neben seinem Bruder Johannes. Sie sangen beide nicht mit; aber plötzlich sang etwas in Asmus. Er hatte es oft, daß plötzlich eine Melodie in ihm aufwachte, die er nur einmal gehört und die er dann wochenlang, monatelang vergeblich in seiner Erinnerung gesucht hatte. Vor mehr als einem Vierteljahr hatte er mit dem blinden Pianisten zusammen die »Fantastische Symphonie, op. 14« von Berlioz gehört. Und da hatte ganz besonders ein Gesang gedämpfter Geigen sich wie ein weicher, warmer Herbsttag ihm in das Herz gelegt. Er hatte sich die Worte gemerkt, die den Komponisten zu diesem Gesange angeregt hatten; aber die Melodie hatte er doch vergessen. Heute mit einem Male schlug jene wundersame, süß-traurige Weise die Augen auf.

sang es in ihm. Dann hörte er seinen Bruder sprechen.

»Sobald ich drüben bin, schick' ich meine Adresse; dann mußt du mir fleißig schreiben.«

»Gewiß,« sagte Asmus.

»Schreib mir sobald als möglich, wie es Vater und Mutter geht – sie werden allmählich alt.«

»Ja, ja,« sagte Asmus nachdenklich.

»Mach' ihnen nur recht viel Freude. Sowie ich etwas übrig habe, schick' ich auch Geld.«

»Aber überarbeite dich auch nicht,« fügte Johannes noch hinzu. Dann schwiegen sie wieder. Und wieder hub in Asmus die sanfte, traurige Weise an:

```
Je vais donc quitter pour jamais
Mon doux pays - - -
```

Endlich waren sie am Landungsplatz, und da griff der Anblick der vielen Hunderte von Zwischendeckspassagieren wie mit Krallen in Asmussens Herz. Er wußte ja von all diesen Leuten gar nicht, warum sie auswanderten, ob sie es gern oder ungern taten, was sie erhofften und was sie verließen; aber er sah in dieser ganzen Masse von Männern, Weibern und Kindern mit ihrer in Bündel geschnürten Habe nur ein großes Elend, ein großes, bitteres Elend, und zum ersten Male in diesen Tagen des Abschieds traten ihm heiße, reichliche Tränen ins Auge. Er trocknete sie schnell; denn es galt, Abschied zu nehmen und den Brüdern ein fröhliches, ermunterndes Gesicht zu zeigen. Der guten Frau Rebekka wollte fast das Herz brechen, und sie empfahl ihren Söhnen noch hundert Dinge, die sie nicht vergessen sollten; sie knöpfte Alfred den Rock zu und knotete Johannes den Schal fester um den Hals, um sie gegen die rauhe Seeluft zu schützen, die indessen von Hamburg noch fünf Stunden weit entfernt ist. Endlich fuhr das Schiff unter Hurrarufen und Winken der Zurückbleibenden davon.

Als Asmus wieder daheim war, ging er heimlich ins Schlafzimmer, wie er von jeher getan, wenn er mit sich allein sein wollte. Er trat ans Fenster und blickte nach Westen. Wo werden sie jetzt sein, dachte er.

>   Je vais donc quitter - - -

Die Melodie schlang sich wie ein Gewinde von Orangenblüten durch alle seine Gedanken.

>   Je vais donc quitter pour jamais
>   Mon doux pays, ma douce amie!
>   Loin d'eux je vais trainer ma vie
>   Dans les pleurs et dans les
>   regrets.

Das Lied paßte ja eigentlich gar nicht so recht zu diesem Tage: es war ein französisches Lied, und hier handelte es sich um eine deutsche Heimat; auch der Sinn der Worte paßte nur halb; aber die Töne, die Töne sangen ein wunderbares Heimweh, und sie folgten ihm bis in den Traum und bis in manchen folgenden Tag.

Viel Zeit war indessen für wehmütige Stimmungen und

Gedankenspiele nicht übrig; das Leben schickte sich an, unserm Seminaristen mit realen Forderungen hart auf den Leib zu rücken. Mit den beiden Söhnen hatten die alten Semper zwar zwei beträchtliche Esser, zugleich aber einen für ihren Haushalt noch beträchtlicheren Geldzuschuß verloren. Vorübergehende Arbeitslosigkeit kam hinzu, und die fetten Jahre der dreihundertundsechzig Mark pro anno waren vorbei; im ersten Seminarjahr gab es nur einhundertundzwanzig Mark Stipendien, im zweiten zweihundert, im dritten zweihundertundvierzig. Aber wie sollten nun die Semper ihren Studenten durch drei endlose Jahre hindurchschleppen?!

Frau Rebekka verzagte an diesem Unternehmen. Durch den Spalt einer angelehnten Tür belauschte Asmus eines Tages ein Gespräch seiner Eltern.

»Dann muß er eben den Lehrer an den Nagel hängen und Zigarrenmacher werden,« sagte die Mutter.

»Ach, Unsinn!« klang die Stimme Ludwig Sempers.

»Ja, Unsinn! Weißt du, woher das Geld kommen soll? Ich weiß es nicht. Wir riechen nach Geld wie die Gänse nach Franzbranntwein.«

»Na ja, das findet sich,« sagte Ludwig.

»Ja, das sagst du immer,« meinte Rebekka. »Wozu auch?« fuhr sie fort. »Die anderen Kinder sind auch alle begabt und sind auch keine Lehrer geworden.«

Sie sagte das nicht lieblos; sie sagte es mit jener Resignation des Armen, der das Gefühl hat, daß das Talent für den Mittellosen ein Unglück ist.

Aber obwohl sie das Wort nicht lieblos gesprochen hatte, ging es Asmussen wie ein Messer durch's Herz. Sie hatte

Wahrheit gesprochen, die Mutter. Seine Brüder waren wohl ebenso begabt wie er, vielleicht begabter, und mußten Zigarren drehen. Sollte er seinen Eltern, die sich von Sorge zu Sorge schleppten, drei Jahre lang auf der Tasche liegen? Nein.

Asmus beschloß, seinen Unterhalt durch Privatstunden selbst zu verdienen. Dazu waren freilich nicht wenige solcher Stunden nötig.

Er ging dreimal in der Woche zu den Kindern eines Fettwarenhändlers, drei allerliebsten, wohlerzogenen Kindern, zwei Mädeln und einem Buben. Die Älteste war ein Lachtäubchen, und wenn Asmus über eine seltsame Aufgabenlösung ein humoristisches Augenrollen vollführte, wollte sie sich unter den Tisch kichern; nur wenn er die Frage an das etwas »thumbe« Brüderlein richtete, machte sie ein bekümmertes Muttergottesgesichtchen. Die Stunden wurden glänzend bezahlt, mit 75 Pfennigen, und jeden Monat zählte der blendend weiß beschürzte Vater mit verbindlichstem Dank und höflichen Komplimenten die blanken Silberstücke auf die Ladenbank. Hier war alles warm und gut.

Auch mit dem einzigen Kinde des Gelehrten, zu dem er sechsmal die Woche ging, lebte er gute und feine Stunden. Freilich nicht von Anfang an. Als er bei dem sechsjährigen Bürschchen mit dem Unterricht beginnen wollte, bemerkte er, daß es kaum die Entwicklung eines Vierjährigen hatte. Infolge von Krankheit oder Verzärtelung war es so zurückgeblieben, daß es fast gar nicht sprechen konnte, und wenn es nach vielen Ermunterungen und Mühen endlich den Mund auftat, so sagte es »trein« statt »klein« und »Josche« statt »Rose«. O, o, oh, dachte Asmus, was fang ich da an. Zudem war der Kleine furchtsam wie ein Häslein; er starrte seinen Lehrmeister nach Wochen noch an wie einen bösen Mann und war durch die zündendsten »Witze« und die komischsten Gesichter nicht ins Lachen zu bringen. Hundertmal, tausendmal sprach ihm Asmus die richtigen Laute vergeblich vor – das konnte nicht immer kurzweilig und fröhlich sein; dem Kleinen traten dicke Tränen ins Auge, und dann war alles vorbei ... Dann mußte Asmus aufspringen und ein paarmal auf und ab gehen und sich sagen, daß er die Geschichte vom Sisyphos bisher immer viel zu leichtfertig und teilnahmlos aufgefaßt habe. Endlich, nach sechs Wochen, sagte das Bübchen plötzlich ganz richtig »klein« und »Klavier«. Asmus traute seinen Ohren nicht.

»Sag' mal Klaus!« – »Klaus.«

»Klemme!« – »Klemme!«

»Klosett!« – »Klosett!«

»Hurra« brüllte Asmus, »hurra, er kann es!« und er sprang – er konnte nicht anders – er sprang über einen Stuhl. Da lachte das Bürschchen zum ersten Male laut auf, und nun kam Sonnenschein ins Werk. Von nun an ging es vorwärts, und nach einem halben Jahre streckte sich aus den verhutzelten Hüllblättchen der kleinen Menschenknospe ein vollkommen helles und frisches Geistchen hervor.

Die Wirksamkeit in diesem Hause hatte für Asmus noch ein anderes Ergebnis. Irgend jemand hatte dem Vater seines Schülers gesteckt, daß der junge Herr Semper auch dichte, und eines Tages erbat der Vater von seinem Hauslehrer ein Lied für eine Naturforscherversammlung. Asmus sagte zu und dichtete etwas hervorragend Ungeeignetes. Der Doktor hatte sich ein munteres Kneiplied gedacht; Asmussens Werk aber war mit mehreren Zentnern Naturphilosophie befrachtet. Der Gelehrte, ein Gentleman, fragte gleichwohl mit verbindlichem Dank nach seiner Schuldigkeit. Vor Asmussens Phantasie stieg wie eine Leuchtkugel ein funkelndes Fünfmarkstück auf; aber er ließ sich grundsätzlich nicht übergentlemannen und sagte, es sei eine Gefälligkeit, für die er kein Honorar beanspruche.

»Nun, dann werd' ich es auf andere Weise gutzumachen versuchen,« sagte der Doktor.

Und von nun an erschien in jeder Unterrichtsstunde eine Tasse Kaffee, ein wundervoller Kaffee, nicht mit Zichorien wie zu Hause. Und da er ein Jahr lang im Hause des Gelehrten wirkte, so kamen Hunderte von Tassen Kaffee heraus, und sie waren sein erstes Dichterhonorar, ein so hohes, wie er es viele Jahre später noch nicht erreichen sollte.

XVI. Kapitel.

Handelt von sonderbaren Studenten und von einem unvergleichlichen Architekten.

Soweit waren die Privatstunden gut und schön. Mit den zwei Kaufleuten aber ging es schon anders. Das waren zwei Kompagnons, die Englisch lernen wollten. Aber nicht das Englisch der Schulgrammatik, des Landpredigers von Wakefield und des Verlorenen Paradieses, sondern das Englisch der Butter-, Eier- und Buckskinhändler. Also kaufte sich Asmus eine Grammatik der englischen Kaufmanns- und Gewerbesprache und studierte mit Volldampf englische Tratten, Rimessen, Konnossemente, Fakturen, Beschwerden über unbefriedigende Hosenstoffe und Insolvenzerklärungen. Die beiden Schüler waren so ungleich wie nur denkbar; der eine begriff nichts, der andere alles, und das mochte diesen bewogen haben, sich mit jenem zu assoziieren. Wie sollte man mit zwei solchen Pferden vorwärts kommen! Und obendrein mußte man doch noch immer auf der Hut sein, den verstopften Geist seine Beschränktheit allzu beschämend fühlen zu lassen! Aber die Qual sollte nicht allzulange dauern. Als Asmus nach zehn Unterrichtsstunden zur elften erschien, erklärte ihm die Frau, bei der die beiden Junggesellen gewohnt hatten, daß seine Schüler verzogen seien »unbekannt, wohin«. Sein Honorar hatten die Kompagnons mitgenommen. Asmus stand eine Weile sinnend vor dem Hause und betrachtete beim Schein der Gaslaterne die Grammatik für Kaufmannsenglisch, die vier Mark gekostet hatte und für die er nie im Leben wieder Verwendung finden sollte.

Mit diesen Stunden hatte er besonders gerechnet. Er verdiente allgemach so viel, daß er seinen Eltern Kost und Wohnung vergüten konnte, und diese Stunden sollten es ihm endlich ermöglichen, von seinem Verdienst ein weniges für sich zu behalten. Wenn die Stunden eine Weile fortgingen, wollte er sich ein Klavier mieten! Und auf diesem einst zu mietenden Klavier hatte Ludwig Sempers Sohn auf Spaziergängen und an stillen Feierabenden schon manches `Adagio cantabile` und manches `Presto furioso` gespielt. Denn er war vielleicht der größte und kühnste Luftschloßarchitekt seines Jahrhunderts. Aus einem einzigen Stein baute er ein Schloß; aber er ließ es nicht etwa, wie die meisten dieser Künstler, bei dem Gerüst oder bei der Fassade bewenden; nein, er führte es durch und hinauf bis zu den letzten Fialen und Türmchen, die mit den Mondstrahlen stritten an Feinheit und Glanz; er baute es aus von der Halle bis ins verschwiegenste Gemach, von der breitschimmernden Treppe bis in die Kammer des Türmers, vom lauschigen Erker bis zum lachenden Balkon, der in prangende Gärten hinabsah. Denn was wäre ein Schloß ohne einen Park mit Brücken und Lauben, mit singenden Wassern und horchenden Steinbildern, mit hundert Abgründen für den Traum und hundert Grotten und Höhlen für die Erinnerung?

Aber das merkwürdigste war, daß er, wenn das Schloß nun plötzlich im leeren Grau verschwand, nur drei Sekunden brauchte, um sich mit dieser vollendeten Tatsache abzufinden. Er galt bei denen, die ihn kannten, für einen Menschen von Talent; aber sein größtes Talent kannten weder sie noch er selbst: sein unerhörtes Talent, glücklich zu sein. In einem heimlichen Schubfach seines Herzens lagen tausend Baupläne zu neuen Luftschlössern; hinter seiner Stirn brannte wie ein wandelloser Stern die Hoffnung: Einmal bau ich mir doch ein Schloß, ein Schloß aus wirklichem Glück, und so viele, so herrliche Schlösser ihm versinken mochten – er versöhnte sich mit jeder Notwendigkeit und kannte nichts Unsinnigeres als Trauer um das Unabänderliche.

Und so schob er denn die Grammatik der englischen Handelssprache unter den Arm und sagte sich: »Ich habe doch meine Kenntnis des Englischen erweitert und einen gewissen Einblick in geschäftliche Dinge bekommen – wer weiß, ob ich sonst jemals dazu gekommen wäre.« Damit waren die Kompagnons erledigt.

Die Lust, etwas zu lernen, ist unter den Menschen weit verbreitet, die Lust, sich darum anzustrengen, nicht. Es gab wohl allerlei Leute, die Privatstunden haben wollten; aber sie gaben sie gewöhnlich schnell wieder auf, wenn sie merkten, daß das Lernen bei aller Milde der Methoden doch etwas anderes ist als eine schmerzlose Einspritzung ins Gehirn. So gingen allerlei Leute durch Asmussens Hände: ein Opernsänger, der fast so begabt war wie der beschränkte

Kompagnon, aber nicht singen konnte; ein Franzose, der Deutsch lernen wollte, der – ayant oublié son portemonnaie Asmussen um drei Mark anpumpte und dann nicht wiederkam; ein Gastwirt, der eine feinere Wirtschaft übernahm und darum Bildung lernen wollte, und manche andere; es gab Wochen, in denen »das Geschäft blühte«; aber sie wechselten mit Monaten, Vierteljahren, an denen es darniederlag. Und wenn den Glückspilz Asmus Semper etwas andauernd unglücklich machen konnte, so war es das Gefühl, seinen Eltern zur Last zu liegen, und die Furcht, in den Augen seiner Mutter den stummen Vorwurf zu lesen, daß er seinen Eltern Opfer und Sorgen auferlege, die keines der anderen Kinder verlangt habe.

XVII. Kapitel.

Das Schicksal führt uns zu wunderlichen Tischgenossen.

In solcher Zeit ward ihm einmal Hilfe durch einen Lehrer, der ihm in »feinen Häusern« drei Freitische verschaffte. Asmus jubelte, erstens weil er seinen Eltern drei Mittagsmahle ersparte, und zweitens, weil ihm ein Klassenkollege und Freitischler auf Spaziergängen zu wiederholten Malen die Leckerbissen geschildert hatte, die es in solchen Häusern gebe. Schneebälle zum Beispiel, Schneebälle zum Nachtisch, man denke! Asmus freute sich wie ein Kind auf die zu erwartenden Festgerichte und ahnte nicht, womit sie gewürzt waren. Und bei dem Architekten war es wirklich schön! Die kinderlosen, noch jungen Eheleute behandelten ihn ganz wie einen Gast; das Mädchen servierte erst der gnädigen Frau, dann ihm und dann erst dem Hausherrn, und die gnädige Frau schanzte ihm immer besonders gute Bissen zu und schälte und zerlegte ihm mit eigenen Händen Äpfel und Apfelsinen. Asmus war von dieser reinen Güte so beschämt, daß er anfangs vor Beklommenheit nicht reden und nicht essen konnte. Aber die ungezwungene Freundlichkeit der Wirte, die keine seiner Verlegenheiten und Unbeholfenheiten zu bemerken schien, half ihm über alle Ängste hinweg; der Hausherr schenkte ihm immer wieder ein, behandelte ihn als alten Kneipgesellen und neckte bei aller Zartheit seine Frau so lustig und unbefangen, als wäre niemand zugegen denn ein alter Freund!

»Greifen Sie zu, Herr Semper, greifen Sie zu!« rief er. »Meine Frau hofft natürlich, daß von dem Eis was nachbleibt – sie nascht nämlich; aber wir sind für ihre Gesundheit verantwortlich; es darf nichts übrig bleiben.«

Dann drohte die sanfte Frau ihrem Gatten lächelnd mit dem Finger und schob Asmussen die Eistorte zu mit einem Glanz in den Augen, als pflege sie in dem kleinen Seminaristen ihr ersehntes Kind.

Wie ganz anders ging es da »bei Stadtrats« zu. Da kam Asmus gleich beim ersten Male neben einer pompösen Dame zu sitzen; sie hieß »Frau Senator«, und er war sozusagen ihr Tischherr. Zwischen ihr und ihm stand auf dem Tisch eine Flasche Rotwein. Als der erste Gang nach der Suppe aufgetragen war, sagte die dicke Frau in einem bösen Tone:

»Na, wenn Sie keinen Wein mögen, ich mag Wein!« nahm heftig den Stöpsel von der Flasche und schenkte sich ein.

Asmus war's, als ob ihm siedendes Wasser über den ganzen Leib liefe. Wie sollte er denn dazu kommen, sich an einer Flasche Wein zu vergreifen, die andern Leuten gehörte, und diesen Wein einer Dame anzubieten, einer Dame »furchtbar prächtig wie blutiger Nordlichtschein«! Wenn er auch in der Theorie noch Königsmörder war und wußte, daß es schlechte Könige und Minister gebe, in der Praxis glaubte er noch fest, daß ein Mensch, der »Frau Senator« heiße, auch wirklich etwas Hervorragendes und Feines sein müsse.

Da war aber auch noch jedesmal ein Kandidat, der bei jeder passenden und unpassenden Gelegenheit auf die Juden schimpfte, sonst aber keine geistige Regsamkeit erkennen ließ. In Asmussens Herzen war die Stelle noch sonnenwarm, an die er vor Jahren Lessings Gedicht von Nathan dem Weisen gedrückt hatte. Der Kandidat war ihm furchtbar zuwider. Er konnt' es begreifen, daß man einzelne Menschen haßte, wenn sie schlecht waren; auch er konnte hassen, o gewiß, leidenschaftlich, wenn auch nicht lange; aber daß man eine ganze Menschenklasse hassen, verdammen, beschimpfen und ihr alles Leid an den Hals wünschen konnte, das empörte ihn wie eine Roheit des Herzens, und diese Empörung schwoll eines Tages so gewaltig in ihm auf, daß er, über und über errötend, dem Kandidaten erwiderte:

»Vergessen Sie doch nicht, wie man die Juden behandelt hat.«

»O, das war nicht so schlimm,« meinte der Gottesgelehrte spöttisch.

»So? Haben Sie Freytags »Bilder aus der Deutschen Vergangenheit« gelesen?«

»Nee.«

»Nun, da können Sie's nachlesen; Freytag ist gewiß unparteiisch. Und ich muß sagen: Wenn man mich so behandelte, würde ich nur eine Antwort kennen: Haß, unauslöschlichen Haß.«

Man ging schnell über die Taktlosigkeit des Freitischlers hinweg, und als Asmus zehn Minuten später eine bescheidene Bemerkung an die »Frau Senator« richtete, tat sie, als hätte sie nichts gehört.

Das nächste Mal war ein Professor von der Familie zugegen. Er zog den jungen Semper sehr wohlwollend in ein Gespräch über die Schule, und im Laufe dieses Gesprächs erklärte Asmus die allgemeine Volksschule für sein Ideal.

»Ja, mein lieber Herr – Semler, nicht wahr?«

»Semper.«

»Semper! Pardon! – sehen Sie, das macht sich in der Theorie ja alles sehr schön; aber wie wollen Sie das durchführen? Wir können doch unsere Kinder nicht mit Krethi und Plethi zusammen erziehen lassen. Wenn unsere Töchter mit den Töchtern unseres Grünhökers auf derselben Schulbank sitzen, woher sollen wir denn unsere Frauen nehmen?«

Asmus empfand eine deutliche Ohrfeige. Für Krethi und Plethi und Grünhöker konnte man auch »Zigarrendreher« sagen. Übrigens hatte der Professor Asmussen nicht nur eine feine Zigarre gereicht, sondern ihm sogar Feuer gegeben.

Als der Seminarist eine Viertelstunde später die mit dicken Teppichen belegte Treppe hinabstieg und das Dienstmädchen ihm mit Herablassung den Überzieher reichte, fragte er sich: Durfte ich dazu nun schweigen? Durfte ich sozusagen meine Eltern beschimpfen lassen für ein feines Diner? Darf ich überhaupt zu all diesen schrecklichen Ansichten schweigen und den Anschein erwecken, daß ich sie teile?

Natürlich mußte er schweigen; denn dreinzureden wäre

sehr unbescheiden gewesen. Aber er konnte das nicht mit anhören, ohne jeden Augenblick aufzuzucken. Und ihm fiel das schöne Aristokratenwort seines Landsmannes Th. Storm ein:

>»Wo zum Weib du nicht die Tochter
> Wagen würdest zu begehren,
> Halte dich zu wert, um gastlich
> In dem Hause zu verkehren.«

Der Kopfhänger Asmus richtete sich hoch auf, und zu Hause angelangt, schrieb er sofort an »Stadtratens«, daß er durch Privatstunden und andere Pflichten leider verhindert sei, fernerhin zum Essen zu kommen, und daß er für die erwiesene Güte danke.

Bei dem reichen Lederhändler aber, der Senator werden wollte, hielt er's nur eine einzige Mahlzeit aus. Als man zum Essen ging, wollte Asmus schon seinen Stuhl vom Tische abrücken, um sich darauf zu setzen, da bemerkte er, daß alle hinter ihren Stühlen stehen blieben zum Gebet. Er trat schnell ebenfalls hinter seinen Stuhl, faltete aber weder die Hände noch senkte er den Kopf, um nicht den Anschein zu erwecken, daß er mitbete. Der Hausvater tat, als habe er nichts bemerkt; aber gegen Ende der Mahlzeit flocht er in sein erbauliches Gespräch ein Sprüchlein ein, das lautete:

> »Wer ungebetet zu Tische geht
> Und ungebetet vom Tisch aufsteht,
> Der ist dem Öchs- und Eslein gleich
> Und hat nicht teil am Himmelreich.«

Durch diese liebevolle Weltanschauung fühlte sich indessen Asmus nicht einmal so weit überzeugt, daß er beim Gebet nach Tisch die Hände faltete, vielmehr sagte er sich auf dem Nachhausewege: »Kann ich erwarten, daß die Leute meinetwegen nicht beten? Ganz gewiß nicht. Können sie verlangen, daß ich aus Dankbarkeit für das Mittagessen mitbete? Ebensowenig. Ich bete nicht. So nicht. So nicht!« rief der Jüngling, der nach der Ansicht des Lederhändlers keinen Teil am Himmelreich hatte, laut vor sich hin, so laut, daß ein kleiner Junge ihn anstarrte und ihm eine Weile nachschaute. Und merkwürdig, wieder fiel ihm ein steifnackiges Wort Theodor Storms ein:

> »Auch bleib der Priester meinem Grabe
> fern;
> Zwar sind es Worte, die der Wind
> verweht;
> Doch will es sich nicht schicken, daß
> Protest
> Gepredigt werde dem, was ich gewesen,
> Indes ich ruh im Bann des ew'gen
> Schweigens!«

XVIII. Kapitel.

Wie Asmus schlafwandelte und die Gedankenwelt des Herrn Quasebarth auf den Kopf stellte.

Als obendrein der Architekt nach Süddeutschland übersiedelte und auch diese Speisung ihr Ende fand, sah Asmus sich wieder ganz auf dem alten Punkte. Es galt, eifriger denn je nach Privatstunden auszuschauen, und er fand auch immer wieder neue; aber da sie meistens schlecht bezahlt wurden, so mußte er ihrer so viele geben, daß er an gewissen Tagen mit einer dreiviertelstündigen Unterbrechung von sieben Uhr morgens bis elf Uhr abends bei der Arbeit oder auf dem Marsche war. Um sechs Uhr abends kam er dann zum Mittagessen. Das Diner war in zehn Minuten erledigt, und dann lehnte er sich ins Sofa zurück, um 35 Minuten lang nichts, gar nichts zu tun. Solche Bedürfnisse hatte er früher nicht gekannt. Mit dem Blick auf die Uhr genoß er die Minuten einzeln, und die Zeit schien dadurch länger zu werden. »Noch sieben schöne Minuten,« dachte er, »noch sechs, noch vier,« und die letzten Minuten kostete er, wie man Tropfen eines kostbaren Weines einzeln auf der Zunge zergehen läßt. O weh, dann war er doch ins Träumen geraten und hatte fünf Minuten über die Zeit genossen! Nun hieß es rennen.

Eines Abends auf dem Heimwege stieß er mit dem Kopfe gegen den Mauerpfeiler eines Gartenportals. Wie konnte denn das angehen? Hatte er denn im Gehen geschlafen? Nein, das war nicht möglich. Er blutete an der Wange, und am andern Tage neckte man ihn in der Klasse, er sei bekneipt gewesen.

Wenige Tage später, auf demselben Wege, erwachte er plötzlich auf einem freien Platze. Er mußte sich lange besinnen, eh' er begriff, wo er war. Er war in einer ganz verkehrten Richtung gegangen und hatte nun einen noch weiteren Weg nach Hause als sonst. Er war so erschöpft, daß er nach zehn Schritten immer wieder einschlief; aber der einstündige Weg mußte gemacht werden, da half nichts. Er nahm ein heftiges Tempo an und stampfte den Boden wie ein Grenadier beim Parademarsch; aber nach wenigen Minuten wurden seine Schritte langsamer – langsamer – langsamer. Am andern Morgen erinnerte er sich nicht, wie er nach Hause gekommen.

Und noch einige Tage später erwachte er auf demselben Heimwege von einem trappelnden Geräusch. Verstört blickte er auf und fand, daß er vor zwei sich bäumenden Pferden stand, die um seinetwillen nicht weiter wollten. Er sprang zur Seite, und der Kutscher fuhr fluchend weiter und schimpfte etwas von »Besoffenheit« vor sich hin.

Dieser Schreck war von so nachhaltiger Wirkung, daß Asmus nicht wieder im Gehen einschlief. Die Theorie, daß der Mensch eigentlich überhaupt keinen Schlaf brauche, hatte er aufgegeben.

Manchesmal in dieser Zeit mußte er an Adolfinen denken, wie sie lachend ihren großen Mund aufriß und rief: »Du willst Lehrer werden? Du bist wohl verrückt!« – – – –

Und wer wußte, ob er nicht wirklich eines Tages die Flinte ins Korn warf und ans Zigarrenbrett ging! Aber da war Ludwig Semper, sein Vater. Je älter Ludwig wurde, desto früher stand er auf; er schlief nur wenige Stunden in der Nacht. Und in der Frühe des Morgens bereitete er seinem Sohne den Kaffee und strich ihm sein Brot. Und wenn Asmus seine bescheidene Toilette beendet und sich zum Frühtrunk gesetzt hatte, dann wußte er, ohne aufzublicken, daß der Blick seines Vaters auf ihm ruhte. »Er freut sich, daß es mir schmeckt,« dachte Asmus. »Und er freut sich, daß ich ins Seminar gehen kann und etwas werde, was er nicht werden durfte.«

O ja, zu Hause schmeckte ihm noch das Brot; aber er mußte auch den Tag über von Brot leben, weil er erst um 5 oder um 6 Uhr zum Mittagessen kam, und wenn er in der Mittagspause im Seminar sein Frühstück auswickelte, dann schauderte er oft zurück und wickelte es wieder ein. Die Luft dieser alten Schulkasernen belegt alle Luft- und Speisewege wie mit einer übelschmeckenden Schicht; bis in den Magen hinein fühlte man diese Luft; er mußte sich Gewalt antun, wenn er einen Bissen hinunterwürgen wollte, und wenn einem Achtzehnjährigen der Appetit fehlt, so fehlt ihm ein Stück Jugend. Und eines Morgens fragte ihn Herr Rothgrün in der Geschichtsstunde:

»Stehen Sie morgens so früh auf?«

»Ich – o nein,« sagte Asmus ohne Verständnis.

»Sie schliefen nämlich eben,« fuhr Herr Rothgrün pikierten Tones fort.

»Ich? Nein!« erklärte Asmus wie alle Leute, die der Schlaf wider Willen überfällt, und in der Tat war der Schlaf nur wie ein leises Wölkchen vor seinen Augen vorübergezogen. Er hatte Herrn Rothgrün noch vom zweiten Samniterkriege sprechen hören, und jetzt sprach er vom dritten, also konnte nicht viel Zeit verstrichen sein; denn Herr Rothgrün erledigte solche Sachen sehr schnell. Und in eben dieser Aufmachung interessierten Asmus die Samniterkriege nur äußerst schwach.

Da ihn sein fröhlichstes Gefühl, sein Kraftgefühl in diesen Zeiten verließ, fühlte er sich ernstlich unglücklich. Daß er in der Klasse eingeschlafen war, empfand er bei seinem peinlichen Ehrgefühl als eine Schmach, und daß er Herrn Rothgrün in seiner Eitelkeit verletzt hatte, war nicht gut; denn Herr Rothgrün vergaß dergleichen schwer; aber das alles bedeutete nichts gegen einen anderen Schmerz.

Das war kein Studieren mehr, was er jetzt trieb! Das war nichts als ein Aufschnappen und Wiederfahrenlassen im Husch und Hui. Er war es gewohnt, zu dem, was das Seminar ihm gab, wenigstens ebensoviel durch eigene Arbeit hinzuzutun. Bei wichtigen Fragen und Aufgaben – und seinem Feuereifer schien fast alles wichtig – holte er sich alle Darstellungen und Behandlungen herbei, die ihm Neues bieten konnten, und durchackerte sie; aber nie beruhigte er sich bei den Büchern; er zwang sich, die Ideen eines Bacon, eines Comenius, eines Pestalozzi und Herbart, die Abhandlungen eines Schiller und Lessing, die

Darstellungen eines Ranke und Mommsen unabhängig vom Buch, in eigener Form zu rekonstruieren, ihre Zusammenhänge, da, wo sie ihm fehlten, selbst zu finden; er hielt sich gleichsam selbst Vorträge; ja, er diskutierte im Schlafzimmer laut mit sich selbst und stellte Grund und Gegengrund sozusagen im kontradiktorischen Verfahren einander gegenüber, so daß Frau Rebekka, die für den Frieden eines Studierzimmers nicht allzuviel Verständnis hatte, zuweilen lächelnd hereinkam und rief: »Junge, du priesterst ja wieder ordentlich.« Er hatte nun einmal dies leidenschaftliche Bedürfnis nach Klarheit; es war, als ob eine Stimme in ihm rief: Nichts Dunkles hinter dir zurücklassen, sonst verwirrt sich alles Künftige, und er hatte den heiligen Glauben, daß, wer sich bei keinem unklaren Gedanken beruhige, endlich auch die letzten Rätsel lösen müsse. Er war in der Mathematik nicht zufrieden damit, die Lehrsätze zu beweisen und die Aufgaben zu lösen, er wollte auch die Axiome beweisen und begründen. Daß jede Größe sich selbst gleich ist – natürlich, die Wahrheit dieses Satzes begriff er intuitiv wie jeder normale Mensch; aber er wollte sie auch beweisen, und das konnte man nicht, und die ihm in späteren Jahren das bedrückte Herz befreien sollten: die intuitiven Gewißheiten, sie machten ihm in diesen Jahren Pein. Aber noch mehr: alles, was er logisch begriffen hatte, wollte er auch sinnlich erfassen. Es war der Künstler in ihm, der sich nicht beim Abstrakten beruhigen wollte. Den Satz des Menelaos von der Transversale, die die Seiten eines Dreiecks schneidet, logisch begreifen und beweisen, das konnte ein Kind; aber er wollte auch s e h e n, daß die Produkte der nicht anstoßenden Abschnitte einander gleich seien. Und das konnte man nicht. Ja, man konnt' es ja ausrechnen, aber das war kein S e h e n! Und nun kam noch hinzu, daß er mit einem Mangel in seiner Anlage zu kämpfen hatte: in gewissen Dingen der Physik, der Anatomie, der Botanik und so weiter machte ihm das dreidimensionale Vorstellen Schwierigkeiten. Wenn er sich den Längsdurchschnitt des menschlichen Körpers oder einer Maschine oder eines pflanzlichen Gefäßsystems vorstellte, so ward es ihm bitter schwer, sich zugleich den Querdurchschnitt vorzustellen, und er grub die Nägel in die Stirnhaut, daß es schmerzte, bis er die rechte Anschauung gewann. Er hatte das Gefühl, als könne er sein Gehirn anspannen, wie die Muskeln seiner geballten Faust. Daß die Molekularbewegung und das Atomgewicht, der Magnetismus, die Elektrizität und vieles andere ihm Sorge machten, ist selbstverständlich. Warum wirkte am doppeltlangen Hebelarm das halbe Pfund genau so stark wie das ganze Pfund am einfachen, warum, in drei Teufels Namen warum? Es war so leicht, zu lernen, und so schwer, zu erkennen. Und er fand in seinem Seelendrange nicht immer Unterstützung. Um sich im raschen und klaren Erfassen geometrischer Verhältnisse zu üben, liebte es Asmus, die Figuren nicht mechanisch, sondern mit den möglichen Veränderungen in Konstruktion und Lage zu wiederholen, und bekanntlich ist es der Geometrie fabelhaft gleichgültig, ob das Hypothenusenquadrat oben oder unten, rechts oder links liegt, dieweilen sie von oben und unten, rechts und links überhaupt nichts weiß. Aber Herr Quasebarth, der Lehrer der Mathematik, dachte nicht so vorurteilslos, und als Asmus eines Tages fünf Konstruktionsaufgaben einreichte, die nicht so standen, wie es Herr Quasebarth seit siebenundzwanzig Jahren gewohnt war, sondern auf dem Bauche oder auf dem Rücken lagen oder auf dem Kopfe standen, da schrieb er mit Wucht darunter »falsch« und eine Vier, das schlechteste Zeugnis; denn er durchflog die Hefte seiner Schüler wie ein Schnellzug, der unterwegs nicht hält. Asmus machte ihn darauf aufmerksam, daß alle Aufgaben zweifellos richtig gelöst seien und nur sozusagen andere Hosen anhätten als sonst. Herr Quasebarth sagte höhnisch: »So« und dann sah er ins Heft und sagte: »Die« – und dann sagte er unsicheren Tones: »Das« – und nachdem er noch »Hm« gesagt hatte, rief er ärgerlich: »Ja, richtig sind sie wohl; aber was sollen die Veränderungen: machen Sie es doch, wie es alle anderen machen!« und er nahm die Feder und erhöhte das Zeugnis – um einen halben Grad. Er wollte damit ausdrücken, daß der Schüler richtig gearbeitet, der Lehrer hingegen recht habe.

XIX. Kapitel.

Asmus klagt sich wegen schwindelhaften Bauens an und wird in Verruf erklärt.

Ja, die Gesetze des Hebels und die Wunder des Spektrums und vor allem jener fatale Abgrund, der zwischen Körperwelt und Gedankenwelt klafft, jener Abgrund, den wir immerfort überspringen, ohne ihn jemals zu sehen, sie hatten seinem bohrenden Geiste wilde Sorgen gemacht; aber es waren holde Sorgen gewesen, fröhliche Sorgen, Sorgen, die man nicht scheuchte, sondern suchte; denn das ist das göttliche Wunder in allem geistigen Ringen, daß auch die Niederlagen uns stärker und freier machen, solange uns Hoffnung bleibt.

Die schöne Zeit dieser Sorgen war dahin. Bei den vielen Privatstunden konnte er nur das Notdürftigste pauken, konnte er eigentlich nur für den Schein arbeiten. Jawohl, wenn er eine Reihe von Regeln oder Vokabeln oder eine Biographie oder einen Geschichtsabschnitt einmal durchgelesen hatte, so wußte er sie, aber für wie lange? Und was hatte dies oberflächliche »Wissen« für einen Wert? Was sollte das für ein Wissensgebäude werden, das so schwindelhaft gebaute Partien aufwies. In der Tat: er kam sich vor wie ein gewissenloser Baumeister, der schadhafte Mauern unterm Putz verbirgt, und dies Bewußtsein einer Art Unredlichkeit peinigte ihn mehr als alles andre, obgleich niemand mehr von ihm verlangte, als er leistete, das ließen seine Zeugnisse deutlich erkennen.

Mit diesen Zeugnissen hatte er gleich nach dem ersten Quartal ein Malheur gehabt, das von eigenartigen Folgen sein sollte. Am Quartalsschluß hatte nämlich der Ordinarius gesprochen: »Das Kollegium ist einstimmig der Ansicht, daß die Klasse sich nicht in dem Maße anspannt, wie sie es könnte, und hat darum beschlossen, die höchste Zensur im Fleiß mit einer einzigen Ausnahme nicht zu vergeben. Diese Ausnahme bildet Semper; ihm ist eine Eins zuerkannt worden.«

Das war ehrenvoll und sehr gefährlich. Asmus empfand sofort mit jenem Tastgefühl, das weit über die Grenzen des Körpers hinausreicht, daß seine Klassenkollegen ihm anders begegneten als sonst. Es waren wohl manche da, die es ihm freudig gönnten; aber die andern waren in der Mehrzahl. Unter diesen andern war Wiedemann, ein langer Jüngling mit der Stimme einer alten Tante, den Bewegungen einer Raupe und feuchtkalten Händen. Asmussens Hände waren trocken und sehr warm, fast heiß. Zwischen solchen Menschen steht etwas, was nicht zu überwinden ist. Asmus konnte gegen diesen Kameraden nicht freundlich tun; aber Wiedemann tat freundlich. Es gab in der Klasse einen vorzüglichen Mathematiker, der es namentlich im Rechnen allen andern zuvortat.

»Der Mollwitz ist doch ein großartiger Mathematiker, was?« sagte Wiedemann mit lauerndem Lächeln zu Semper.

»Das ist er,« versetzte dieser.

»Ich halte ihn für den besten Mathematiker in der ganzen Klasse,« fuhr der Lauernde fort.

»Ich auch,« erklärte Semper und begriff nicht recht, was Wiedemann mit diesen Selbstverständlichkeiten beabsichtigte.

Wiedemann war enttäuscht.

Es gab aber auch einen Seminaristen namens Frey, der ein klarer, tüchtiger Kopf war und auch einen guten Stil schrieb.

Eines Tages schob sich die Raupe wieder heran.

»Der Frey schreibt doch 'n großartigen Aufsatz, was?« forschte Wiedemann.

»Er schreibt 'n guten Aufsatz, ja,« sagte Asmus.

»Na, das mußt du doch auch sagen, seinen Aufsatz macht ihm doch keiner nach!«

»Soo?« machte Semper.

»Ja, bist du nicht der Meinung?«

»Nein,« erwiderte Asmus kalt. Er wußte ganz genau, daß er's besser konnte. Das sagte er zwar nicht; aber er sah auch nicht den geringsten Anlaß, das Gegenteil zu lügen.

Wiedemann machte noch immer ein lammfreundliches Gesicht mit Ausnahme der Augen. Augen sind Löcher, die der Herrgott im Menschenkörper gelassen hat wie die Gucklöcher in einer Verbrecherzelle, damit der Mensch nicht allzu ungehindert heucheln könne. Augen heucheln nicht mit. Wiedemanns Antlitz und Stimme streichelten; aber seine Augen stachen, als er nun fragte:

»Wer schreibt hier denn einen besseren Aufsatz?«

Und obwohl ihm Asmus jetzt durch die grünglimmernden Augen bis in die Nieren schaute, sagte er:

»Du nicht.«

In solchen Augenblicken kam etwas wie Husarengeist über ihn. Wiedemann ging erquickt von dannen.

Und er ging aus wie ein Säemann, zu säen seinen Samen, und verbreitete die Kunde, Semper habe sich für den besten Aufsatzschreiber der ganzen Klasse erklärt, er halte sich überhaupt für den Klügsten von allen und finde die Arbeiten Freys nur »so ziemlich«. Dies sagte er besonders zu Frey. Seltsamerweise blieben aber Frey und Semper die besten Freunde.

Sonst aber fiel Wiedemanns Samen auf gutes, fruchtbares Land, und Asmus fühlte wohl, daß die Stimmung gegen ihn wuchs.

Sollten sich hier die Leiden aus der Knabenschule wiederholen? O, sie sollten es nicht nur hier!

Unter den Giftpflanzen ist eine, die keines Samens und keines Keimes bedarf, die auch aus Nichts entstehen kann wie die Schöpfung Jahwehs, das ist die Verleumdung. Sie braucht nur einen guten Boden, dann erzeugt sie sich aus nichts.

Eines Tages wurde Asmus von Seybold gestellt, von demselben Seybold, der bei der Präparandenprüfung einen so sichern Blick für Sempers Arbeiten und eine so lebhafte Teilnahme an seinen Erfolgen bekundet hatte. Er war von einer ganzen Korona von Seminaristen umgeben und hub also an:

»Hier wird behauptet, du hättest dem Direktor angezeigt, daß Müller und Warncke nach der letzten Kneipe den

Unterricht geschwänzt und im Botanischen Garten ihren Kater spazieren geführt hätten.«

Wäre nun Asmus Semper irgend ein anderer gewesen, so würde er vielleicht gesagt haben:

»Bemühe dich bitte sofort mit mir zum Direktor, damit wir die vollkommene Unwahrheit dieser Behauptung feststellen.«

Oder er würde wie jener Yankee gesprochen haben, den jemand einen Schurken nannte und der freundlich erwiderte:

»Damit, mein Verehrtester, daß Sie es behaupten, ist es noch lange nicht bewiesen.« Aber wär' er besonnen gewesen, so wäre er nicht der Semper gewesen, und also erwiderte er:

»Wer das sagt, ist entweder ein Lump oder ein Idiot.« Das Blut seiner Mutter schlug mit Flammen zum Dach hinaus.

Auch diese Antwort war ja richtig; aber ihre Richtigkeit wurde nicht zugestanden.

»Hahaaa,« johlte die Korona, »da haben wir's, wir sind alle Lumpen und Idioten!«

Wäre Asmus jener Yankee gewesen, so hätte er gesagt: »Dieser Schluß entbehrt durchaus der logischen Richtigkeit«; statt dessen verzog er das bleiche Gesicht zu einem Ausdruck grenzenloser Verachtung und sagte:

»Bitte, ich sagte: oder«.

Sie stutzten einen Augenblick, und als sie diese Antwort begriffen hatten, tobten sie und erklärten Asmus Semper wegen seines »Hochmuts«, seiner »Frechheit« und seiner »Inkollegialität« in Verruf. Die Inkollegialität bestand darin, daß er mehr wußte und konnte als Seybold, Wiedemann und Kompanie und dies in seinen Arbeiten schamlos zu erkennen gab.

Vor Asmussens Augen stand sein alter herrlicher Schulmeister, Herr Cremer, wie er dem Quintus Fabius nachahmte. Er pflegte zwei Falten in seinen Rock zu machen und zu sagen: »So stand Quintus Fabius vor der karthagischen Ratsversammlung und sagte: Hier in den Falten meiner Toga habe ich Krieg und Frieden – wählt!« So hatte das Schicksal in Gestalt der Seybold, Wiedemann und Genossen vor ihm gestanden, und genau wie die Karthager hatte er geantwortet: »Gebt, was ihr wollt.« Und Quintus Fabius Seybold hatte gesagt: So hab denn Krieg.

Und so war es also Krieg.

Ja, wenn es noch ein richtiger, ehrlicher Krieg gewesen wäre. Aber es war die bekannte Guerilla böser Schikanen, in deren Erfindung die Jugend so grausam ist und in der das »Zwanzig gegen Einen« durchaus nicht für unehrenhaft gilt. Wenn er des Morgens kam – gerade jetzt wieder in einem geschenkten Rock, der ihm viel zu weit war – dann bildeten sie Spalier, erwiesen ihm höhnische Ehren und spotteten über seinen Rock.

»Der Kerl is 'n richtiges Originaol!« rief der Bauernsohn Rohweder, der seinen heimischen Akzent nicht abzulegen vermochte. Er hielt »Original« für etwas sehr Schimpfliches.

Oder sie lösten ihm von der Milchflasche, die in seinem Bücherfach lag und deren Inhalt sein Frühstück ausmachte, wenn das Brot nicht schmecken wollte, den Stöpsel, so daß die Milch über seine Hefte und Bücher floß und ihm seine sorgfältigen Ausarbeitungen verdarb. Daß er dann nichts zu trinken hatte, war schlimm: daß seine Arbeiten beschmutzt waren, war schlimmer; aber das Schlimmste war die Niedrigkeit, die sich in solchen Tücken zu erkennen gab: sie beschmutzte ihm sein Weltbild. Den Haß nahm er hin als etwas Gleichgültiges; er liebte den geselligen Verkehr mit Menschen, aber er brauchte ihn nicht; wie sein Vater, so war er, wenn es sein mußte, sich selber Gesellschaft genug. Aber Niedrigkeiten konnten ihn in eine heilige Wut und dann in eine tiefe, vollkommene Niedergeschlagenheit versetzen. Wenn so etwas in der Welt möglich war, dann ..... Er verfolgte den Gedanken nicht weiter; er wollte ihn nicht weiter verfolgen.

Er wußte sehr wohl, daß die Hauptursache ihrer Feindseligkeit der Neid war. Aber auch andere Schüler gaben wohl einmal Anlaß zum Neide; warum kam der Haß nicht auch gegen sie zum Ausbruch, oder wenn er zum Ausbruch kam, in so viel harmloserer Form? Er hatte nicht die Gabe, die Menschen im ersten Ansturm zu gewinnen, das wußte er. Er war nicht schön, wenn auch Flora, die verführerische Nachbarstochter, und jenes kleine Fräulein, mit dem zusammen er einmal Komödie gespielt hatte, ihn unverkennbar gern gehabt und ihm dies keineswegs verborgen hatten; er hatte keine Liebenswürdigkeiten, die schnell bezaubern. Aber hatte er denn etwas Abstoßendes, etwas, das ihm Feinde machen mußte?

Er hatte es, ohne es zu wissen und zu wollen.

Das Wort des Polonius an seinen Sohn:

>>Härte deine Hand nicht durch den
Druck
Von jedem neu gehecken Bruder<<

hatte ihm deshalb immer so gut gefallen, weil es seinem Wesen so gut entsprach. Oft empfand er gleich bei der ersten Begegnung mit einem Menschen Zuneigung oder Abneigung, und wo er Abneigung empfand, hatte er sogleich etwas von einer schroffen Wand, an der nicht hinaufzukommen war. Das nehmen die Menschen sehr übel und nennen es hochfahrend oder arrogant. Und er war viel zu jung, um sich objektiv zu betrachten und diesen Zug an sich selbst zu erkennen.

Immerhin hatte er eine Minorität auf seiner Seite. Sofort bei Ausbruch des Konfliktes hatte sich Morieux mit tausend heroischen Gesichts- und Körperverrenkungen zu Semper geschlagen, etwa wie Herzog Ernst zu Werner von Kiburg, wenn er ruft:

>»Hin fahr ich, ein zwiefach Geächteter,
> An meine Fersen heftet sich der Tod,
> Und unter Flüchen kracht mein Genick.
> Vom Werner laß ich nicht!«

und sieben oder acht Beherzte hatten sich ihm angeschlossen. Das war nun die Fraktion Semper; bei den Feinden aber hießen sie »die Schäflein«, weil sie nach deren Meinung im allgemeinen ein unrühmlich gesittetes Betragen zeigten.

XX. Kapitel.

Asmus ist trotz seiner trüben Erfahrungen anderer Meinung als Schiller und verfällt in eine unglückliche Liebe.

Die Schäflein hätten nun nicht deutsche Jünglinge sein müssen, wenn sie sich nicht sofort zu einem Verein zusammengeschlossen hätten. Der Verein erhielt den Namen »Treue von 1880«, womit aber nicht gesagt sein sollte, daß dies für die Treue ein besonders guter Jahrgang sei; man wollte nur, da der Bund doch zweifellos bis in die Zeiten des jüngsten Gerichts dauern würde, den nachlebenden Geschlechtern das Gründungsjahr ein für allemal einprägen. Den acht oder neun Seminaristen gesellten sich bald einige Musiker, junge Kaufleute und Beamte zu, und nun ging es an die höchsten und tiefsten Probleme der Kunst und des Lebens, und Fragen wurden gelöst, die vorher und merkwürdigerweise auch noch nachher die stärksten Geister in Bewegung gesetzt haben. Semper wurde Präses und sprach heute über den Gralstempel bei Albrecht von Scharfenberg und den gotischen Baustil, das nächste Mal über Meteore und Meteorite, und wieder das nächste Mal knüpfte er kühne Gedanken an Schillers Gedicht »Der Antritt des neuen Jahrhunderts«, dessen resigniertem Pessimismus er sich natürlich als Achtzehnjähriger nicht anschließen konnte. Seine Glanznummer aber war der »Faust«, den er aus dem Kopfe vortrug, und nur das eine betrübte ihn ein wenig, daß seine Freunde, so beifällig sie auch die ernsten Partien der Dichtung aufnahmen, doch immer am unbändigsten über die Sauferei in Auerbachs Keller und über das »verdammte Aas« und die »verfluchte Sau« in der Hexenküche jubelten. Fühlten sie denn nicht, daß der Prolog im Himmel, die Monologe, die Gretchenlieder, die Kerkerszene viel gewaltiger und schöner waren? Das Schlimmste war aber doch, daß bei einem Vereinsfeste, bei dem auch Gäste zugegen waren, ein dicker

Magazinverwalter auf ihn zutrat und sagte:

»Djunger Mann, Sie haob'n jao'n kullosaoles Gedächtnis! Mit dem Gedächtnis können Sie 'ne Frau mit achtzigtausend Mark kriegen.«

Er dachte sich dies Gedächtnis in einem Magazin angestellt. Und das, nachdem Asmus den Tasso rezitiert hatte – man denke: den Tasso!

In etwa siebenundzwanzig Vorträgen sprach Morieux – sehr stilvoller Weise – über Voltaire, und bei jeder Spitzbüberei des Herrn Arouet mußte er vor unbezähmbarem Vergnügen feixen. Die Vorträge und Rezitationen wechselten mit Musik, gesungen, gegeigt und gehämmert, und unter den Musikanten waren solche, die einstmals echte und namhafte Künstler werden sollten und in diesen Stunden, wenn nicht ihr Bestes, so vielleicht ihr Heiligstes gaben. Auch gemeinsame Ausflüge unternahmen sie, und einer dieser Ausflüge führte sie in den Sachsenwald.

Bismarck, der Johannes Semper und Heinrich den Seefahrer verbannt hatte, war in Berlin, und das war Asmussen eben recht; er hätte ihm damals nicht begegnen mögen. Aber im Sachsenwalde war ein Förster, der eines Mitgliedes Onkel war. Dieses Mitglied hatte einmal »Das Blatt im Buche« in durchaus ernsthafter Absicht deklamiert und damit eine komische Wirkung erzielt, die durch keine Selbstbeherrschung zu unterdrücken war. »Ich hab' eine alte Muhme«, so beginnt das Gedicht, und genau das Organ einer alten Muhme hatte der Deklamator. Aber den Sachsenwald kannte der Deklamator; er kannte jeden Weg und Steg, und Asmus wollte ihm schon seine Bewunderung aussprechen, als sie plötzlich vor dem Försterhause standen und aus dem Hause die Förstertochter ihnen zur Begrüßung entgegentrat. Jetzt wunderte sich Asmus nicht mehr, daß das »geschätzte Mitglied« hier herum Weg und

Steg kannte; denn diese Försterstochter war wohl das Hübscheste, was der Sachsenwald zu geben hatte. Sogleich empfand Asmus in der Herzgegend ein so süßes Weh, daß er bei dem bald darauf aufgetragenen Mahle nur Flüssiges genießen konnte und den Deklamator des »Blattes im Buche« mit argwöhnisch brennenden Blicken ansah. Nach dem Essen sollte Asmus rezitieren, und zwar die Szene zwischen dem Patriarchen und dem Tempelherrn, weil es Morieux »kolossal« fand, wie er zugleich das edle Ungestüm des Ritters und die borniertre Heimtücke des Pfaffen zum Ausdruck bringe, sogar im Gesicht! Und Asmussens Herz stieg wie das Roß eines Ritters, der in die Schranken reitet und vom Balkon die Farben seiner Dame winken sieht. Er machte seine Sache auch gewiß so gut wie je, und als er geendet hatte, klatschte auch die Försterstochter mit den Händen, aber nur ein einziges Mal; sie hatte nämlich eine Motte gefangen, die sie schon minutenlang mit den Augen verfolgt und nur aus Rücksicht auf die Kunst so lange verschont hatte. Unmittelbar nach Semper erhob sich, wenn auch unaufgefordert, der Führer durch den Sachsenwald, um »das Blatt im Buche« zu rezitieren. Da die Vereinsmitglieder an die Schrecken dieser Deklamation schon gewöhnt waren, so ging es mit einigen zerbissenen Lippen und zerrungenen Händen ab; nur Morieux explodierte natürlich in einem jähen Nasenlaut, den er durch ein heftig gezogenes Taschentuch in ein dringend nötiges Ausschnupfen maskierte. Die Tochter des Waldes aber blickte strahlend auf den Handlungsgehilfen, als wollte sie sagen: »Ein Künstler bist du auch noch?«

»So'n Syrupskringel!« knirscht Asmus in sich hinein, und damit meinte er nur den Handlungsgehilfen, obwohl es in gewissem Sinne auch auf die Tochter des Waldes paßte. Asmus hatte ja bald heraus, daß sie zu den höheren Dingen keine Beziehungen unterhielt; aber doch blieb er ganz in ihr gefangen; sie war eine Brezel, die der himmlische Menschenbäcker mit unendlich vielem Syrup bestrichen hatte. Und als nun alle nach einer Waldlichtung eilten und »Dritten abschlagen« spielten, da traf es sich merkwürdig oft so, daß die Försterstochter vor dem alten Muhmen-Deklamator stand, und dann legte er – dieser Frechling – ganz ungeniert, wie im Eifer des Spiels die Hände um die Taille des hochatmenden wonnigen Geschöpfes. »Der Schuft,« dachte Asmus, und die Treue von 1880 wankte in ihren Grundfesten. Er fragte sich, ob er es auch wagen würde, ihr die Hände um die Hüften zu legen. »Nie,« sagte er sich. Wenn sie es ihm verwiesen hätte, wäre er vor Scham und Stolz gestorben. Und als es das Spiel so fügte, daß sie beide vor ihm standen und er als »Dritter« den Platz räumen mußte, um nicht »abgeschlagen« zu werden, da nahm er das als ein tiefschmerzliches Symbol. Beim Abendbrot holte er dann nach, was er mittags versäumt hatte; in seiner grollenden Versunkenheit fraß er alles in sich hinein, was ihm vorkam: Schinken, Rühreier, Schwarzbrot und Liebesgram. Beim Abschied wollte er erst ohne Gruß verschwinden; aber sie sollte sich nicht einbilden, daß sie ihn verwundet habe, und mit blutendem Herzen gab er ihr lächelnd die Hand, und wie die andern winkte er, im Waldesdunkel langsam verschwindend, noch lange mit Lächeln zurück. Zu Hause verfiel er sofort in vierfüßige Trochäen, und das dauerte auch den folgenden Tag noch fort, und als das Gedicht wohl an tausend Füße hatte, fühlte er sich bedeutend ruhiger. Und als er nach dreien Tagen in einem uralten Exemplar von Herders »Ideen zur Philosophie der Geschichte der Menschheit« las und plötzlich aus einer Waldwirrnis von Gedanken die hübsche Försterstochter auftauchte, da war der Generalsuperintendent aus Weimar schon stärker als die Blume des Waldes. Das blutende Herz war geheilt wie eine Stecknadelwunde.

Aber die Treue von 1880 sollte ihm noch eine bessere Liebe und eine tiefere Herzenswunde bringen.

XXI. Kapitel.

Wie Asmus eine bessere Liebe fand.

Alfred Sturm, ein junger Kaufmann, war dem Verein beigetreten an jenem Abend, als Asmus an die pessimistischen Verse Schillers mit bemerkenswerter Kühnheit optimistische Gedanken geknüpft hatte. »Als ich deinen Vortrag über Schillers »Antritt des neuen Jahrhunderts« gehört hatte, war ich dir für immer verfallen,« sagte Sturm in vertrauter Stunde. Asmussens Liebe war weniger schnell, aber nicht weniger tief, und sie bildeten einen stillen Bund im Bunde, bildeten innerhalb der »Treue von 1880« eine Treue von Ewigkeit zu Ewigkeit. Asmus fand bei seinem Freunde etwas Köstliches, das die Deutschen nur verschwindend selten besitzen und niemals zu würdigen wissen. Die Deutschen haben eigentlich nur zwei Humore, den behäbigen Bier- und Tabakhumor, der noch ihr bester ist, und den mit spitzen Lippen säuerlich-lächelnden Geheimratshumor, von dem die Milch gerinnt und der Lachen für unfein hält; was sie fast nie haben und auch bei Shakespeare – obwohl sie's heucheln nicht zu schätzen wissen, das ist der genial-groteske Ulk, der tiefsinnige Clownhumor. Die Spitznäsigen nennen ihn »blödsinnig«, und die Knoten heißen ihn »unvornehm«. Diesen Humor nun, wie alle kräftigen Humore, liebte Asmus aus innerster Seele, und den besaß Sturm. Wenn Sturm einen rasenden Schmierenschauspieler darstellte, oder aus dem Stegreif eine Hintertreppen-Familientragödie mimte, oder einen Volksredner oder auch die Ilsebill aus dem Märchen »vom Fischer un syner Fru« verkörperte, dann lachten zwar die andern auch; aber Asmus lachte so, daß er endlich rufen mußte: »Hör' auf, ich sterbe!« Aber dieser Humor würde vielleicht doch nicht das ganze Herz des Asmus eingenommen haben, wenn sich damit nicht ein merkwürdig leidenschaftlicher Aufwärtsdrang, ein bitterernstes Bildungs- und Vervollkommnungsstreben verbunden hätte. Diese beiden Eigenschaften, die immer wie Gegensätze aussehen und die doch durchaus keine Gegensätze sind, ließen Asmus in diesem Jüngling den Freund erkennen, den er unbewußt gesucht hatte. Sturm dagegen sah in dem jungen Semper den Menschen, der ihm endlich zu jedem ersehnten Aufschwung verhelfen könne, und wenn Asmus solche enthusiastischen Überschätzungen mit Händen und Füßen ängstlich abwehrte, so ging Sturm mit dem Lächeln des Besserwissenden darüber hinweg und sang aus dem damals oft gespielten Boccaccio:

»Hab ich nur deine Liebe,
Die »Treue« brauch ich nicht.«

Aber das quälte ihn, daß er diese Liebe nicht ganz zu besitzen glaubte; er war eifersüchtig. Eifersüchtig auf Morieux. Mit dem sollte Semper sich nicht einlassen.

»Wie kannst du nur so viel mit dem Morieux verkehren! Morieux! Auf dem Dom[2] gab es früher ein Affentheater von »Morieux«. Das paßt. Dieser ganze Morieux ist ein Affentheater, das von morgens bis abends Vorstellungen gibt. Das ist doch kein Charakter!«

»Nein, das ist er nicht,« räumte Semper ein. »Er ist oft ein unangenehmer Kerl. Der Schöpfer aller Dinge hat ihn aus Resten gemacht, die zu ganzen Menschen nicht mehr ausreichen. Er hat ein blaues Bein und ein gelbes, eine halb rote und halb grüne Jacke, wie ein Harlekin. Aber aus allen Schlacken und Aschen seiner Seele schlagen doch zuweilen reine Flammen auf. Er hat sich in einem schweren Streit und gegen eine große Übermacht auf meine Seite gestellt; er hat um mich gelitten; das kann ich doch nicht einfach vergessen.«

Dann setzte Sturm sich schweigend, aber unzufrieden ans Klavier und introduzierte ein neues Lied; denn singen mußte Asmus zu seiner Begleitung, sobald ein Klavier in erreichbarer Nähe war. Eines Tages aber, als sie am Abend vorher in der »Treue« wieder die schönsten und die verrücktesten Dinge getrieben hatten – Asmus saß wieder in seiner engen Klause und übersetzte Byron – da klopfte jemand. Auf Asmussens »Herein« trat Alfred Sturm ein, um sogleich auf einen Stuhl neben der Tür zu sinken und in Tränen auszubrechen. Sein Gesicht war aschfahl; in der Hand hielt er eine gelbe Rose. Er hatte soeben in Gemeinschaft mit seinem Vater seine Mutter in eine Anstalt für Geisteskranke bringen müssen.

»Ich hoffte bei dir ein wenig Trost zu finden,« sprach er unter Schluchzen. Und diese Erwartung erschütterte Sempern fast so sehr wie die Unglücksnachricht. Trost suchte sein Freund bei ihm! Bei einem Neunzehnjährigen! Der nichts erfahren hatte! Sein Freund war ja älter als er! Aber sein Freund suchte Trost, und also mußte er ihn finden. Er wuchs über sein Alter hinaus. Er dachte an den Tag, da er seinen Bruder Leonhard durch den Tod verloren hatte. Und sogleich wußte er eins: Sprechen, mit Worten trösten, wäre in diesem Augenblick Roheit. Und er legte den Arm um seinen Freund, klopfte ihm langsam und leise, wie eine tröstende Mutter, die Schulter und ließ ihn weinen. Und wirklich: der Unglückliche beruhigte sich zusehends. Dann sagte Asmus mit sanftem Tone: »Ich habe einen Weg zu machen; es wäre riesig nett von Dir, wenn du mich begleiten wolltest.«

Sturm nickte nur.

»Da,« sagte er, »die Rose solltest du haben – jetzt ist sie verwelkt. Na – ist ja alles einerlei!« – und er wollte sie zum Fenster hinauswerfen.

»Gib!« rief Asmus und nahm ihm die Blume aus der Hand. »Sie wird sich erholen.« Und er stellte sie in ein Wasserglas.

Und dann führte er den Freund zu seinem eigenen großen Tröster, führte ihn an den Elbstrom unterhalb Oldenfunds, bis Blankenese und darüber hinaus, wo die Flut immer breiter und breiter sich dehnt, daß das jenseitige Ufer dem Blick entschwindet, und wo der sinnende Wanderer oder der still hintreibende Segler ahnt und fühlt, daß alles Sehnen und Sorgen in einem großen Meere endet. Dorthin führte er den Freund, wo er von je auf Wiesen und Wellen wie eine himmlische Stadt die künftige Welt gesehen hatte, die künftige Welt, wo alles größer und heller und freier war, wo die Gedanken größer waren und die Gefühle, wo die Menschen trotz allen Schaffens und Ringens einander mit offenem Lächeln begegneten und das Leben immer mehr ein Sonntag und Sonnentag wurde.

Sturm hatte ausführlicher von seiner Mutter erzählt, und Asmus hatte erwidert, daß eine Schwermut, wie sie die fünfzigjährige Frau befallen habe, doch schon oft geheilt worden sei. Unter anderen Beispielen fiel ihm Gutzkow ein, der schwer gemütskrank gewesen sei und danach wieder produziert habe. Durch Gutzkow kamen sie von selbst in die Literatur hinein, und von der Literatur ganz sachte in die Musik. Alfred Sturm war fanatischer Wagnerianer; nach zwei Takten schwamm er schon »auf wolkigen Höh'n«; Asmus folgte ihm darin nicht einmal bis über die Bäume. Da kam ihm nun eine köstliche List. Er brachte das Gespräch auf Wagner und ließ sich in weniger als zehn Minuten bekehren. Nicht ganz, damit es nicht auffiel, aber doch zu sieben Achteln. Sturm war glückselig und lächelte wieder; es war ein höheres, ein verklärtes Lächeln. Sein Freund erkannte die Größe Wagners – nun konnte man es wirklich wieder mit dem Leben versuchen! Beim Abschied hielt er die Hand des Asmus fest.

»Du –« sagte er. »Ich habe dich zuweilen gelangweilt mit diesem Morieux. Vergiß es, es war furchtbar kleinlich von mir. Was ist Morieux an solchem Abend, du lieber Gott! Diesen Abend vergeß ich dir nicht, solange ich lebe!«

Dann kam der Zug; Sturm stieg ein und blieb auch dann noch am Fenster stehen, als der Zug schon fuhr. Und durch die tiefe Dämmerung des Abends sah Asmus noch lange das erdfahle Gesicht am Wagenfenster. Als er wieder in seinem Zimmer war, fiel sein Blick auf die gelbe Rose. Sie hatte sich nicht erholt.

[2] Der Hamburger Weihnachtsmarkt wird »Dom« genannt.

XXII. Kapitel.

Wie Asmus verlor, was er gefunden.

Diesen Abend nicht zu vergessen – es sollte dem armen Sturm nicht schwer werden. Wohl erholte seine Mutter sich nach einigen Wochen zusehends; aber dann kam Schlimmeres. Es sollte gerade wieder das »Stiftungsfest« der »Treue« begangen werden, und Sturm und Semper gedachten durch »Adelaide«, »Das Lied an den Abendstern«, »Tom der Reimer« und andere Kostbarkeiten die Welt in Erstaunen zu versetzen, da kam am Morgen des großen Tages der Vater Sturms zu Asmus ins Seminar und bat mit seiner leisen, höflichen Stimme um Entschuldigung für seinen Sohn, der heute nicht kommen könne, weil er einen Blutsturz gehabt habe. Es habe wohl nichts Schlimmes zu bedeuten; aber er müsse natürlich im Bette bleiben.

Asmus nahm an den folgenden Stunden ohne Aufmerksamkeit teil und eilte sofort nach Schluß des Seminars an das Bett des Freundes. Sein Gesicht war fahler denn je, die Augen groß und feucht. Aber von Krankheit wollte er nichts wissen. Die Eltern erzählten, daß er durchaus am Abend zum Stiftungsfest wolle und beschworen Semper um seinen Beistand. »Was Sie sagen, das tut er,« meinten sie. Asmus bezweifelte das, behandelte aber dem Kranken gegenüber den Besuch des Festes als etwas selbstverständlich Unmögliches. Da wurde Sturm, der sich anfangs über Sempers Anwesenheit gefreut hatte, bitter und verbissen; mit einem zürnenden Blick sagte er: »Du bist wie alle andern« und kehrte sich zur Wand. Asmus streichelte ihm leise die Hand und ging.

Am Abend erschien Alfred Sturm auf dem Stiftungsfest, heiter und humorvoll, und was Asmus auch einwenden mochte, Sturm wollte ihn auf dem Klavier begleiten. »Soll vielleicht Morieux dich begleiten?« fragte er mit einem krankhaften Feuer in den Augen. Man mußte ihn gewähren lassen. Aber als die Lieder gesungen waren, war seine Munterkeit wie abgeschnitten; ohne das Mahl und den Tanz abzuwarten, hüllte er sich in seinen Überzieher, legte sorgsam und glatt, wie es einem eleganten jungen Kaufmann geziemt, das seidene Tuch um den Hals und ging heim.

Der Exzeß schien ihm nichts geschadet zu haben; nach acht Tagen saß er wieder im Kontor. Aber schon nach vier Wochen streckte ein neuer, heftigerer Anfall ihn nieder.

»Ich möchte mich zerfleischen,« sagte er zu dem Freunde, der an seinem Bette saß. »Ich bin abscheulich gegen meine Eltern und meine Geschwister, und dabei opfern sie sich für mich auf. Das weiß ich ganz genau, und doch kann ich nicht anders. Mich ärgert alles, was ich sehe, und wenn ich allein bin, heul' ich vor Reue wie ein dummer Junge.«

Er rappelte sich abermals heraus und zog nun ans Elbufer; von der Luft dort hoffte er Genesung. Zu einer weiteren Reise langten die Mittel nicht. Dort hatten die beiden in Ritschers Garten noch einen schönen, sonnigen Nachmittag.

»Ich hab' in einer Ewigkeit keine Zigarre geraucht,« sagte Sturm leise vor sich hin, »ob ich's mal wieder riskiere?«

Asmus riet ihm ab. »Wart' noch 'n bißchen, dann kannst du rauchen, soviel du willst.«

»Meinst du wirklich, daß ich wieder ganz gesund werden kann?« fragte Sturm schnell, eifrig, mit sehnsüchtig-heiteren Blicken. Das Licht der untergehenden Sonne stand in seinen Augen.

Asmus lachte laut auf über diesen Zweifel an etwas Selbstverständlichem. Und Sturm lächelte glücklich und glaubte dem Freunde alle Versicherungen, die er sonst zurückgewiesen hatte.

Und nach einem glücklichen Schweigen sagte er:

»Du – gib mir doch eine Zigarre.«

»Ich hab' leider keine mehr bei mir,« log Asmus.

»Das ist nicht wahr; ich habe ja gesehen, daß du noch mehrere hast. Daran seh' ich, was du in Wahrheit von meiner Gesundheit hältst.«

»Na, lieber Freund, wer nicht rauchen darf, ist deshalb doch noch kein Todeskandidat; bedenk' doch, daß du erst –«

»Ach, laß nur,« machte Sturm und erhob sich. Seine Hoffnung war erloschen wie ein Licht von einem Windstoß. Auf dem Heimwege fielen nur ein paar nichtssagende Worte. Asmus machte wohl einen Versuch, den Freund wieder zu ermuntern; aber dieser sah ihn nur mit großen ernsten Augen von der Seite an und schwieg. In seiner Verlegenheit und in seinem Kummer tat Asmus das Verkehrteste, was er tun konnte, er zog die Zigarrentasche und sagte: »Willst du eine Zigarre haben?«

Sturm lachte kurz auf. »Nein, ich danke, jetzt nicht mehr.«

Als Asmus ihn nach drei Tagen besuchen wollte, vernahm er, daß Alfred Sturm »seit gestern« im Hamburger Krankenhause liege, und als Asmus dorthin kam, durfte der Kranke nur ganz wenig und im leisesten Flüstertone sprechen.

»Wie geht's?« fragte Asmus.

»Sehr gut, ich darf nur nicht sprechen,« flüsterte der Kranke. Und Asmus erzählte von diesem und jenem, wie vernünftig es sei, ins Krankenhaus zu gehen, wo die Pflege natürlich viel umfassender sein könne als zu Hause, und wie sehr man den Freund in der »Treue« vermisse; aber es schien ihm, als ob der Patient nur mit halber Aufmerksamkeit zuhöre und als ob er um einen Entschluß kämpfe. Endlich zog er unter der Bettdecke ein Blatt Papier hervor und hielt es dem Freunde hin:

»Da – es ist natürlich Unsinn – aber ich wollt' es dir doch geben –.« Asmus nahm das Blatt und las:

>»Auch ich erhöbe gern auf leichten
>　　Schwingen
>Den müden Geist zu dichterischem Flug,
>Und schon seit langem streb' ich ernst
>　　genug,
>Dir, teurer Freund, ein leidlich Lied zu
>　　singen ..«

Es war ein Sonett, in dem der Verfasser den Freund mit aller schwärmenden Begeisterung der Jugend pries.

»Ich hab' – 'ne ganze Nacht – daran gezimmert,« hauchte der Kranke mit ironischem Lächeln. »Du wirst darüber lachen ....«

Die Wärterin erschien und mahnte mit einem Blick, der keinen Widerspruch duldete, zum Aufbruch. Asmus ergriff die Hand des Freundes und beugte sich über ihn, und sie hatten in diesem Augenblick beide dasselbe Gefühl: der Freund kam ihm mit mühsam erhobenem Haupte entgegen, und sie küßten sich auf den Mund.

Das ist unter niederdeutschen Jünglingen etwas Seltenes und Heiliges. Asmus pflegte nicht einmal seine Geschwister, nicht einmal seine Eltern zu küssen; er hatte nicht einmal seine Brüder geküßt, als sie nach Amerika gingen. Die Menschen dieses Himmelsstrichs, wenn sie Abschied nehmen, tun es mit einem Händedruck und mit dem Verlangen nach einer Umarmung; aber sie geben diesem Verlangen keinen Ausdruck.

Schon am folgenden Tage erhielt Asmus die Todesnachricht.

Bei dem Begräbnis ging es ihm wie bisher bei fast allen

Begräbnissen; er konnte nicht andächtig und traurig sein. Dieses herkömmliche Bestattungszeremoniell mit seinem zelotischen Pfaffengesicht (»Jetzt haben wir dich, du Sünder«) mit seiner tristen Banalität war ihm so unsäglich zuwider, daß er zu keinem reinen Gedanken an den Freund kommen konnte. Erst zu Hause dehnte sich wieder das Herz. Er zog sich in sein Zimmer zurück – für die wärmere Jahreszeit war er nun doch mit seinen Studien aus der Zigarrenstube in das Wohnzimmer übergesiedelt – und ging viele Stunden lang auf und ab; nur hin und wieder blieb er am Fenster stehen und blickte nach der Richtung, wo sein Freund nun in der Erde lag. Trauriger Wahn, dachte er, auch den toten Menschen noch an die finstere Erde zu kerkern, statt ihn den freien, seligen Lüften zu geben.

Von dem endlosen Wandern erschöpft, fiel er endlich aufs Sofa und wußte nicht, warum er so erschöpft sei. Als er sich erholt hatte, zog er die Lampe näher heran, desgleichen Tinte und Papier und begann zu schreiben:

An meinen toten Freund A. S.

»Auch ich erhöbe gern auf leichten
  Schwingen
Den müden Geist zu dichterischem Flug,
Und schon seit langem streb' ich ernst
  genug,
Dir, teurer Freund, ein leidlich Lied zu
  singen.«

So schriebst Du jüngst nach qualerfülltem
  Ringen,
Als nächtens nach des Schlummers
  mildem Trug
Dein brennend Aug' umsonst Verlangen
  trug,

Und heute hör' ich's noch im Herzen
klingen.

Begnüge Dich! Du trägst nach heißem
Ringen
Ins Reich der Geister ungetrübt von
hinnen
Die hehre Poesie der Herzensreinheit.

Auch ich erhöbe gern auf leichten
Schwingen
Einst meinen Geist, wenn Raum und Zeit
zerrinnen,
So frei und stolz zum Frieden der All-
Einheit.

* * *

Auf Deinen Sarg fällt manche Träne
nieder
Und bange Seufzer irren durch die Luft.
Ich starre trocknen Auges in die Gruft;
Kein warmer Tropfen quillt durch meine
Lider.

Ich steh' betäubt, von Schmerz gelähmt
die Glieder,
Und faß es nicht, daß unter Glanz und
Duft
So holder Blumen gähnt die düstre
Kluft ...
Ich kann nicht weinen. Doch ich kehre
wieder!

Wenn ich die Menschheit jammernd höre
sagen:

»Die Besten müssen früh von hinnen
gehen!«
Dann wird zu Dir mich die Erinnrung
tragen.

An Deiner Gruft werd' ich im Geiste
stehen,
Und von der Menschheit angsterfülltem
Klagen
Wird auch ein Hauch um diese Stätte
wehen.

* * *

Aber tiefer und sehrender, als es aus diesen pathetischen Jünglingsversen klang, wurde das Weh, als nun die Tage kamen und gingen ohne den Freund und als er in der nächsten Versammlung der »Treue« das Gesicht des Besten vergebens suchte. Er war einsilbig und ernst und ging lange vor der gewohnten Zeit nach Hause.

XXIII. Kapitel.

Asmus als Verteidiger zweifelhafter Unschulden und Adolfine Moles als Seminardirektor.

Das gigantische Schicksal, das immer vornehm bleibt, hat eine kleine schieläugige, bucklige und boshafte Schwester, die ein Vergnügen daran findet, den Verfolgten und Leidenden im Augenblick ihres größten Unglücks noch einen kleinen Extraprügel zwischen die Beine zu werfen, oder sie durch einen heimlich angefügten Zettel lächerlich zu machen, oder ihnen just in dem Augenblick, da ihr Recht an den Tag kommen soll, eine kleine Schuld vor die Füße zu rollen, daß sie straucheln. Wenn ein Lump und ein Ehrenmann vor dem Richter stehen, dann wird im Gerichtssaal immer ein Steinchen liegen, an dem der Redliche sich den Fuß verstaucht. So gingen denn zu der Zeit, als Semper den eben verlorenen Freund betrauerte und der »Klassenkampf« zwischen den Seybolden und den »Schäflein« (ein ewiger Klassenkampf!) den höchsten Hitzegrad erreicht hatte, Morieux, Semper und zwei andere Schäflein, Namens Klöhn und Wackerbarth, über den »Dragonerstall« durch das Holstentor. Morieux hatte gerade einen kolossalen Witz erzählt, und alle vier Jünglinge lachten laut, als ihnen ein langer, grauer Pastor in den Weg kam.

»Halloh, Pastor Zump!« rief Klöhn nicht eben laut, aber doch laut genug für das Ohr des Geistlichen, und da die vier einmal im Lachen waren, so lachten sie weiter. Es war eine Art Backfischgekicher ins Jungenhafte übersetzt. Asmus kannte keinen Pastor Zump und fragte: Wer ist das? und bemerkte den Mann erst, als er vorüber war. Er hatte rein nach dem Gesetz der Beharrung weitergelacht. Aber »langgebeint, mit langen Sätzen« kam der Mann alsbald zurück.

»Wie heißen Sie?« fuhr er Morieux an.

»Wieso?« fragte der.

»Wollen Sie mir Ihren Namen nennen?«

»Nein. Ich habe nicht die Ehre, Sie zu kennen.«

»Wollen Sie mir Ihren Namen nennen?« wandte er sich an Wackerbarth.

»Ja, das kann ich ja tun,« sagte der, »ich heiße Wackerbarth.«

Das genügte dem Geistlichen. Als er gegangen war, erfuhr Asmus, daß Herr Zump ein hochorthodoxer, ja pietistischer Geistlicher sei, der ein ganz frommes Blättchen herausgebe und mit diesem Blättchen oft in der liberalen Presse verspottet werde.

Am andern Morgen wurde Wackerbarth zum Direktor zitiert, und dem mußte er die »Mitschuldigen« nennen. Semper nannte er nicht mit, weil er ihn für gänzlich unbeteiligt hielt. Eine Stunde später schnob und stob Herr Dr. Korn zur Klasse herein und stellte sich am Katheder auf.

»Wackerbarth!« rief er.

»Hier.«

»Klöhn.«

»Hier.«

»Morieux!«

»Hier.«

»Sie haben jestern einen Geistlichen auf offener Straße verhöhnt... Was woll'n Sie?« schnauzte er Sempern an, der aufgestanden war.

»Ich war auch mit dabei,« sagte Semper. Der »Pfaffe« reizte seinen Zorn.

Der Direktor schnappte. Was? Semper? Der Musterknabe? Er war einen Augenblick sprachlos. Aber dann fuhr er los mit gedoppelter Kraft:

»Also: man sollt's kaum jlauben! Vier junge Leute, die sich zu den jebildeten rechnen, die Lehrer werden wollen! (hier brüllte der gute Korn förmlich) betragen sich wie der Janhagel und insultieren auf offener Straße einen Jeistlichen unserer Vaterstadt! Und als der Mann den einen um seinen Namen fragt, hat der die Impertinenz, zu sagen: 'Ick habe die Ehre, Sie nich zu kennen!'«

Semper und Morieux erhoben sich wie zwei abgeschossene Raketen.

»Wat woll'n Sie?« schrie der Direktor Morieux an.

»Das habe ich **nicht** gesagt,« rief Morieux, der in der Erregung die wunderbarsten Fratzen schnitt.

»Wat woll'n Sie?« heulte der Direktor gegen Asmus.

»Ich will bezeugen, daß Morieux das **nicht** gesagt hat. Er hat gesagt: »Ich habe nicht die Ehre, Sie zu kennen.« Und dann erzählte Asmus den ganzen Vorgang, wie er sich zugetragen hatte.

»So,« machte Korn und schnappte wieder. »Na, ick sage Ihnen soviel: Sie jehen noch heute alle mit'nander hin zu dem Mann. Nimmt er Ihre Erklärung an, is's jut. Tut er's nicht, dann sind Se hier fertig. Dann werden Sie eliminiert.« Und damit stampfte er aus der Klasse.

Da war er ja in eine hübsche Affäre hineingeraten! Und dabei hatte er wirklich nicht über Seine Hochwürden gelacht, sondern über den Witz. Aber sollte er sich jetzt, da sie in der Klemme waren, von den Gefährten, die ihm Treue gehalten, trennen und wie ein Bübchen rufen: »Ich bin es nicht gewesen!?« Das würde wie Feigheit aussehen, und darum war es ausgeschlossen.

Die drei ernannten Sempern zu ihrem Sprecher, und vier Mann hoch zogen sie im Studierzimmer Sr. Hochwürden auf. Es war ein so langer Pastor, daß Asmus, wenn er die Augen geradeaus richtete, genau auf den Magen des Gottesmannes blickte. Und da es ihm unnatürlich war, den

Kopf in den Nacken zu legen, so richtete er seine Ansprache schließlich nur noch an den Bauch des Herrn Pastors.

»Der Herr Direktor verlangt,« sagte Asmus, »daß wir Ihnen eine Erklärung unseres Verhaltens geben. Mein Freund hat uns ein Wortspiel erzählt, und darüber haben wir gelacht. Mitten im Gelächter hat dann einer gesagt: 'Da kommt Pastor Zump!' Wir haben aber nicht über Sie gelacht.«

Das stimmte nun nicht recht; aber Asmus als erwählter Führer hielt es für Ehrenpflicht, seine Kameraden herauszupauken.

Der Geistliche antwortete im schönsten Kanzelton:

»Sie erwarten doch wohl nicht, daß ich diese Erklärung annehme. Ich habe den Herrn Direktor gebeten, Sie nicht zu bestrafen (das stimmte) und wenn Sie kommen, um Verzeihung zu bitten, so ist die Sache für mich erledigt; wenn Sie aber erklären, Sie hätten nicht über mich, sondern über ein Wortspiel gelacht – quod non!«

»Wir können nichts anderes sagen,« bemerkte Asmus gegen den Bauch des Herrn Zump.

»Und Sie?« wandte Zump sich an Klöhn. »Können Sie mir auch nichts anderes sagen? Sie waren es doch, der da rief: 'Halloh, Pastor Zump' und höhnisch dazu lachte.«

»Das hat er nicht getan!« rief Asmus.

»Schweigen Sie doch!« rief der Pastor zornig, »wie können Sie das wissen?«

»Weil ich meinen Freund kenne; dergleichen tut er nicht,« versetzte Asmus als Eideshelfer.

»Ich rede überhaupt nicht mehr mit Ihnen!« eiferte Zump

gegen Sempern und wandte sich an Morieux.

»Und Sie? Haben Sie etwa nicht gesagt: »Ich habe die Ehre, Sie nicht zu kennen!« (Das schien der Pastor also wirklich gehört zu haben.)

»Nein,« rief Morieux mit diabolischen Gesichtsverzerrungen, »ich habe gesagt, daß ich nicht die Ehre hätte, Sie zu kennen.«

»Jawohl, das hat er gesagt,« erklärte Asmus mit Nachdruck, und die andern stimmten zu.

Pastor Zump warf einen Blick auf ihn wie der Prophet Elisa auf jene Knaben, die er von zween Bären zerreißen ließ, dieweil sie gerufen hatten: »Kahlkopf, komm herauf!«

Und dann machte er eine große Armbewegung über alle vier Köpfe hin und sagte: »Ich bin fertig mit Ihnen, Adieu.« Aber als sie nahe der Tür waren, sprach er mit einem besonderen Blick für die drei anderen (Asmussen würdigte er keines Blickes mehr): »Wenn der eine oder der andere von Ihnen mir etwas anzuvertrauen hat, so werde ich ihn gern empfangen.«

Er mochte wohl hoffen, daß einer von den dreien vor Unterleibsschwäche abfallen und reumütiges Bekenntnis ablegen werde, und das war nicht fein von ihm. Nach vielen Jahren erst erfuhr Asmus aus wahrem Munde, daß dieser Pastor Zump ein guter, hilfsbereiter und opferfreudiger Mann gewesen sei. Seine Verfolgung der vier Jünglinge war vermutlich auch so ein Steinchen gewesen, das ihm die bucklige Schwester des Schicksals unter die Füße gerollt hatte.

Einstweilen war er für Asmussen der rachsüchtige Pfaffe, der Hoogstraten und Peter Arbues, den er nie in seinem Leben um Verzeihung bitten würde. Dann aber kam die

Relegation. Dann war alle Mühe und Sorge von viertehalb Jahren dahin, dann konnte er alle seine Frühlingshoffnungen begraben und Zigarrenmacher werden. Das Geld, ihn auf einem auswärtigen Seminar zu erhalten, konnten weder er noch seine Eltern aufbringen. Ihm war übel ums Herz, und er verbrachte eine schlaflose Nacht.

Das Schlimmste war, daß das Herz nicht ganz frei war. Er selbst hatte zwar den Mann nicht verlacht; aber er hatte die andern unbedingt in Schutz genommen, und das war doch gewiß: zum mindesten Klöhn hatte eine starke Ungezogenheit begangen. Wenn man wahr sein wollte, mußte man das eingestehen. Aber darum Buße tun in Sack und Asche, wie Uriel Acosta, vor diesem »hochmütigen, intriganten Priester«?! Asmus fuhr mit einem kurzen Lachen von seinem Bett empor und warf sich wuchtig wieder zurück auf das zerwühlte Lager. Aber übel war ihm zu Sinn; es ist schlimm, wenn eine Wunde nicht ganz rein ist.

Erst nahe vor Morgen verfiel er in einen leisen Halbschlaf. Der Direktor stand vor ihm und sagte: »Sie wollen Lehrer werden? Sie sind wohl verrückt!« Und dabei hatte er vollkommen das Gesicht von Adolfine Moses.

XXIV. Kapitel.

Die Bucklige lacht: aber die Schlanke macht es wieder gut. – Der Schiffbrüchige von Salas y Gomez als Mittler zwischen den Parteien.

Zwei Stunden später traten die vier im Gänsemarsch bei

dem Direktor ein, Semper wieder voran.

»Wir haben dem Herrn Pastor erklärt, daß unser Lachen nicht ihm gegolten habe; aber er will diese Erklärung nicht annehmen,« berichtete Asmus und erwartete das Vernichtungsurteil.

Der Direktor ging einmal das Zimmer auf und ab und durchstach dann alle vier, jeden einzeln, mit einem Blick. Dann ging er noch einmal auf und ab und durchstach hierauf Asmussen mit einem besonders langen Blick. Und dann sagte er:

»Sie können jeh'n.«

Die Angelegenheit war erledigt. Sie war erledigt für den Direktor und den Pastor; keiner kam wieder darauf zurück.

Aber nicht erledigt war sie für die Seybolde und Wiedemänner. Das war ja köstlich! Das war ja erbaulich! Also so waren die »Schäflein«, wenn sie unter sich waren! Dann betrugen sie sich wie die Gassenbuben und bewarfen Geistliche (im Ornat! versicherte einer) mit Steinen! mit Schmutz! Das waren also die Leutchen, die eine Eins bekamen, wenn andere nur eine Zwei kriegten! Das waren die Herren, die mit hochmütiger Verachtung erwiderten, wenn man ihnen vorhielt, daß sie ihre Kollegen beim Direktor verraten hätten! Für die Schäflein, und sonderlich natürlich für Asmussen, kamen schlimme Tage, und die kleine schieläugige Schwester des Schicksals lachte, daß ihr der Buckel tanzte und rief:

»Du glaubst, wer recht hat, müsse obendrein auch noch Recht bekommen? Du bist wohl verrückt?!«

In dieser Zeit, da ihm die Welt ein ausgesucht widerwärtiges Gesicht machte, sollte er etwas erleben, was nach »Duplizität der Ereignisse« aussah. Wie sich ihm nämlich einst, da er noch ein Knabe war, aus dunklem Bangen ein Weg ins Licht gezeigt hatte, als er zwischen den Bahndämmen in der Rainstraße, vor der Tür einer Schenke, einem lieben braunen Mädchen begegnet war, so sollte er auch jetzt wieder bei einem braunen Mädchen Erhebung und Erheiterung des Herzens finden. Herr Mansfeld, ein befreundeter Lehrer, hatte ihn zum Abendbrot eingeladen, und als Asmus nun die Treppen zur Wohnung des Gastfreundes emporstieg, stand da auf einem Absatz eine rankgewachsene Brünette und blickte nachdenklich auf einen Koffer ihr zu Füßen, der nicht allzu leicht sein mochte. Es war Fräulein Hilde Chavonne, seine ehemalige Kollegin. Sie stand im Begriff, zu eben den Lehrersleuten, die Asmus geladen hatten, in Pension zu gehen, und Asmus bat bescheidentlich um die Erlaubnis, ihr den Koffer hinauftragen zu dürfen. Das gewährte sie mit einem gnädigen Lächeln, und als man droben war, halfen Asmus und Herr Mansfeld beim Auspacken der Bücher, die der Koffer enthielt. Dabei schlug sich von selbst ein starkes, längliches Heft auf, das mit der Hand gezeichnete und kolorierte Landkarten enthielt.

»O, wie famos!« rief Asmus. »Haben Sie die gezeichnet?«

Hilde klappte schnell das Heft zu. »Machen Sie sich nicht lustig darüber!« rief sie ängstlich. »Sie können es gewiß tausendmal besser.«

»Ich? Ich kann gar nichts, ich kann überhaupt nicht zeichnen,« sagte Asmus.

Sie sah ihn zweifelnd an; aber als sie in seine Augen sah, glaubte sie ihm, und nun schlug sie langsam selbst das Heft wieder auf, und von Blatt zu Blatt, wie er staunte und lobte, wurde sie heiterer und stolzer. Sie stand dicht neben ihm, und dabei geschah es, als er sich über das Heft bückte, daß der Ärmel ihres Kleides seine Wange streifte. Von diesem

Augenblick an war Asmus wieder glücklich.

Sie erschien nicht beim Abendbrot, weil sie müde war, und überhaupt blieb es auf lange Zeit hinaus bei dieser flüchtigen Begegnung.

Merkwürdig, dachte er im Nachhausegehen: ein ganz ähnliches Gefühl hab ich schon einmal gehabt – ganz so wie jetzt war die Welt schon einmal – nicht die gewöhnliche Welt, aber die andre, die immer über ihr schwebt wie Morgenduft über den Hügeln, die war schon einmal so, damals, als ich zwischen den Bahndämmen »am Rain« mit dem kleinen braunen Mädchen geplaudert hatte, mit der »Königin der Mainotten«. Und was noch merkwürdiger ist, die beiden haben in gewisser Hinsicht etwas Übereinstimmendes – nicht nur, daß sie beide braunes Haar und braune Augen haben, das will nichts sagen – auch der Teint und das ganze Aussehen – auch das Fräulein Chavonne hat etwas Fremdländisches – so – so etwas Französisches – übrigens ist ja auch ihr Name französisch. Aber ihr Wesen ist – gewiß: es ist deutsch – und doch wieder so ganz anders als das des fürchterlichen »deutschen Weibes« mit der Häkelnadel. Wenn man sie zu Pferde sähe, dachte er, mit wehendem Schleier, den Falken auf der Faust, auf dieser seinen, schmalen Faust – es würde keinen Augenblick überraschen.

>»Wie sitzest du zu Pferde
So königlich und schlank!«

sang er vor sich hin, daß ein vorübergehender Bürger stutzte und ihn anstarrte....

Seit diesem Abend fühlte sich Asmus auf eine wunderbare Weise frei und leicht, und er trug das Leben wieder mit aufgerichteten Schultern. Er hätte nicht sagen können, woher das kam; es kam aber einfach daher, daß ihn in dieser armen, bürgerlichen Lehrerin ein adliger Mensch berührt hatte, und das hatte um so wundersamer gewirkt, als es menschlicher Pöbel war, der sein Leben verfinstert hatte.

Seybold und Wiedemann waren ganz unzweifelhaft Pöbel; daß aber unter den anderen Feinden auch anderes Material war, das sollte er bald erfahren. Zunächst freilich schienen die Gegensätze noch unversöhnlich. Herr Quasebarth brachte eines Tages die Rede auf den die Klasse zerspaltenden Streit und sprach sein Bedauern aus.

»Ja,« rief eines der Antischäflein, »die andere Partei macht ja auch nicht den geringsten Versuch zu einer Annäherung.«

Da lachte Asmus laut auf, daß es durch die Klasse scholl.

Seit vielen Monaten geschah ihnen Unrecht auf Unrecht – und da sollten sie etwa noch um Frieden betteln? Lieber »Kampf bis zur Vernichtung«.

Seiner Jugend erschien die Welt als ein ehrenhaftes Geschäft, bei dem man eine berechtigte Forderung nur zu präsentieren brauche, um sofort Zahlung zu erhalten. Er ahnte noch nicht, daß dieses allerdings reelle Geschäft eine sehr weitsichtige Buchführung hat und daß seine Bilanzen oft erst nach zehn, nach fünfzig, nach hundert Jahren oder später erscheinen, je nach der Größe des Gegenstandes. Man kann diese Welt auch ein Gericht nennen und das Leben einen Prozeß, der durch hundert oder tausend Instanzen geht. Man bekommt gewöhnlich sein Recht, aber oft mit einer Begründung, die man nicht erwartet hat, und manchmal, wenn man das Urteil erhält, ist man tot.

Bald darauf, in der Rezitationsstunde trug Asmus aus dem Kopfe »Salas y Gomez« vor, mit sämtlichen drei Schiefertafeln. Als er nach dieser Stunde über den Korridor ging, stieß er auf Herrn Rothgrün, der in der Nachbarklasse

Sempers Freudenschrei:

> »Ein Schiff! Ein Schiff! Mit vollen Segeln lenkt
> Es herwärts seinen Lauf, mit vollem Winde!«

vernommen hatte. Und Rothgrün meinte mit wohlwollendem Lächeln: »Glauben Sie wohl, daß der Mann noch eine so starke Stimme hatte, nachdem er jahrelang bloß von Eiern gelebt hatte?« Rothgrün war eben Kritiker. Anders aber war der Seminarist Blankenburg. Er trat nach dieser Stunde an einige Häupter seiner Partei heran und sagte:

»Ich finde, es geht nicht länger. Wir können den Verruf nicht weiter aufrechterhalten. Im Grunde war es ja doch nur Neid. Daß er Kollegen beim Direktor verpetzen könnte, glaubt ja längst kein Mensch mehr. Wir blamieren uns. Und wir müssen wieder anfangen.«

Und in den andern wachte die Hochherzigkeit des Jünglingsalters freudig wieder auf, und es wurde beschlossen, auf dem bevorstehenden Bergfeste die feierliche Versöhnung zu begehen.

XXV. Kapitel.

Was eigentlich ein Bergfest ist, und warum Dr. Korn den ersten Toast bekam.

Das Bergfest! Wenn von den sechs Seminarsemestern drei verflossen waren und also der Berg des Ärgernisses bis zum Gipfel überwunden war, pflegte man das »Bergfest« zu feiern. Und diesmal sollten der Direktor und alle Lehrer dazu geladen werden.

Vor der nächsten psychologischen Stunde hub der Herr Direktor also an: »'n Bergfest woll'n Se feiern. Ich habe erst jar nicht verstanden, was das sein soll. Ich habe jedacht: wieso woll'n denn Seminaristen des Flachlandes 'n »Bergfest« feiern! Schließlich hab ich mir's erklären lassen. Das heißt: »Jott sei Dank, nu sind wir über'n Berg!« Ick will Ihnen mal wat sagen: Freu'n Se sich, wenn Se noch Zeit und Jelegenheit haben, wat zu lernen; später wird's anders! Wenn Se Ihr Examen jemacht haben, feiern Se meinetwegen Feste, aber den Unsinn mach' ick nich mit!«

Er fing immer ziemlich hochdeutsch an, aber je länger er sprach, desto berlinerischer wurde er und desto mehr würzte er seinen Vortrag mit Berliner Anekdoten. Wenn er mit einem Vortrag über Zeit und Raum begonnen hatte, so war er nach einer Viertelstunde bei Bismarck oder Moltke oder bei seinen Lehrern Lazarus und Steinthal (»der Steinthal is man so'n janz kleenes Männeken mit'n Zahntuch um'n Kopp – wenn man'n auf der Straße sieht, möcht' man ihm 'n Jroschen schenken« – und dann pries er ihn in begeisterten Erinnerungen) oder er kam auf die Berliner Schutzleute oder auf Eugen Richter.

»Wenn man den Richter nachts aufweckt und sagt: Richter, halt mal 'ne Rede! denn kann er's, un wenn man sagt: Richter, nu halt mal eine dajegen! denn kann er's ooch. Aber 'n janzer Kerl is er doch!«

Das Bergfest wurde also ohne Direktor und ohne Lehrer, nichtsdestoweniger aber mit Glanz gefeiert. Niemand rührte mit Wort oder Miene an das Vergangene; Schäflein und Wölfe benahmen sich gleich taktvoll; nur Morieux zog einmal Sempern auf die Seite und flüsterte erregt:

»Du mußt eine Rede halten!«

»Ich? Worüber?«

»Na – zum Dank für die Einladung!«

Asmus brach in ein schallendes Gelächter aus.

»Das könnte mir fehlen! Nein, mein Junge, ich bin sehr vergnügt und feire das Fest ohne jeden Hintergedanken – aber auch noch »danke« sagen –? Das mach du nur selber! Das heißt, wenn du's tust, erschlage ich dich!« fügte er schnell hinzu.

Und zu den hübschesten Dingen dieses Festes gehörte es, daß der erste Trinkspruch, den der Präside ausbrachte, dem Direktor galt. Er hatte sie auch bei dieser Gelegenheit nicht eben liebenswürdig behandelt; aber sie liebten ihn alle; denn er hatte das eine, für das die Jugend ein so besonders feines und lebhaftes Empfinden besitzt: Gerechtigkeitsgefühl. Die Jugend versöhnt sich mit dem strengsten Zuchtmeister, wenn er gerecht ist, und sie verachtet, sie haßt den willfährigsten Lenker, wenn er das Recht beugt. Sie wußten es alle: dieser Dr. Korn hatte ein Rückgrat nach oben und nach unten, und wenn es in einem Konflikt zwischen Lehrer und Schüler zu entscheiden galt, so waren sie ihm nicht Lehrer und Schüler, sondern Menschen. In aller Gedächtnis strahlte mit unauslöschlichem Glanze ein Richterspruch des »Alten«. Ein Religionslehrer hatte mit allerlei verfänglichen Fragen einen verdächtigen Jüngling auf seine Rechtgläubigkeit untersucht. Der Jüngling beschwerte sich bei dem Direktor über diese Belästigungen, und Korn, als er beide Parteien gehört hatte, sagte: »Herr Doktor, Sie haben sich aller Jewissensfragen zu enthalten. Wir sind hier tolerant.«

Es war zu jener Zeit, als der leise schreitende Einfluß der Geistlichkeit noch nicht überall war und die oberen Stellen nicht mit den Günstlingen der Kirche, sondern mit den Günstlingen Minervens besetzt wurden.

Von der orthodoxen Theologie war der Mann allerdings weit entfernt; er war Philolog und Philosoph und liebte das Zeitalter der Aufklärung und der Enzyklopädisten, das er mit sprühendem Geist, lebendig und groß darzustellen wußte, so groß, daß Asmus, wenn ihm später der banale Aufkläricht in seiner ganzen Schrecknis begegnete, nie mehr vergessen konnte, wie die Gedanken, die klein sind in den kleinen Köpfen, groß gewesen in den großen. Wenn er ein Kapitel des christlichen Glaubens behandelte, etwa die Dreieinigkeit, so trug er es genau nach der Dogmatik vor, ohne Kritik und ohne Polemik, und wenn er fertig war, sagte er aufatmend:

»So. Das lehrt die Kirche. Was Sie davon jlauben wollen, steht bei Ihnen.«

Diesen Grundsatz bewährte er nach jeder Richtung. Der Gläubige atmete unter ihm so frei wie der Zweifler.

Und obwohl Asmus das Brandenburgisch-Preußische sonst nicht liebte, – die Schleswig-Holsteiner sind keine Kommißnaturen, – so sagte er sich doch, daß der Geist dieses Mannes das Beste am ganzen Seminar, ja, daß er beinahe das einzige Gute an dieser Anstalt war. Sein goldener Präparandentraum vom reich besetzten Tisch der Wissenschaften und Künste hatte einer großen Ernüchterung Platz gemacht; aus der Hochzeit des Kamacho, wo die Rinder, Hammel und Hasen und die Schläuche Weines nicht zu zählen gewesen, war ein Gastmahl des Harpagon geworden. Von einem, der studieren will, sagen die plattdeutschen Bauern: »he will studeern leern« und sprechen damit, ohne es zu wissen, ein feines Wort. In drei oder vier Jahren kann man nicht viel studieren; aber man kann studieren lernen, und das ist viel mehr. Bei Korn lernte man studieren. Nach seinen Vorträgen rief es in Asmus mit tausend Begierden: Mehr! mehr! und ihm war, als müßte er mit Armen des Geistes das ganze Firmament der Gedanken umspannen und in seine Brust herabziehen. Nach den Stunden der andern hatte man immer genug, und wußte doch, daß es nichts war. Sie gaben trockenes Brot, das schnell satt macht, oder sie gaben Steine statt des Brotes, oder sie gaben nicht einmal Steine. Ein Glück noch, wenn sie komisch waren, wie der gute Mister Belly, und wenigstens auf solche Art die Jugendlust lebendig erhielten.

XXVI. Kapitel.

Mister Belly und der geheimnisvolle Zimmermann.

Mister Bellys Stunden waren freilich in einer gewissen Hinsicht lauter Feste. Mister Belly war eines jener Wunderkinder gewesen, die schon mit drei Jahren Englisch sprechen, weil sie in England geboren sind, und das war sein Hauptverdienst. Zu diesem Englisch hatte er nur noch zweierlei hinzugelernt: ein Französisch mit englischer Aussprache und Betonung und ein für einen Ausländer recht passables Deutsch. Auf weitere Anforderungen aber reagierte er nicht. Es ist nie ans Licht gekommen, ob er von Goethe, Schiller und Lessing irgend etwas kannte; das aber stand fest, daß er von der nachgoethischen Literatur nur den »Königsleutnant« von Gutzkow kannte. Ein Engländer gesteht dergleichen ganz kaltblütig ein und hält es für Nationalbewußtsein. Von Zeit zu Zeit fragten ihn die Seminaristen:

»Mister Belly, wie heißt noch das deutsche Drama, das Sie kennen?« und dann antwortete er mit dem unschuldigsten Gesicht von der Welt:

»Also mal »The King's Lieutenant«, denn er leitete jeden Satz mit den Worten »also mal« ein.

Wenn nun aber auch Mr. Belly recht gut deutsch sprach, so sprachen es die deutschen Seminaristen doch besser, und als Lehrer ohne imponierende Kräfte unter übermütige Kinder einer fremden Sprache versetzt sein, das ist gerade so schön, wie als Taubstummer unter Kannibalen geraten. Da beim englischen Unterricht eine Grammatik von Gurcke gebraucht wurde, so sagte der unglückliche Belly eines Tages: »Bringen Sie zur nächsten Stunde Ihre Gurke mit« und an solchen und ähnlichen Gurken hatte der Gute natürlich lange zu kauen. Unter der gütigen Leitung Mr. Bellys mußte unser Asmus etwa hundertmal die Geschichte von Robin Hood lesen (Mr. Belly wollte auf solche Weise bei seinen Schülern eine gute Aussprache erzielen); aber dennoch brachte jede Stunde eine Abwechslung. Heute war es ein Hampelmann, der hinter Mr. Belly an der Wand hing und durch einen dünnen, bei dem Seminaristen Stelling endigenden Faden dirigiert wurde, morgen war es ein Seminarist, der in den Kartenschrank eingesperrt wurde und dort während der Stunde gespenstische Geräusche hervorbringen mußte, übermorgen ein Seminarist, der aus Turnjacken, Turnhosen, Turnschuhen und einer Mütze hergestellt, dann in ein kleines Kabinett gesetzt und für »eingeschlafen« erklärt wurde, so daß Mr. Belly hinging, um ihn zu wecken, und so mit und ohne Grazie ins Unendliche. Ein Rouleau, das hochgezogen werden sollte, entwickelte sich regelmäßig zu einer ganzen komischen Oper; denn natürlich fiel der Vorhang, wenn er endlich nach langen Mühen aufgewickelt war, mit furchtbarem Gerassel wieder herab, und je mehr hilfreiche Hände herbeikamen, desto unmöglicher erschien natürlich die Bändigung des heimtückischen Vorhangs. Der eigentliche Belly-Spezialist aber war jener Stelling.

Stelling war ein glänzend begabter Bursche, der aber am Unterricht eigentlich nur als wohlwollender Zuhörer teilnahm und eine unüberwindliche Abneigung gegen Bücher und Hefte hegte. Was er an solchen Dingen mit sich führte, beschränkte sich für gewöhnlich auf ein kleines Heftchen, das er, um seine ganze Verachtung des Buchstaben zu zeigen, zusammengerollt in der hinteren Hosentasche trug. Kraft seiner vorzüglichen Anlagen war er trotzdem immer so ziemlich auf dem Laufenden; nur in der »Charakterbildung« schien er sich auf der Stufe des »großen Jungen« so wohl zu fühlen, daß er an einen Fortschritt nicht dachte.

Eines drückend heißen Sommertages brachte der nämliche Stelling einen Hammer mit in die Klasse, und gerade las ein Schüler mit halb entschlummerter Stimme die erschütternden Verse:

```
»Here underneath this little
      stone
Lies Robert Earl of Huntingdone;
Ne'er archer was as he so good,
And people called him Robin
      Hood ...
```

als in der Gegend Stellings ein ungemein rhythmisches Klopfen ertönte.

»Also mal: was ist das?« fragte Mr. Belly.

Stelling trat an das offene Fenster, neben dem er saß, und sagte trocken:

»Das ist also mal ein Zimmermann, Mr. Belly.«

»Also mal: ist gut, setzen Sie sich,« sagte Belly, dem schon schwül wurde, wenn Stelling sich einer Sache annahm.

Stelling setzte sich und klopfte.

»Das ist aber doch sehr störend!« rief jetzt der Nachbar Stellings mit einem abgefeimten Lerneifer im Gesicht.

»Soll ich den Mann also mal bitten, daß er also mal aufhört?« fragte Stelling bescheiden.

Belly, der der suggestiven Frechheit dieses Jünglings nicht gewachsen war, sagte: »Also mal: bitte, wenn Sie durchaus wollen –?«

Stelling trat wieder ans Fenster und rief mit der Stimme eines versoffenen Feldwebels: »Hören Sie auf!!!«

»Also mal bitte, was ist das für ein Ton!« rief Mr. Belly erschrocken; »also seien Sie mal höflich, nicht wahr?«

»Ganz, wie Sie wünschen, Herr Belly,« erwiderte Stelling und begann zu singen:

»Wackrer Zimmermann,
Hast ja Freude dran,

aber uns stört es; möchten Sie nicht die Gewogenheit zeitigen, mit diesem frevelhaften Geballer aufzuhören? – Wie meinen Sie?«

Stelling wandte sich wieder ins Zimmer zurück und sagte mit dem ruhigsten Gesicht:

»Er antwortet: 'Pett di man keen Hoor in'n Foot!'«

»Also mal, das ist Plattdeutsch,« bemerkte Belly sehr richtig, »was heißt das?«

»Das heißt: Don't run a hair into your foot!«

»Also mal: Das versteh' ich nicht.«

»Das verstehen Sie also mal nicht? Das ist eine Beleidigung! – Wie heißen Sie?!« schrie Stelling zum Fenster hinaus mit zornrotem Gesicht.

»Also mal bitte: seien Sie nicht so erregt!« rief Belly ängstlich.

»Er sagt, er heißt Hummel!« [3] berichtete Stelling. »Was soll ich ihm sagen?« Natürlich wollte die Klasse sterben vor Lachen.

Mr. Belly erhob sich endlich, um selbst mit dem Manne zu sprechen.

»Da – eben geht er ins Haus!« rief Stelling. »Vor Ihnen hat er natürlich Angst.«

Als Mr. Belly an sein Pult zurückgekehrt war und das Klopfen von neuem anhub, sprang Stelling auf und schritt nach der Tür: »Ich werde also mal hinuntergehen und mit dem Mann sprechen.«

»Also mal: Stelling, bleiben Sie also mal hier,« sagte Mr. Belly.

»Ja aber, Herr Belly, soll man sich denn das gefallen lassen?«

»Also mal: wollen Sie sich jetzt setzen?«

»Yes, mister« sagte Stelling und ging an seinen Platz.

»Also mal: Sie sagen: »Yes, mister!« Heißt es so?«

»Yes, gentleman!«

»Also mal: Sie wollen es nicht richtig sagen! Sie sind also ein Heuchler!«

»Herr Belly,« sagte Stelling kaltblütig, »ich nehme an, daß Sie die wahre Bedeutung dieses Wortes gar nicht kennen, sonst würde ich Sie fordern.«

»Aber, Herr Belly,« riefen jetzt viele durcheinander, »wie konnten Sie so etwas sagen: das ist ja eine tödliche Beleidigung!«

»Also mal: ich habe Sie nicht beleidigen wollen,« lenkte Belly ein, es heißt also mal: `Yes, Sir!`«

»Na ja, wenn einem das in Güte und Freundlichkeit gesagt wird ....«

Inzwischen war aber in Mr. Bellys Kopfe etwas wie Morgendämmerung angebrochen, und als das Klopfen wieder ertönte, belauerte er den Übeltäter und sah ihn schnell etwas unter den Tisch legen.

Nun ging er ruhigen Schrittes auf Stellings Platz zu, klappte den Tischdeckel hoch, nahm den Hammer, ging damit wieder nach vorn, legte ihn auf's Pult und sagte: »Lesen Sie weiter, Müller.« Er tat das alles ohne jedes Zeichen der Erregung, nur mit dem Ausdruck einer stoischen Geringschätzung, ja, einer leisen Verachtung im Gesicht. Und diese Art, dergleichen Bubenstreiche abzutun wie Dinge, die an die Würde eines Gentleman nicht heranreichen, diese Art, die der guten englischen Erziehungsregel: `Be a gentleman!` entspringt, nahm Asmus doch immer wieder für ihn ein. Man sah es dem guten Belly an, daß solche Ruchlosigkeiten ihm weh taten, daß sie ihm aber zu kindisch waren für seinen Zorn, und das ging nicht nur Asmus, es ging schließlich auch anderen Jünglingen zu Herzen. In einer Pause fand eine feierliche Beratung statt mit dem Ergebnis: Da Mr. Belly nicht imstande sei, Disziplin zu halten, so müsse man selbst für Disziplin sorgen, und von nun an wolle man sich vernünftig benehmen. Das ging auch einige Stunden ganz gut. Als aber ein Seminarist einen Stiefel ausgezogen hatte, weil er ihn drückte, und sein Nachbar diesen Stiefel mit einem kräftigen Stoß nach vorn befördert hatte, Mr. Belly den Stiefel als `corpus delicti` konfiszierte und damit die Klasse verließ, der Einstiefler, der von Natur eine rote Nase hatte, ihm protestierend nachhumpelte und Mr. Belly endlich sagte: »Also mal: Sie verfolgen mich: Sie haben eine rote Nase, also Sie sind ein Nihilist!« da brachen ob dieser rätselhaften Ideenverbindung alle Dämme der guten Zucht zusammen, und der jugendliche Übermut nahm wieder freien Lauf.

[3] Name eines in den 50er Jahren des vorigen Jahrhunderts in Hamburg verstorbenen komischen Originals. Die Hamburger pflegen auf den Zuruf »Hummel« mit einem sehr derben Ausruf zu antworten.

XXVII. Kapitel.

Handelt von würdigen und unwürdigen Kollegen Mister Bellys.

Es gab an diesem Seminar wohl Lehrer, die noch untauglicher waren als Mr. Belly; aber sie waren höchstens für eine satirische Beleuchtung amüsant. Zu einer solchen Betrachtung zwang Asmussen wider seinen Willen der Herr Pastor Dinnebeil, der eine Zeitlang den Religionsunterricht erteilte.

Einstmals Stahmer und jetzt Dinnebeil! Das war wie David Friedrich Strauß und Hengstenberg. Nur war

Hengstenberg ein Gelehrter, was Dinnebeil, wenn er es war, geschickt zu verbergen wußte. Er plätscherte unaufhörlich im laulichen Wasser jener fürchterlichen Traktätchen-Terminologie, die in drei Sekunden mit sieben Synonymen hantiert, nach Art der Jongleure, die mit Teller, Ei und Schnupftuch so geschwinde Fangball spielen, daß man nicht mehr weiß, was Teller, was Ei und was Schnupftuch ist. Diesen Hamburger Jünglingen, diesen Schülern des vortrefflichen Herrn Stahmer, wollte Pastor Dinnebeil die abgelagertsten Dogmen einreden, wollte er eine Art Christentum für Papuas beibringen. Er versuchte es in einem Tone, der aus Huld und Würde lieblich gemenget war. Anfangs hörten die verblüfften Seminaristen diesem Phrasenschwall, der wie ein Landregen von Schmalz und Honig niederging, mit offenem Munde zu; aber schon nach der dritten Stunde war die Langeweile so ins Unendliche gewachsen, daß man beschloß, sich einen Spaß zu machen und auf die Fragen des Mannes immer abwechselnd zu antworten: »Der Glaube« und »Die Liebe«.

Das geschah denn auch und paßte fast immer, und wenn es nicht paßte, so nahm es Pastor Dinnebeil doch wohlwollend hin als das Zeugnis eines frommen Sinnes. Nur zwei machten sich dem Späherauge Dinnebeils verdächtig: Stelling und Semper. Asmus hatte schon tausend Zweifel und Einwürfe ins Dunkel seiner Brust hinabgeduckt; als aber Dinnebeil allen Ernstes die Worte im Matthäus 28, 19: »Gehet hin und lehret alle Völker und taufet sie im Namen des Vaters und des Sohnes und des heiligen Geistes« als Beweis für die Dreieinigkeit ausgab, da hielt es Asmussen doch nicht länger, und als er gerade am Wort war, sprach er:

»Verzeihung, Herr Pastor, aber ist das nicht ein späterer, tendenziöser Zusatz?«

»Was? Wieso?« fragte Hochwürden indigniert.

»Nun, die Jünger vertraten doch noch auf dem Jerusalemer Apostel-Konvent im Jahre 52 Paulus gegenüber den Grundsatz, daß nur den Juden das Evangelium gepredigt werden dürfe; das wäre doch ausgeschlossen, wenn Christus denselben Jüngern befohlen hätte, alle Völker zu seinen Jüngern zu machen. Ferner wurde bis zur Mitte des zweiten Jahrhunderts doch nur auf den Namen Jesu getauft; es ist da undenkbar, daß die Jünger den Befehl empfangen hätten, auf drei Namen zu taufen. Und da das Evangelium nach Matthäus im letzten Viertel des ersten Jahrhunderts geschrieben wurde, so werden die Worte 28, 19 ein späterer Zusatz sein; sie ...«

»Ach was, klauben Sie mir nicht immer an der Bibel herum!« rief Dinnebeil sittlich entrüstet. »Fahren Sie fort, Seybold!«

Asmus war wirklich erschrocken. Er hatte bis dahin geglaubt, ein Lehrer müsse sich freuen, wenn es seinen Schülern ernst sei um ihre Überzeugung; aber dieser wurde gereizt, wenn man nachdachte und forschte. Er ließ einfach »fortfahren«. Fortfahren war allerdings das Leichteste. Von nun an »klaubte« Asmus nicht mehr; aber er »glaubte« noch weniger, zum mindesten dem Herrn Dinnebeil. Er nahm nun auch die Sache humoristisch und ließ die Sermones des jungen Mannes über sich ergehen wie das Geräusch einer Wasserleitung, und wenn Herr Dinnebeil ihn durch eine Frage aufschreckte, so rief er: »Der Glaube!!« oder »Die Liebe!!«

Ach, was war da Meister Bruhn, der Musiklehrer, ein anderer Mann! Der war auch fromm, köhlerfromm, sozusagen; aber er war ein Mensch. Sie hatten einer am andern einen Narren gefressen, Bruhn und Semper, ja, Meister Bruhn begegnete dem Jüngling mit einer Art von

Verehrung, und zu dieser Verehrung war Asmus so billig wie nur möglich gekommen. Die Hochachtung des Lehrers gründete sich auf Asmussens Zuverlässigkeit und auf sein Wissen. Mit der Zuverlässigkeit hatte es folgende Bewandtnis.

Alljährlich veranstalteten die Seminaristen mit hohem direktorialen Privilegio eine Konzert- und Theater-Aufführung, und vor dem Konzert hatte Meister Bruhn, der mit Johannes Brahms zusammen studiert und dessen Kompositionen Liszt und Rubinstein zu spielen für wert gefunden hatten, regelmäßig ein Lampenfieber von mindestens vierzig Grad. Er ordnete deshalb an, daß alle Mitspielenden zwei Stunden vor Beginn der Aufführung da sein möchten, damit er selbst alle Instrumente wiederholt durchstimmen könne. Man lächelte über diese Ängstlichkeit, auch Asmus lächelte; aber weil er den alten Herrn lieb hatte und ihn nicht ängstigen wollte, ging er rechtzeitig hin. Meister Bruhn lief schon erregt auf und ab und trocknete sich mit immer neuen Taschentüchern den Todesschweiß.

»Nu seh'n Se, lieber Semper!« rief er, »die Uhr is sechs und Sie sind der Einz'che! Sie sind der einz'che Zuverläß'che von der kanzen Kesellschaft! Keben Se her die Cheiche.«

Er fuhr mit dem Bogen darüber und sagte: »Nu ja, se stimmt. Aber das is immer so: die's nich nöt'ch haben, die kommen; aber die's nöt'ch haben, die kommen nich.« Und er legte väterlich den Arm um Semper und sagte:

»Mein lieber Semper, klauben Sie's mir: darauf kommt's an im Leben: auf Zuverläß'chkeit. Sie sind ä zuverläß'cher Mensch.«

Das war also billig. Aber noch viel billiger war es, bei Bruhn in den Ruf der Gelehrsamkeit zu kommen, und da er in den Konferenzen natürlich vernommen hatte, daß Asmus

Semper zu den Begabteren gehöre, so hielt er ihn für eine Art Casaubon oder Leibniz. Meister Bruhn pflegte, wenn er eine Frage stellte, gleich die schwierige Hälfte der Antwort selbst zu geben, etwa so:

»Nun, Semper, welcher Ton muß also hier folchen? Gi – gi –?«

»Gis«, antwortete Asmus, und dann rief Meister Bruhn: »Der weiß alles!«

Diese Meinung teilte Asmus nun freilich nicht; aber doch ward es ihm wohl und warm bei Meister Bruhn und seinen Sonnabendstunden, die im Winter bis in das Dunkel des Abends hineinreichten.

Dem »Musiksaale« gegenüber lag ein Haus mit einer Schneiderinnenstube, und die Seminaristen stellten sich gern ans Fenster, warfen schwärmende Blicke hinüber zu den Mädchen und strichen so gefühlvoll dazu die Saiten wie der Geiger von Gmünd vor dem Marienbilde. Und die fünf oder sechs Marien nickten so fleißig herüber, als hätten sie gern einen Schuh und mehr dahingegeben. Wenn Meister Bruhn das sah, dann lächelte er mild-ironisch und sagte: »Müller, sehn Se beim Spielen hierher; die nehmen doch lieber Keld als Muszik.« Und das ernüchterte.

XXVIII. Kapitel.

Ein Kapitel, in dem aber auch rein gar nichts geschieht und das der gewöhnliche Leser wütend überschlagen wird.

Asmus Semper hatte nicht das Geringste gegen hübsche

Schneidermamsellen; aber ob sie hübsch waren, eben das konnte er nicht feststellen, weil seine Augen für eine so große Entfernung nicht ausreichten. So schützte, wie es wohl öfter kommen mag, die Kurzsichtigkeit seine Tugend. Aber wenn er auch die Schneiderinnen deutlich hätte erkennen können, würde er wohl wenig nach ihnen ausgeschaut haben, weil es innerhalb des düsteren, kahlen Musiksaales weit Schöneres zu sehen gab. In diesem Musiksaal wurden alle Volkslieder gesungen und gegeigt, die je von deutschem Kindermund erklungen sind; denn was sie die Kinder lehren sollten, das mußten die künftigen Lehrer selber spielen und singen können. Wenn er diese Lieder hörte, stützte Asmus den Ellenbogen aufs Knie und den Kopf in die Hand und sah in einen dunklen Winkel des Saales, und seine kurzsichtigen Augen wurden fernsichtig.

Da sah er hinein in jahrtausendtiefen Wald und hörte aus einem fernen Jahrhundert den dämmergrünen Grund herauf ein fröhliches Blasen:

>Ein Jäger aus Kurpfalz,
>Der reitet durch den grünen Wald,
>Er schießt das Wild daher,
>Gleichwie es ihm gefallt.
>   Ju ja, Ju ja
>gar lustig ist die Jägerei
>Allhier auf grüner Heid'.

Aber das zweite »Ju ja« hallte leise aus wunderbaren Fernen her.

Und langsam schritt er tiefer in den Wald hinein, dorthin, wo im ewigen Dunkel zwischen Moos und Stein ein Waldelf sitzt und seit hunderttausend Jahren in die Quelle starrt, um ihr Geheimnis zu ergründen. Und Asmus neigte das Ohr und horchte dem murmelnden Selbstgespräch der

Quelle, und immer war's ihm, nun müßt' er's gleich verstehen, und verstand es doch nie. Und wie er noch lauschte, winkte ihm aus tauigem Dunkel ein purpurner Schein.

> Ein Männlein steht im Walde
> Ganz still und stumm,
> Es hat von lauter Purpur
> Ein Mäntlein um.

Das Lied hatte ihn sogleich angelacht wie ein rotwangiger Apfel, da er's in früher Kindheit zum ersten Male gehört. Nun aber strahlte durch die braunen Stämme ein goldener Glanz; er ging darauf zu und wußte nicht: ist es goldene Sonne, oder goldenes Korn? Und als er am Feldrain stand, war es goldenes Korn in goldener Sonne.

> Horch, wie schallt's dorten so lieblich
> hervor!
> Fürchte Gott!
> Fürchte Gott!
> Ruft mir die Wachtel ins Ohr.
> Sitzend im Grünen, von Halmen umhüllt,
> Mahnt sie den Horcher am Saatengefild:
> Liebe Gott!
> Liebe Gott!
> Er ist so gütig und mild!

Die Hitze hatte drohende Wolken gebraut, und die fernsten Ähren standen schon in graublauer Luft.

> Schreckt dich im Wetter der Herr der
> Natur:
> Bitte Gott!
> Bitte Gott!
> Und er verschonet die Flur.

> Machen die künftigen Tage dir bang,
> Tröste dich wieder der Wachtel Gesang:
> Traue Gott!
> Traue Gott!
> Deutet ihr lieblicher Klang.

Was war das für eine Zeit gewesen, da die Menschen mit solchen Empfindungen durch die Felder gingen? Lichte Zeit? Dunkle Zeit? Eine heimelnde Zeit gewiß. War sie je gewesen? Würde sie jemals sein? Er grübelte nach, da klang aus dem verlassenen Walde her ein zauberischer Schall.

> Wie lieblich schallt
> Durch Busch und Wald
> Des Waldhorns süßer Klang!
> Der Widerhall
> Im Eichental
> Hallt's nach so lang – so lang!

Ja, wahrlich, – himmelsfern und himmelsleise klang der Widerhall aus einem Tal, das seine Augen nicht sahen – das keine Augen jemals sehen. Lange, lange klang der Widerhall, bis in die Abendröte hinein, in deren Glut er sich verlor.

> Goldne Abendsonne,
> Wie bist du so schön!
> Nie kann ohne Wonne
> Deinen Glanz ich seh'n.
>
> Schon in früher Jugend
> Sah ich gern nach dir,
> Und der Trieb zur Tugend
> Glühte mehr in mir.

Das hatten wohl schon die Urgroßeltern gesungen, und

doch war es noch immer so: unendlich groß und unendlich gut müßte ein Herz sein, um solcher heiligen Schönheit wert zu sein! Und es möchte groß sein, das Herz, groß wie der Glanz der Abendsonne, und es schwillt auf und drängt und tut weh. Da ist es fast Erlösung, ist es Friede, wenn sie sinkt und graue Dämmerung aus den Feldern steigt.

> Willkommen, o seliger Abend
> Dem Herzen, das froh dich genießt!
> Du bist so erquickend, so labend,
> Drum sei uns recht herzlich gegrüßt!

Das Lied kam aus jener Zeit, da es noch einen Abend gab und die Menschen am Tagesende sich fanden in Ruhe, Sammlung und Genügen. Damals war der Mond noch ein Hausfreund der Menschen, der sich zu ihnen gesellte, wenn sie am Abend plaudernd vor der Tür ihrer Hütte saßen.

> Guter Mond, du gehst so stille
> Durch die Abendwolken hin,
> Labest nach des Tages Schwüle
> Durch dein freundlich Licht den Sinn.
>
> Leuchte freundlich jedem Müden
> In das stille Kämmerlein!
> Und dein Schimmer gieße Frieden
> Ins bedrängte Herz hinein!

Damals waren überall noch Wiesen, wo jetzt Häuser stehen; auf allen Wiesen gingen weidende Herden, und auch der Mond war ein Schäfer. Das war, als die Mütter noch sangen.

> Wer hat die schönsten Schäfchen?
> Die hat der goldne Mond,
> Der hinter unsern Bäumen, Bäumen,
> Am Himmel droben wohnt.

Und bei dem »Bäumen-Bäumen« hörte Asmus eine Wiege gehn und sah er ein Händchen nach den Schäflein des Mondes greifen. Das Kind tastete noch auf dem Deckkissen nach den Schäflein, als es schon schlief, und die Leute traten fröstelnd ins Haus zurück, und es war Nacht. Asmus stand wieder allein und schaute über Felder und Äcker hinaus nach anderen Äckern, wo ihm Freund und Bruder lagen.

> Ein getreues Herze wissen
> Hat des höchsten Schatzes Preis;
> Der ist selig zu begrüßen,
> Der ein solches Kleinod weiß.
> Mir ist wohl bei höchstem Schmerz;
> Denn ich weiß ein treues Herz.

Wußte er solch ein Herz? Er hatte Eltern und Geschwister; aber das war angeborener Besitz, kein erworbener. Ein Mensch muß ein erworbenes Herz wissen, sonst ist er dennoch einsam. Eines hatte er gewußt; aber das war tot. Gewiß: es waren ihm manche Herzen freundlich gesinnt; aber:

> Ein getreues Herz hilft streiten
> Wider alles, was ist feind.

solch ein Herz war nicht darunter. Ja, wenn die schlanke, braune Hilde Chavonne – – ach, die stand hoch über menschlichen Wünschen. Da hörte er hinter einer Wand von dreizehn Jahren eine holde Jugendweise:

> Der beste Freund ist in dem Himmel,
> Auf Erden sind nicht Freunde viel,
> Und in dem falschen Weltgetümmel
> Ist Redlichkeit oft auf dem Spiel.
> Drum hab' ich's immer so gemeint:
> Im Himmel ist der beste Freund.

Er sah die Dorfschule, in der er gesessen, sah seinen ersten Lehrer, wie er die Geige unter den braunen Bart schob, sah sich selbst als siebenjährigen Knaben, wie er das Lied sang und dabei mit staunenden Augen auf die Geige wie auf ein Wunder starrte. Was das Lied versicherte, glaubte er ja nicht. Er glaubte, daß es auf dieser Erde nie Größeres und Schöneres gegeben habe als Jesus von Nazareth; aber er glaubte nicht an seine Göttlichkeit; er glaubte überhaupt an keinen »Freund im Himmel«. Aber an dies Lied glaubte er und an den Glauben seines Sängers. Denn einen ebensolchen Glauben hatte er ja selbst, nicht denselben Glauben, aber einen ebensolchen. Und er hatte den Freund, den besten Freund: nicht Jesus hieß er – er hatte keinen Namen – nicht im Himmel war er – er war überall. Er sehnte sich nach einem menschlichen Freunde; aber den großen, übermenschlichen Freund hatte er längst, hatte er immer. Wer hätte ihn sonst ermuntert und erquickt in seinen Kämpfen, ihm über die Schulter so freundlich zugeflüstert in seinen Mühen und Sorgen: »Halt aus, du siegst!?« Dies treue Lied hatte grüne Tage seiner Kindheit umklungen, darum war es ihm ewig verknüpft mit allem Frühen und Morgendlichen, mit allem Keimen und Hoffen.

>»Dies Lied verkündete der Jugend muntre
> Spiele –«

wie dem lebenssatten Faust, so hätte ihm dieses Lied den Todesbecher mit Gewalt vom Munde gezogen.

>»Die Botschaft hör' ich wohl, allein mir
> fehlt der Glaube!«

so rief auch Faust, – aber doch zog ihn das Lied vom Tod ins Leben zurück.

Und die Nacht, die Asmus umgeben hatte, bei diesem Lied

aus Morgentagen hatte sie sich im Osten leise gelichtet. Und er sah, wie das weite Feld, in dem er noch immer stand, ein wundersames Leben erfüllte: er sah – undeutlich – menschliche Gestalten wie Nebelriesen um düstre Lagerfeuer liegen und stehen, hörte Stampfen und Klirren und sah Pferde den weißen Hauch in die Kühle des Herbstmorgens schnauben, und von einem fernen Lagerfeuer her hörte er ein Lied wie Sieges- und Todesgewißheit: Ein Morgen des Sieges wird kommen; aber wir werden ihn nicht mehr sehen.

> Erhebt euch von der Erde,
> Ihr Schläfer, aus der Ruh!
> Schon wiehern uns die Pferde
> Den guten Morgen zu.
> Die lieben Waffen glänzen
> So hell im Morgenrot;
> Man träumt von Siegeskränzen,
> Man denkt auch an den Tod. – –
>
> Ein Morgen soll noch kommen,
> Ein Morgen mild und klar;
> Sein harren alle Frommen,
> Ihn schaut der Engel Schar.
> Bald scheint er sonder Hülle
> Auf jeden deutschen Mann:
> O brich, du Tag der Fülle,
> Du Freiheitstag, brich an!

Diese Zeit des deutschen Leides, wie groß, wie heilig und rein mußte sie gewesen sein! Und als nun von einem Lagerfeuer die Stimme Meister Bruhns erklang:

»Nun, Semper, was wollen Sie uns denn heute vorspielen?« da schnellte Asmus hoch, schob die Geige unters Kinn und strich die Saiten mit Wucht und Sturm:

> Freiheit, die ich meine,
> Die mein Herz erfüllt,
> Komm mit deinem Scheine,
> Süßes Engelsbild!
>
> Magst du nie dich zeigen
> Der bedrängten Welt?
> Führest deinen Reigen
> Nur am Sternenzelt?

Asmus Semper betete. Er wollte die Freiheit vom Himmel herabbeten: aber er dachte unter Freiheit nicht nur die Erlösung von fremden und heimischen Tyrannen, von Pfaffen und Geldsäcken; er dachte unter Freiheit alles Große und Herrliche, das sehnenden Menschenseelen in künftigen Welten aufgehoben ist für jenen Tag, der kommen wird. Sein Geigenspiel war ein Gebet aus bebendem, glühendem Herzen, und jener Lederhändler, der die bei Tische nicht betenden Mitmenschen zu den »Öchslein und Eselein« stellte, würde seltsame Augen gemacht haben, wenn er in diesem Augenblick in das semperische Herz geblickt hätte.

Im deutschen Liede sah er das deutsche Land. Er hatte ja mit leiblichen Augen nichts davon gesehen als seine engere Heimat; aber – o, was für ein Land mußte das sein! Jahre, bevor er nach Amerika ging, war sein Bruder Johannes durch Deutschland und die Schweiz gewandert, hatte Briefe und Bilder von Burgen und Bergen und Trauben vom Rhein geschickt; aber das Schönste, was er dann mit nach Hause gebracht, war ein Lied gewesen, das Asmus damals noch nicht kannte.

> An der Saale hellem Strande
> Stehen Burgen stolz und kühn.
> Ihre Dächer sind zerfallen,
> Und der Wind streicht durch die Hallen;

> Wolken ziehen drüber hin.

Auch dieses Lied spielte Asmus; denn er hörte alles darin, was der Deutsche ist oder was er von Herzen gern sein möchte: tapfer und mild, erfindungsreich und träumerisch, zärtlich und gedankenvoll. Dies Lied kam aus einem Land voll großer Geschichte und tiefsinniger Sage, aus einem Land der singenden Wälder und klingenden Ströme. Daß man solch ein Land liebte – nicht, wie Mutter oder Bruder, nicht wie ein Mädchen – nein, mit einer Liebe, die es nur einmal gibt, die seltsam und ganz eigen ist – das war ja selbstverständlich. Daß man für ein Land, dem solche Lieder entblühen, freudig sterben kann, das war ihm selbstverständlich.

Gewiß waren andere Länder ebenso schön oder schöner; aber ein zweites Deutschland gab es dennoch nicht. Gewiß hatte kein Land solche Weihnachtslieder wie Deutschland. Da war ein Lied, das war klein und groß, wie eine deutsche Hütte, darin eine Mutter mit ihrem Kinde liegt. Da kommen die Töne behutsam herein auf leisesten Sohlen und knien wie Kinder vor der Wiege in stumm zitternder Seligkeit, und halten den Atem, halten den Schlag des Herzens an, das zerspringen will vor heiliger Erwartung, weil es das Kindlein sehen soll!

> Ihr Kinderlein kommet, o kommet doch all,
> Zur Krippe her kommet in Betlehems Stall
> Und seht, was in dieser hochheiligen
>   Nacht
> Der Vater im Himmel für Freude euch
>   macht!

»Das ist doch eigentlich ein ziemlich triviales Lied,« meinte der Seminarist Gärtner.

»Mein lieber Kärtner,« versetzte Meister Bruhn mit seinem mild-ironischen Lächeln, »mein lieber Kärtner, wenn ich das Lied k'macht hätte, denn kuckt' ich Sie karnicht an!«

»Das ist das feinste, lieblichste Weihnachtslied, das ich kenne!« rief Asmus begeistert.

»Ja, ja, mein lieber Semper, awer solche Sachen macht man heutz'tache nich mehr.«

»Warum nicht?« forschte Asmus begierig.

»Weil man den Klauben haben muß, um so was machen zu können; die jetz'che Zeit hat awer keinen Klauben mehr.«

»O!« machte Semper.

»Ja ja, lieber Freund, Se können's mir klauben. In einer Zeit, wo David Friedrich Strauß herrscht, da macht man solche Lieder nich.«

»Haben Sie Strauß gelesen?« rief Asmus.

»Nee, nee!« rief Bruhn ängstlich und flüchtete sich in die Musik, indem er auf dem »Klafier« zu präludieren begann.

»Ja, David Strauß ist mein Mann!« rief Asmus.

Bruhn sah ihn erschrocken von der Seite an und präludierte ängstlicher.

»Aber darum hab' ich doch all diese herrlichen Lieder gern, auch die frommen, die wunderschönen Choräle, z. B. »Befiehl du deine Wege« und »Ein feste Burg« und »Wachet auf, ruft uns die Stimme« und »In allen meinen Taten« und »Allein Gott in der Höh' sei Ehr'«. Er hätte noch lange fortfahren können; aber Bruhn starrte ihn immer hilfloser an und spielte jetzt bereits `forte`. Aber dann brach er ab.

»Nee, lieber Semper, es ist so,« sprach er, »wenn der kalte, mathemat'sche Verstand dazukommt, denn is es mit'm Klauben und mit der Kunst vorbei.«

»Das wäre ja schrecklich!« rief Asmus. »Aber es ist ja gar nicht so! Der Verstand ist ja gar nicht kalt! Und die Mathematik ebensowenig!« Er mußte an die Stunden denken, da er zu Hause über mathematischen Aufgaben gesessen hatte. Aufgesprungen war er oft, durchs Zimmer war er getanzt und den Fensterpfosten hatte er umarmt, so wohl und warm war ihm gewesen. Eine warme, fröhliche Sonnenklarheit war um ihn her gewesen!

Er wurde immer eifriger, und er suchte nach Worten; denn was er meinte, war schwer zu sagen. Plötzlich kam ihm ein rettender Gedanke.

»Das ist, wie ich es mal in einem Theater gesehen habe!« rief er. »Da gingen immer neue Vorhänge hoch, immer einer nach dem andern, und es wurde immer heller, und jedesmal bekam man Neues zu sehen, und das Neue bildete mit dem Alten zusammen immer schönere Bilder. Nur daß es auf dem Theater ein Ende hatte; in der Welt hat es kein Ende.«

Bruhn, der sich inzwischen wieder in ein `forte fortissimo` hineingespielt hatte, brach wiederum ab und sah den Jüngling lange mit forschenden Blicken an. Dann sagte er: »Nu' ja, es mag ja sein – aber nu müssen wir weiter.« Und der Unterricht nahm seinen Fortgang.

Auf dem ganzen Heimweg verließ ihn das Problem nicht. Das hatte er nun so oft gehört: ein ungehemmter, schrankenloser Gebrauch des Verstandes vernichte die Blüten des Herzens. Und immer hatte ihn diese Behauptung gequält, geschmerzt, geärgert, ja erzürnt; denn er hatte das Gegenteil erfahren. Je mehr sich sein Wissen und sein Gedankenkreis erweitert hatten, ein desto heißeres Glühen hatte sich in seiner Brust entzündet. Wie, weil man alte

Irrtümer und alte Dogmen überwand und abtat, deshalb sollte das Herz veröden? Nein, und tausendmal nein! Gedanken können Gedanken töten, niemals aber unsterbliche Lieder und Gestalten. Und selbst wenn die Lieder und Träume vergangener Zeiten erfrieren müßten in der kalten Gipfelluft verwegenster Gedanken, das Herz wird immer wieder blühen, sonst wär' es kein Herz. Aber sie erfrieren nicht, die alten Blüten und Früchte! Wie innig liebte er diese alten, frommen Lieder mit ihrer lieblichen Einfalt, ihrem rührenden Vertrauen, ihrem seligen Frieden. Warum sollte er sie nicht lieben? Der Glaube vergangener Jahrzehnte und Jahrhunderte war so schön und so köstlich wie aller Glaube kommender Zeiten, weil er Glaube war. Warum sollte er ihn nicht lieben?

Durch ein anderes Erlebnis sollte seine Überzeugung bald darauf eine tiefe Befestigung erfahren.

XXIX. Kapitel.

Asmus hört eine feierliche Messe und zieht mit den Juden durch die Wüste, und Rebekka Semper hält Kant für überflüssig.

Doch im letzten Seminarjahr bekam Asmus einen anderen Direktor; Dr. Korn war zum Schulrat ernannt worden – »ich habe mich nie um ein Amt beworben,« konnte er mit Stolz in seiner Abschiedsrede sagen – und an seine Stelle war Herr Murow getreten, ein breiter, hünenhafter Mann und liberaler Theologe, der in seiner Antrittsrede seine Heimat sehr deutlich verriet, als er erklärte, daß »das Wark des Lahrers nur jäde–ihen könne, wenn das Harz dabei wäre.«

Murow und Semper waren nach wenigen Wochen Freunde, und eines Morgens winkte der Direktor den Jüngling mit heimlichem Lächeln auf die Seite.

»Hier hab' ich 'n Konzartbillet – Missa solemnis von Cherubini – sahr jute Musik – haben Sie Lust?« Und er reichte ihm die Karte hin.

Ob Asmus Lust hatte! Er wußte gar nicht, was er sagen sollte, und stammelte etwas hervor, was ein Dank sein sollte.

Am Abend saß er in der Petrikirche in Hamburg, auf einem Platze, wo er weder Sänger, noch Orgel, noch Orchester sehen konnte. Das war's, was er brauchte. Denn seine Musik kam von andern Orten her, als dorther, wo sie erzeugt wurde. Sein Theater und sein Konzert war immer noch anderswo als auf der Bühne und auf dem Podium – über einem Baumwipfel des Hintergrundes, in einem Winkel des Saales, im Lichtkreis einer einsamen Lampe sah er weit hinter dem Geschehen der Bühne, hörte er hoch über den Klängen der Musik Erlebtes und – nie Erlebtes, fühlte er ein Leben – ach, das man nur in solchen Stunden erleben kann, das man nie in Wirklichkeit erleben wird. Wo, in welchen nie geahnten Kammern seiner Seele hatten diese Bilder geschlummert, die für Sekunden erwachten und dann verschwanden, um niemals wieder zu erscheinen? Waren es Erinnerungen aus einem vergangenen Leben – Ahnungen eines künftigen Seins? War es das Unentwickelte, Unerwachte, das in der Welt ist und das aus dem Traume sprach? .....

Und es kam ein Orgelbrausen und ein Frauengesang, der ging über alle Winkel und Lichter der Kirchenhalle hinaus, das war ein Strom, für den die Gewölbe des Hauses zu niedrig waren; wie ein ungeheurer Flammenstrom fuhr er durch alle Schranken von Stein und Erz hinauf in den unendlichen Himmel. Da betete Asmus Semper abermals. Er betete, daß er einst, wenn er wirklich ein Dichter werde, eine Dichtung schaffen wolle, deren Held ein König des Verstandes sein solle. Vor der klaren Schärfe seines Verstandes sollte verjährter Wahn und Glaube zergehen wie Nebel vor der Sonne. Und die Menge sollte ihn hassen, verfolgen, ihn steinigen, weil er ihre Welt entgöttert habe. Und das würde das tragische Schicksal dieses Zertrümmerers sein: die andern würden nicht wissen, nicht ahnen, daß er ein Mensch war, der beim Klingen einer Quelle lachen und weinen konnte, daß seine Brust ein Dom war, der von tausend Orgel- und Engelstimmen klang und hinter dessen bunten Fenstern alle süßen Farben und alle heiligen Dämmerungen des Lebens wohnten; niemand sollte es verstehen, daß er das zarteste Herz von allen besaß.

Als Asmus unter einem klaren, sternenreichen Winterhimmel nach Hause ging, war er sich klar darüber, daß es nichts sei mit Meister Bruhns Anschauungen über Verstand und Gemüt. Aber trotz dieser und noch weit größer Meinungsverschiedenheiten schauten sie einander doch mit Freundschaft und Liebe in die Augen an jenen wahren Sonnabenden, da die Sonne des Abends aufs Klavier schien und der Meister zu Asmussens Geige die Begleitung spielte oder – die strenge Pflicht auf eine Weile vergessend – ganz von selbst in einen Beethoven oder Bach überging.

Der Weg nach Hause führte Asmus regelmäßig durch einen Stadtteil, der stark, wenn nicht vorwiegend von Juden bewohnt war, und wenn er nun von den sonnabendlichen Feierstunden bei Meister Bruhn heimkehrte, paßte es immer sonderlich gut zu seiner Stimmung, wenn ihm die Juden in Festtagskleidung begegneten und in ihrem Gang und ihren Mienen den Sabbath erkennen ließen. Er fand es schön, den Feiertag am Abend zu beginnen mit dem Blick in ein heiliges »Morgen«; auch sein Sonntag begann immer am Samstagabend, begann oft schon in der Musikstunde, wenn er deutsche Lieder hörte, begann manchmal schon mit der Vorfreude auf diese Stunde. Aber nicht fand er es schön, wie es die Juden taten, den Feiertag auch am Abend mit Sonnenuntergang zu beschließen. Er wenigstens konnte aus den heiligen Geheimnissen des Sabbats nicht zurückfinden in den Alltag, wenn nicht ein langer, tiefer Schlaf dazwischen lag. Immer und immer riefen ihm diese festlich gekleideten Juden die Kindheit zurück, die unvergeßliche Zeit, da er mitten im verschneiten Winter das sonnige Land Abrahams gesehen und mit Elieser um Rebekka geworben hatte, am Brunnen der Stadt Nahors. Wenn er sie aber gar am Laubhüttenfest mit dem Paradiesapfel und mit Myrten, Palmen und Weiden nach der Synagoge wandeln sah, dann verwandelte sich der Weg nach Oldensund in die vierzigjährige Wüstenwanderung vom bitteren Wasser zu Mara und der Oase Elim bis zu dem Tage, da Jericho fiel unterm Hall der Posaunen, dann sah er die ährensammelnde Ruth auf dem Acker des Boas und sah die Harfe Israels hangen an den Weiden Babylons.

Schön wie die Kindheit war nun nach allen Sorgen und

Kämpfen die Zeit des Seminarbesuchs geworden, als sie sich ihrem Ende zuneigte. Ludwig Sempers Verdienst hatte sich ein wenig erhöht; Asmussens Stipendium war auf zweihundertundvierzig Mark im Jahre gestiegen; ein paar gute Privatstunden taten ein übriges, eine Zeitschrift hatte ein paar Gedichte von Asmus Semper angenommen, und aus Amerika kamen gute Nachrichten.

Aber unter alledem war noch nicht das Beste. Das, was die ganze Welt so heilig und schön machte, war das Studium. Nicht das Studium fürs Seminar; bei dem war immer noch nicht viel Freude zu holen. Nein, das Studium, das niemand von ihm verlangte als er selbst. Und darum war der Sonnabend so unaussprechlich schön, weil er nun den ganzen Sonntag über studieren konnte, was er wollte. Freilich hatte Frau Rebekka ihre Bedenken. Das Examen nahte wieder heran, und ob Kant und Spinoza und Gedichtemachen und Hamletdeklamieren dazu nötig sei, darüber hegte sie schüchterne Zweifel. Sie gab diesen Zweifeln auch Ausdruck und meinte, ob er sich nicht zu sehr zersplittere.

»Ich hab' da neulich in so'n Buch von Kant hineingeguckt, – das ist ja'n fürchterlicher Schnack; daraus wird ja kein Deubel klug.«

»Ja, mitunter ist es sehr schwer,« sagte Asmus.

»Ja, ist denn das notwendig, daß du das lernst?«

»Ja, Mutter, das ist sehr notwendig.«

»Wenigstens solltest du das Dichten aufschieben, bis du mehr Zeit hast, das strengt dich doch auch an.«

»Na ja, wenn es mich anstrengt, werd ich es aufgeben«, versicherte Asmus und lächelte nach innen.

XXX. Kapitel.

Das unlesbarste Kapitel des ganzen Buches: Asmus prügelt sich mit Kant und Spinoza und verrenkt sich mehrere Hüften.

»Jung, du verschmierst ja all die schönen Bücher!« rief Frau Rebekka eines anderen Tages erschrocken, als sie ihm über die Schulter in die »Kritik der reinen Vernunft« hineinblickte.

Ja, das tat er freilich. Wenn er ein Buch wirklich las, so durchackerte er es mit dem Bleistift und warf jede Scholle herum und erquickte sich an dem frischen Ackerduft, der dann emporstieg; alle Bedenken, alle Zweifel, alle Widersprüche, die ihm aufstiegen, schrieb er an den Rand, und das gab einen wunderlichen Buchschmuck. Gar oft ging es ihm wie seinem geliebten Faust:

>»Hier stock ich schon und kann nicht weiter fort;
>Ich kann das Wort so hoch unmöglich schätzen,
>Ich muß es anders übersetzen,
>Wenn ich vom Geiste recht erleuchtet bin ...«

und das war immer der schlimmste Zweifel: ob er vom Geiste recht erleuchtet war. Er balgte sich mit dem dürren Königsberger Männchen wie wahnsinnig; aber er wußte wohl, daß er mit einem Gottessohne rang wie Jakob an der Stätte Pniel, und daß man sich dabei die Hüfte verrenken konnte. Er verrenkte sie sich mehr als einmal und mußte manchmal einsehen, daß er nur deshalb widersprochen hatte, weil er nicht richtig verstanden hatte; das beschämte ihn wohl, aber hielt ihn von immer erneutem Ringen nicht ab. Nichts lag ihm ferner als Überhebung; seine Pietät gegen das Genie war eher zu groß als zu klein, und selbst solche Sätze wie:

»Aber hierin liegt eben das Experiment einer Gegenprobe der Wahrheit des Resultats jener ersten Würdigung unserer Vernunfterkenntnis a priori«

konnten in ihm nicht den Verdacht erwecken, daß es dem »Alleszermalmer« denn doch wohl hin und wieder recht sehr an der Fähigkeit gemangelt habe, seine Gedanken gut und klar zum Ausdruck zu bringen. Es war einige Jahre später, daß er bei Schopenhauer an den Rand schrieb: Ach, hätte doch der Kant so schreiben können wie der Schopenhauer! Selbst, wo er für den Augenblick das sichere Gefühl hatte, gegen Kant oder Spinoza im Recht zu sein, zweifelte er nicht, daß ein späterer Tag ihm die Einsicht seines Irrtums bringen werde. Einstweilen war er überzeugt – und er blieb es auch später – daß der Monismus Spinozas kein Monismus sei; der Parallelismus von Bewegungs- und Bewußtseinsvorgängen war nur ein umschriebener Dualismus. Denn warum und wozu war diese Maschine »Mensch« so gebaut, daß ihr derselbe Vorgang als »Ausdehnung« und »Denken« erschien? Der Dualismus war in den Menschen verlegt – das war alles. Und Körper und Seele aus der Welt schaffen, indem man sie einfach als Attribute einer Substanz auffasste – was war damit getan? Das Verfahren konnte man bei jedem unbequemen Gegensatze anwenden, und die »Substanz« war wie »das Ding an sich« ein Nichts, aus dem man alles machen konnte.

Sein Denken wurzelte fest im Empirischen, und so gern seine Seele ihr Haupt in transzendenten Lüften wiegte – ihren Boden wollte sie nicht ohne Not verlassen. So hatte er die Ideenlehre Platos wunderschön gefunden; aber sogleich hatte er sich gesagt: das ist Dichtung, ist Glaube, nicht Erkennen.

Gegen den strengen Gedanken von der Notwendigkeit alles Geschehens, dem der Mann sich unterwarf, lehnte der Jüngling sich auf. Sein die Arme reckender und streckender Wille verlangte nach Willensfreiheit, und doch schien ihm die transzendentale Willensfreiheit Kants nur eine Ausflucht. Gegen diesen Immanuel Kant, dessen Leben er mehr bewunderte als liebte, hatte er noch gar manches auf dem Herzen.

Da stand:

»daß alle unsere Erkenntnis mit der Erfahrung anfange, daran ist gar kein Zweifel; denn wodurch sollte das Erkenntnisvermögen sonst zur Ausübung erweckt werden, geschähe es nicht durch Gegenstände, die unsere Sinne assizieren ...«

und an anderer Stelle hieß es:

»Daß es nun dergleichen notwendige und im strengsten Sinne allgemeine, mithin reine Urteile a priori im menschlichen Erkenntnis wirklich gebe, ist leicht zu zeigen ...«

und wiederum:

»Von den Erkenntnissen a priori heißen aber diejenigen rein, denen gar nichts Empirisches beigemischt ist ...«

War das nicht unreimbarer Widerspruch? Und wenn es

dann gar hieß:

> »So ist z. B. der Satz: eine jede Veränderung hat ihre Ursache, ein Satz a priori, allein nicht rein, weil Veränderung ein Begriff ist, der nur aus der Erfahrung gezogen werden kann«.

Was sollte man dazu sagen? Der Begriff der Ursache war entweder genau so gut aus der Erfahrung gezogen wie der der Veränderung oder sie waren beide gleich »rein«. Unzweifelhaft hatten sie aber beide »empirische Beimischung«. Und was sollte es heißen, wenn nun Kant als ein Beispiel für »dergleichen notwendige und im strengsten Sinne allgemeine, mithin reine Urteile a priori« die Mathematik aufführte? Die Mathematik war doch menschlich konstruierte Realität, nicht von der Natur gegeben, wie Kant in der Einleitung an dem »ersten Demonstrator des gleichschenkligen Dreiecks« selbst zugegeben hatte. So waren die Sätze der Mathematik zwar allgemein und notwendig (daß das zweierlei sei, wollte Sempern auch nicht in den Sinn); aber sie waren auch für die Erkenntnis des Weltwesens vollkommen wertlos, wenn man sich nicht zu den Pythagoreern gesellte. Und was sollte man endlich gar dazu sagen, wenn Kant, ganz im Widerspruch zu dem Vorhergehenden, fortfuhr:

> »will man ein Beispiel aus dem gemeinsten Verstandesgebrauche, so kann der Satz, daß alle Veränderung eine Ursache haben müsse, dazu dienen ...«

und dann gegen Hume polemisierte, der diesen Satz

> »von einer öfteren Beigesellung dessen, was geschieht, mit dem, was vorhergeht, und einer daraus entspringenden Gewohnheit, Vorstellungen zu verknüpfen, ableiten wollte.«

Asmus hielt es ganz entschieden mit Hume und war der

Überzeugung, daß jedes Naturgesetz der empirischen Wissenschaften genau so »allgemein und notwendig, mithin rein a priori« oder genau so bloß komparativ allgemein und a posteriori sei wie der Satz von der Veränderung und ihrer Ursache.

Ach, schon diese Einteilung der Urteile in analytische und synthetische! Asmussens Bleistift wurde temperamentvoll und machte schwungvolle Fragezeichen und wuchtige Ausrufungszeichen! Warum sollte denn das Urteil »Alle Körper sind ausgedehnt« analytisch und dagegen das andere »Alle Körper sind schwer« synthetisch sein? Das Merkmal der Schwere war doch für den Körper genau so wesentlich wie das der Ausdehnung und war also genau so gut wie dieses im Begriff des Körpers schon gegeben! Wieso bedurfte es da der Synthese? Und gesetzt: man entdeckte ein wesentliches Merkmal eines Begriffes, das man bisher nicht gekannt hatte, so konnte man im Augenblick der Entdeckung allenfalls von einer »Synthese« sprechen und konnte das neue Urteil ein synthetisches nennen; aber sobald man wußte, daß das neue Merkmal zum Wesen des Begriffes gehöre, war es doch auch mit diesem Begriff gegeben, und das Urteil war so »analytisch« wie irgend ein anderes. O, wenn Asmus damals gewußt hätte, daß auch andere Leute, und zwar höchst gelehrte und gescheite Männer diese Unterscheidung für verworren und zwecklos hielten! So aber sagte er sich: »Daß Kant so unklar gedacht habe, ist ausgeschlossen; also tappe ich im Dunkeln, also ist mit dieser Unterscheidung noch etwas andres gemeint, das ich nicht verstehe« – und das setzte ihm zu mit harter Pein.

Und endlich dieses berühmte »Ding an sich«. Man könne es nicht erkennen, hieß es. Aber es »affizierte« uns durch Erscheinungen, stand also in Beziehung zu uns, machte uns Mitteilungen! Wozu machte es uns diese Mitteilungen? Nur um uns zu foppen? Dann war freilich alles Denken und

Leben Unfug. Oder verrieten uns diese Mitteilungen, wie es jede Mitteilung tut, etwas vom Wesen des Mitteilenden? Doch wohl; Kant verwahrte sich ja auch selbst dagegen, daß man die »Erscheinung« als »Schein« verstehe. Warum nun affizierte uns das Ding an sich so, wie es uns affiziert, und nicht anders. Es mußte zu seinem Wesen gehören, uns so zu affizieren und nicht anders. Dann aber wußten wir etwas von seinem Wesen, und wenn wir etwas wußten, warum sollten wir dann nicht mehr wissen können? »Hier ist ein Wirbel«, sagte sich Asmus. Sein Bleistift fragte in aller Bescheidenheit: Was nötigt uns, hinter der »schönen grünen Weide« der Erscheinungen ein unerkennbares Ding an sich anzunehmen, und wer hat etwas von diesem Ding an sich? Die Beschränktheit menschlicher Erkenntnis leuchtet auch so ein. Daß wir nicht Zentrum der Welt sind, daß der Mensch, der kleine Fußsoldat, unmöglich den Plan kennen kann, nach dem der »Herr der Heerscharen« die Weltenschlacht schlagen läßt, – das wissen wir seit Kopernikus auch so. Also warum soll der Pfahl, an dem ich mir die Nase blutig stoße, durchaus Erscheinung und nicht Ding an sich sein? Und warum setzen wir diese Skepsis nicht ins Grenzenlose fort? Es setzte Sempern in großes Erstaunen, als er las:

»Was es für eine Bewandtnis mit den Gegenständen an sich ... haben möge, bleibt uns gänzlich unbekannt. Wir kennen nichts als unsere Art, sie wahrzunehmen, die uns eigentümlich ist, die auch nicht notwendig jedem Wesen, obzwar jedem Menschen zukommen muß.«

Das »obzwar jedem Menschen« war es, was ihn in Staunen versetzte.

»Wirklich?« schrieb er an den Rand. »Könnte der Welturheber den Spaß dieses Sommernachtstraumes nicht noch weiter ausgedehnt haben und die Menschen

Verschiedenes wahrnehmen lassen, wenn sie dasselbe nennen, und Verschiedenes nennen lassen, wenn sie dasselbe wahrnehmen?« Und er hatte eine herzliche Freude, als er später las, daß Fichte den kantischen Zweifel an der Dinglichkeit der Erscheinungswelt zu Ende geführt, das Ding an sich als widersinnig verworfen und erklärt habe: Außer mir gibt es nur Vorstellungen und sonst nichts. Mit einem wunderschön weichen, tiefschwarzen Bleistift schrieb Asmus in Riesenbuchstaben dazu:

»Gott sei Dank!! Das ist wenigstens konsequent!!«

XXXI. Kapitel.

Der Mensch ist ein fliegender Holländer, und Asmus bekommt das Lampenfieber.

In diesen Sonntagsstudien gab es Minuten, Stunden, Tage der Klarheit, die er für nichts auf der Welt dahingegeben hätte.

»Das ist ein Augenblick der Seligkeit,
Wenn uns ein weltbeleuchtender Gedanke
Das Hirn durchzuckt und so die Seele
  faßt,
Daß sie durchbrochen wähnt des
  Denkens Schranke!

Da wähnt das Aug, es sähe groß und klar
Den Geist des Alls durch Erd' und
  Himmel wandeln;
Aufatmend spricht das Herz: Ich bin

getrost;
Fest ruht fortan mein Fühlen und mein Handeln.«

Aber oft währte die Klarheit nicht von einem Sonntag zum andern, manchmal nicht von einer Minute zur andern. Stellt ein Glas voll reinsten Quellwassers hin, das durchsichtiger ist als Kristall – mit jeder Stunde schwindet von selbst seine Klarheit dahin. Hängt einen Spiegel auf so rein und eben, wie ihr ihn finden mögt – in wenig Stund wird er sich trüben vom Anhauch des Lebens.

»Gewißheit – schöner Wahn des Augenblicks!
Bald wieder wird der alte Zweifel nagen;
Der feste Boden weicht – dir schwindelt – weit
Ins öde Meer hinaus wirst du verschlagen.

Dem Schiffer gleich fährst du auf hohem Meer
In Nacht und Sturm durch lange, düstre Jahre,
Bis endlich deinem Fuß das Schicksal gönnt,
Daß er der Heimat festen Grund gewahre.
Doch kurz ist deine Rast! Von neuem bläht
Der Wind am hohen Mast die weißen Linnen:
Kaum hast du noch des Ufers Sand geküßt,
So jagt des Zweifels Qual dich neu von hinnen.«

In einem ganz eigenen Sinne tauchte ihm die Geschichte von Herkules wieder auf, der die Hydra schlug. Wenn man triumphierend einem Zweifel den Kopf abschlug, so wuchsen zwei wieder aus dem Rumpf hervor. Und eine sonderbare Beobachtung glaubte er zu machen. Wenn er sich einer Wahrheit recht nah fühlte und ihr nun mit starrenden Augen immer näher auf den Leib rückte, dann sah er förmlich, wie sie plötzlich zurückwich und dichte Nebelschleier um sich schlug, wie ein Weib, das nicht gesehen sein wollte! Noch eben jetzt hatte er sie klar zu sehen vermeint, und plötzlich stand er in lauter Nebeln. Und seltsam: weibliche Gestalten mischten sich jetzt so oft in seine Vorstellungen und Gedanken; ja, es war, als hätten diese Gedanken und Vorstellungen selbst etwas von weiblichem Wesen und weiblichem Reiz, und alles, was er suchte, suchte er mit unerklärlicher leiser Wonne und mit leisem Schmerz. Auf dem Wege zum Seminar gab es Läden, in denen Bilder von weiblichen Schönheiten in halber oder nahezu ganzer Enthüllung ausgestellt waren. Vier Jahre lang und darüber war er an diesen Läden ohne jegliches Interesse vorübergegangen; seit einiger Zeit sah er diese Bilder mit anderen Augen an, und er verweilte mit seiner Betrachtung auch bei solchen, von denen er sich sagen konnte, daß sie nicht gerade in künstlerischer und überhaupt nicht in der allerbesten Absicht dorthin gelegt seien. Und als er in dieser Zeit von der höchsten Galerie des Theaters den »Lohengrin« hörte und als Elsa mit wundersüßer Stimme und ergreifendem Glauben sang:

>»Kehr' bei mir ein! Laß mich dich lehren,
>Wie süß die Wonne reinster Treu!
>Laß zu dem Glauben dich bekehren:
>Es gibt ein Glück, das ohne Reu!«

da brach in seiner Brust ein Damm von einer langgestauten

Flut, da entstürzten Tränen seinen Augen; denn sie hatte nicht nur die holde Schönheit weiblichen Wesens, hatte nicht nur das Glück der Liebe gesungen; sie hatte von allem Triumphe alles Hohen gesungen; sie hatte ihm gesungen: Es gibt ein Wissen ohne Trug, es gibt ein Leben ohne Haß, es gibt eine Welt ohne Leid.

Und wenn er auch jenen Versen die Überschrift »Menschenlos« gegeben und wenn er sie auch mit den verzweifelten Worten gekrönt hatte:

>»Und dies bleibt immer deines Denkens
>   Los:
> Wenn dich ein Strahl aus höchstem
>   Himmel grüßte,
> Er bleibt nicht dein; er schwindet hin in
>   Nacht,
> Wie die Morgana schwindet in der
>   Wüste.«

so war es ihm damit nur auf Stunden ernst, und es war darin ein gut Teil von jenem wunderlichen Komödiantentum der Jugend, das sich bei roten Wangen in düsteren Gebärden gefällt und nicht nur die Ansprüche, sondern auch die Resignation der reifen Jahre vorwegzunehmen liebt. Hatte er doch auch gesungen:

>»Dich hieß ich wie kein andres Weib
>   willkommen;
> Laut schlug mein Herz – du hast es nicht
>   vernommen.«

und hatte dabei an Hilde Chavonne gedacht und war doch um so weniger berechtigt, dem guten Mädchen daraus einen Vorwurf zu machen, als er selbst nicht genau wußte, ob sein Herz für Hilde oder für das Weib im allgemeinen schlug.

Nein, mochten seine »Gewißheiten« zuweilen nur ein Minutenleben haben, seine Niedergeschlagenheiten lebten meistens nur Sekunden; auf dem Grunde seiner Natur mußte eine Feder sein, die mit unversiegbarer Kraft wieder emporschnellte, wenn der schwerste Druck nur einen Augenblick nachließ. Die Absolutheit der Sittengesetze, der doch die menschliche Schwäche in diesem Leben nicht genügen konnte, erforderte nach Kant die Unsterblichkeit der Seele. Dann war also auch das Leben nach dem Tode ein Entwicklungsgang; denn es hätte keinen Sinn, wenn wir aus dem Tode einfach als vollkommene Wesen erwachten. Und wenn die Unbefriedigung unseres Gewissens ein künftiges Leben verlangte, so verlangte die immer strebende Unbefriedigung des Geistes ein Gleiches. Wo Fortschritt der Sittlichkeit möglich war, da mußte auch Fortschritt der Erkenntnis möglich sein, und wenn in einem künftigen Leben, so auch im gegenwärtigen.

Und er glaubte an den Fortschritt mit aller Gewalt seiner sehnenden Seele; er glaubte nicht an die ewig gleich geartete Seligkeit des Kirchenhimmels; er konnte sie sich nicht vorstellen; aber er glaubte an die ewig wachsende Seligkeit des Werdens und sich Vollendens; die begriff er, die hatte er in Stunden unnennbarer Weihe selber gefühlt. Und in wenigen Monaten sollte er nun ein Führer werden auf solchen Wegen des Werdens, sollte sich ihm ein Beruf auftun, der ihn Hunderte, Tausende von jungen Seelen die rechten Wege zur Vervollkommnung weisen hieß. Er ein Führer! Er, der es wußte, wie sehr er selbst noch der Führung bedurfte! Wenn er an diese nahe Wendung dachte, wurde ihm, er wußte selbst nicht, wie. Eine hohe, berauschende Freude überlief ihn; aber gleich darauf überfiel ihn immer ein herzstockendes Bangen; es war wohl höhere Freude, aber auch tieferes Bangen als damals, da er vor der Klassentür gestanden und den erkrankten Herrn

Dohrmann hatte vertreten sollen. Denn er war reifer und klüger geworden und verstand tiefer als damals, um was es sich handle.

Bevor er jedoch diesen Beruf ergriff, lernte er schnell noch einen anderen kennen, nämlich den des Schauspielers.

XXXII. Kapitel.

Semper der Jüngling als Heldenvater und Liebhaber.

Kurz nach Weihnachten sollte wieder Konzert und Theater sein, und zwar sollte Gutzkows »Zopf und Schwert« gegeben werden. Obwohl Asmus im Seminar weder als Mime noch als Regisseur jemals irgend einen Posten bekleidet hatte, war man doch einstimmig der Meinung, daß er den König Friedrich Wilhelm I. geben und die Regie führen müsse. Man glaubte, Rezitieren und Komödie spielen sei dasselbe.

Die Proben im Musiksaal begannen, und Asmus stürzte sich mit Begeisterung in seinen neuen Beruf. Er hatte harte Arbeit; denn unter den Mitwirkenden gab es einige übertriebene Talentlosigkeiten. Da war einer, der die Prinzessin geben sollte, – denn auch die weiblichen Rollen mußten der Feuersicherheit wegen von Jünglingen gespielt werden, ein Zopf, den der neue Direktor im Jahre darauf mit einem Schwertstreich abhieb, – und dieser Prinzessinnendarsteller hatte offenbar beim Spielen das Gefühl, daß er mindestens acht Hände habe, von denen er dann immer zwei in die Hosentaschen steckte.

»Mensch,« rief Asmus, »bedenk doch, daß du als

Prinzessin nicht die Hände in die Hosentaschen stecken kannst!«

Und dann zog Lau, so hieß er, die Hände wieder heraus; aber beim nächsten Satze staken sie schon wieder drin. Asmus gab ihm endlich eine kleinere Rolle und dann eine noch kleinere; aber es half nichts; Laus starke Persönlichkeit brach sich durch jede Rolle Bahn; er war ein penetrantes Talent.

Aber es waren auch zweifellose Begabungen darunter, und im ganzen fühlte sich Asmus in dieser ganz ungewohnten Tätigkeit unbeschreiblich wohl. Er hätte seinen Zustand mit einem Champagnerrausch vergleichen können, wenn er die für diesen Vergleich erforderlichen Kenntnisse gehabt hätte. Als der Abend der Aufführung herangekommen war, ging es ihm genau wie Meister Bruhn: er war zwei Stunden vor Beginn zur Stelle und hatte nach zehn Minuten schon auf sämtlichen Stühlen gesessen, aber auf keinem länger als zwei Sekunden; er mußte gehen, gehen wie immer, wenn er erregt war, immer auf und ab, wie der Tiger des Zoologischen Gartens im Käfig. Dabei hatte er das Gefühl, daß er fest auftreten müsse, damit ihn nicht ein Lufthauch davontrage. Und wog doch gewiß seine 120 Pfund. Er war nervös wie ein sichernder Hirsch, der ein Knacken im Gezweig vernommen hat; aber es war eine wohlige, prickelnde Nervosität. Der König hat seinen ersten Auftritt hinter der Szene zu sprechen, und das war gut; denn wenn er an das Auditorium dachte, dann war es, als ob plötzlich etwas furchtbar Schweres furchtbar tief in seinen Leib hinunterfiele und ein Emporfliegen war dann nicht mehr zu fürchten.

Der Vorhang ging endlich auf, und schon nach den ersten Szenen war der Erfolg des ersten Aktes gesichert; denn der Darsteller der Königin hatte in der Erregung unter den königlichen Kleidern seine männlichen Dessous und seine Zugstiefeletten anbehalten, und das genügte für den 1. Akt. Jedesmal, wenn die hohe Frau sich setzte und ihr Reifrock sich hob, brauste ein Sturm des Entzückens durch das vollbesetzte Haus. Asmus lief wie besessen hinter der Szene auf und ab.

»Was hat das Publikum? Was hat das Publikum?« flüsterte er. Stelling, der hinter der ersten Kulisse stand, rief:

»Kneist hat die Stiefeletten anbehalten« und wollte bersten vor Lachen. Er konnte lachen; über dies schwere Unglück konnte er lachen. Asmus war außer sich, und als Ihre Majestät die Bühne verlassen hatte und ihm in den Wurf kam, da fluchte er wie ein altgedienter Oberregisseur.

»Eine Schlamperei ist das einfach, eine skandalöse Schlamperei!« flüsterte er; denn laut durfte er ja nicht werden; aber er flüsterte sehr vehement.

»Gott, was ist denn dabei?« versetzte Kneist, die Königin, mit bewundernswerter Ruhe. »Das Ganze ist doch nur 'n Spaß.« Das verschlug Asmussen die Rede allerdings gründlich. Gegen eine so bodenlos frivole Auffassung von der Kunst war er nicht gewappnet. Er war so verstört ob dieser Antwort, daß er fast seinen Auftritt versäumt hätte. Als er dann mit seinen Worten beim Publikum Heiterkeit erweckte, sagte er sich: Gott sei Dank, deinem Aussehen kann das nicht gelten; sie sehen dich ja gar nicht.

Aber auch als sie ihn sahen, hörten sie ihm freundlich und mit öfterem Lachen zu, und als er in der Szene des Tabakkollegiums zu den Worten gekommen war:

>»Die Kreaturen zittern? – Ich will allein sein.«

da war das Auditorium eine einzige Stille, und als er dann

im nächsten Akte wieder auftrat, bekam er einen großen Schreck; denn sie empfingen ihn mit stürmischem Händeklatschen. Ja, ein großer Schreck war es; aber es war der freudigste, den er empfangen hatte seit jenem Weihnachtabend, als er plötzlich vor dem Puppentheater, dem Geschenk seines Bruders Johannes, gestanden hatte. O ja, ja, es mußte herrlich sein, so jeden Abend, vom Beifall der Menge umbraust, auf der Bühne zu stehen! Der Beruf des Schauspielers war ihm immer in einem märchenhaften Glanze erschienen; jetzt war er tief davon überzeugt, daß es keinen freudenreicheren, verlockenderen gebe als ihn.

Er sollte auch für den Rest des Abends aus diesem kindlichen Wahne nicht aufgeschreckt werden. Murow, der Direktor, kam ihm mit beiden dargebotenen Händen entgegen und rief:

»Alle Watter, mein lieber Samper, harzlichen Glückwunsch! Sie sind ja der jäborne Haldenvater!«

»Na, dazu reicht doch wohl meine Länge nicht,« meinte Asmus zaghaft.

»Nu – es hat auch kleine Haldenväter jäjäben! Sie sind 'n Napoleon-Darstaller! Überhaupt, mein lieber Samper« – und dabei legte er seine mächtige Hand auf die Schulter des Jünglings – »Talant ersatzt jede Körperlänge.« Und mit behaglichem Lachen schritt er weiter, um auch den andern Darstellern freundliche Worte zu sagen; denn er war als preußischer Landtagsabgeordneter beim Reichskanzler und bei Hofe gewesen und verstand sich auf die Courtoisie eines Herrschers.

Als aber Asmus nun auf Flügeln des Triumphes weiter durch den Saal schritt, da erblickte er gar an einem Tische hinten im Winkel neben ihren Logisgebern Hilde Chavonne. Sie war also da! Sie hatte ihn spielen sehen! O, wenn er das gewußt hätte, dann hätte er noch ganz anders gespielt! Er bildete sich ein, daß er dann besser gespielt hätte; aber sehr wahrscheinlich würde er dann den Gamaschenkönig mit dem tanzenden Krückstock als Romeo gespielt haben. Er wußte noch immer nicht, ob er irgendein Mädchen auf der Welt »liebe«; er war noch ganz in jenem dunklen Vorstadium der Liebe, wo die Jünglinge den Jungfrauen im allgemeinen imponieren wollen und die Jungfrauen den Jünglingen im allgemeinen gefallen möchten. Dieser Hilde Chavonne zu imponieren, hielt er freilich für einen besonders berechtigten Ehrgeiz; denn sie war hübsch und vornehm und stellte hohe Ansprüche, die höchsten allerdings an sich selbst. Und dieser Asmus Semper, dieser unglaubliche Tölpel, merkte nichts, als ihm das Fräulein nun ein kleines Veilchenbukett, das sie im Haar getragen hatte, zum Geschenk machte und errötend hinzufügte: »Für den König!« Er nahm es für eine Ehre, der Dummkopf, für eine Ehre! Er freute sich unendlich über dieses Sträußchen; aber er hatte keine Ahnung davon, daß es eine hohe Gunst des Herzens ist, wenn ein Mädchen sich eines Blumenschmucks beraubt und ihn einem jungen Manne schenkt. So unheilbar beschränkt war er, daß er nicht einmal die Verstimmung merkte, die das Mädchen darüber empfand, daß seine Gabe nicht so aufgenommen wurde, wie sie es erwarten konnte. Du lieber Gott, was sollte Asmus von jungen Mädchen wissen! Seine beiden Schwestern waren schon bei fremden Leuten gewesen, als er noch auf dem Fußboden spielte und den hölzernen Schemel voll tausend Nägel schlug. Als größerer Knabe hatte er dann freilich öfters mit Mädchen gespielt, und jede, mit der er gespielt, hatte er auch geliebt, ja, jenes braune Kind, das er einst vor dem Wirtshause zwischen den Bahndämmen gefunden hatte, hatte er sogar mit schmerzlichem Sehnen geliebt; aber es war doch Kinderliebe gewesen. Und nun, als Präparand und Seminarist, hatte er fast ein mönchisches

Dasein geführt. Gewiß: er hatte Präparandinnen und Lehrerinnen gesehen und hatte alle diese Leonoren, Lauren und Beatricen selbstverständlich geliebt; aber keiner einzigen war er gesellschaftlich näher getreten. Die Damen des Lehrberufs haben meistens keine den Mann ermunternden Gewohnheiten, und für Asmus war nun vollends alles Weibliche eine unnahbare Welt. Die germanische Ehrfurcht vor dem Weibe lag ihm tief im Blut, und seine Armut machte diese Ehrfurcht zur Schüchternheit. Wenn er aus den Liebesromanen sah, daß zur Anbahnung eines Liebesverhältnisses eine längere Liebeserklärung gehöre, noch dazu eine im schwierigeren Periodenbau, auf den er sich sonst wohl verstand, dann sagte er sich: »Das wird mir nie gelingen, nie; ich werde wohl Junggeselle bleiben.«

Zum Glück hatte Hilde Chavonne kein Gänseherz, sondern ein ganz echtes großes Mädchenherz, und so vergaß sie bald ihre Verstimmung und unterhielt sich mit Asmussen so lebhaft und gutherzig wie immer.

»Wissen Sie, was Sie von den andern unterschied?« sagte sie.

»Nun?«

»Sie spielten immer, auch wenn Sie nichts zu sprechen hatten; die andern spielten nur, während sie sprachen. Auch wenn Sie kein Glied rührten, sah man, daß Sie ununterbrochen mit der Handlung gingen. Ja, sogar, wenn Sie dem Publikum den Rücken kehrten, sah man, daß Sie innerlich spielten. Ich habe einmal von »durchsichtigen Schauspielern« gehört. Das Wort trifft auf Sie zu.«

Asmus war so glücklich, daß er nur eine ganz banale Bescheidenheitsphrase stottern konnte. Er war glücklich wegen der »Ehre«. Daß sie ihn sehr genau und sehr andauernd beobachtet haben müsse, darauf verfiel er nicht. Als sie noch sprachen, kam eilends ein Seminarist auf Sempern zu. »Du möchtest mal zu Herrn Doktor Kieselberg kommen.«

Doktor Kieselberg hatte den Literaturunterricht; bei ihm hatte Semper die längsten und schönsten Sachen rezitiert.

»Hören Sie, lieber Semper, wenn es Ihnen recht ist, schreib' ich über Sie an Cheri Maurice. Maurice muß Sie kennen lernen. Sie müssen für die Bühne gerettet werden. Die Jungens unterrichten, das können schließlich viele andere Leute auch. Aber so spielen, das können nicht viele. Also soll ich ihm schreiben?«

»Wenn Sie die Güte haben wollen, dann bitte ich darum.«

»Gut. Meine Frau läßt Sie bitten, morgen mit uns zu speisen. Zwei Uhr, bitte. Sind Sie noch frei?«

Du lieber Gott! Ob er noch frei war! Für sämtliche Mittage seines Lebens war er noch frei.

Also Schauspieler! Bei der bekannten Geschwindigkeit, mit der er seine Schlösser baute, spielte er schon im nächsten Augenblick den »Faust« auf der Bühne des Wiener Burgtheaters. Und bei einem seiner Lehrer eingeladen zum Essen! Was konnte das Leben einem noch mehr bieten! Er schwamm in der vollen, naiven Freude eines ersten öffentlichen Erfolges. Ihm war, als ob alle Menschen aller Länder ihm hold gesinnt wären und ihm von Herzen das Beste wünschten. Er hatte nicht die leiseste Ahnung davon, daß Lau erzählte, Semper habe ihm die Rolle der Prinzessin nur aus Neid weggenommen, und wenn ihm jemand gesagt hätte, daß Lau das erzähle, so würde er gesagt haben: »Du lügst.«

Als er sich wieder dem Platze Hildens näherte, war sie

nicht da. Er ließ die Blicke durch den Saal schweifen – da – sie tanzte! O weh, sie tanzte!

XXXIII. Kapitel.

Asmus gibt fernere Beweise von seiner Dummheit, baut ein Schloß und eine Kirche und landet schließlich in einer Zelle.

Merkwürdig, es war ihm nicht ganz recht, daß sie tanzte. Warum sollte sie nicht tanzen? Es war doch selbstverständlich, daß sie tanzte; sie hatte sich ja auch zum Tanze angekleidet, sehr geschmackvoll, wie immer, sehr einfach, und doch – so besonders. Er verstand nicht das Geringste von Frauengarderoben; aber daß sie mit ihren neunhundert Mark Gehalt keine kostbaren Gewänder kaufen konnte, war ihm klar. Und doch – sie hatte immer etwas Besonderes und Nobles in ihrer Erscheinung.

Tanzen! Ja, das war auch so eine Mauer, die ihn vom weiblichen Geschlechte trennte. Frauen wollen tanzen, und er konnte nicht tanzen. Die Semper konnten ihren Kindern keine Tanzstunden geben lassen. Nicht einmal Schlittschuhlaufen hatte er gelernt; denn als Knabe war er nie so reich gewesen, ein Paar Schlittschuhe erwerben zu können, und als Jüngling hatte er keine Zeit mehr dazu gefunden. Als Achtjähriger hatte er einmal getanzt, auf einem sogenannten »Kindergrün«, mit einer siebenjährigen Dame, fünf Stunden lang war er herumgesprungen wie ein Heupferdchen, immer mit derselben Dame, und es war herrlich gewesen. Er sah es so unendlich gern, wenn ein Paar sich mit Anmut im Tanze drehte. Nie glaubte er fester an eine schönere Welt, als wenn er Menschen in anmutiger Bewegung sah. Und Hilde Chavonne tanzte schön. Wenn er sie aufforderte....

Hahahahaaaa! Er wußte wohl eine ganze Reihe junger Leute, die ungeniert eine Dame aufforderten, obwohl sie nicht tanzen konnten, und dann so lange mit Todesverachtung herumhopsten, bis sie's heraus hatten. Woher sie den Mut nahmen, einer Dame dergleichen zuzumuten, das blieb ihm ein Rätsel.

Sobald er sein Lehrergehalt bezog, wollte er tanzen lernen. Sein Lehrergehalt? Er wollte ja Schauspieler werden.....

»Tanzen Sie nicht?« fragte ihn Hilde.

»Ich kann nicht tanzen,« sagte er. Und er erzählte ihr, daß er Schauspieler werden solle. Sie war aber sehr dagegen; mit auffallender Lebhaftigkeit riet sie ihm ab. Was sie denn dagegen habe, fragte er verwundert. Da wurde sie rot und sehr verlegen. Schließlich sagte sie, sie habe immer gehört, daß auch das Los der größten und berühmtesten Bühnenkünstler nur ein glänzendes Elend sei. Überhaupt habe er doch noch ganz andere Fähigkeiten. Er müsse Dichter werden.

Jetzt machte er riesengroße Augen, und das Rotwerden war an ihm. »Woher wissen Sie denn, daß ich dichte?«

»Sie haben doch Fräulein Wieselin erlaubt daß sie sich Ihre Balladen abschrieb –«

»Und die haben Sie gelesen?« rief Asmus erschrocken.

»Die haben alle an der Schule gelesen –«

Asmus hätte in den Boden sinken mögen. »Das ist aber sehr unrecht von Fräulein Wieselin,« rief er.

»Warum?« fragte Hilde erstaunt. »Durfte sie sie nicht zeigen?«

»Aber ich bitte Sie! Diesen Schund! Diesen Unsinn! Das ist ja törichtes, kindisches Zeug –.«

Hilde schüttelte nachdenklich den Kopf. »Das glaube ich nicht,« sagte sie. »Unreif mögen diese Gedichte sein, – aber es ist etwas drin.«

Als ein Tänzer kam und sich vor Hilde verbeugte, lehnte sie ab. Sie lehnte auch alle folgenden Einladungen ab, und bis zum Ende des Balles saßen sie beide an demselben Tisch und plauderten. Er fühlte sich wohl und glücklich; aber er merkte nichts.

Und als das ganze »Künstlervolk« mit seinem Anhang nach dem letzten Tanze in ein Café schwärmte, – morgens um vier Uhr in ein Café! Asmus kam sich wie ein Roué vor, als er sich eine Schokolade bestellte, – da schienen es beide selbstverständlich zu finden, daß sie wieder beieinander saßen. Es war etwas Seltsames um ihre Unterhaltung. Sie sagten natürlich »Sie« zueinander und »Herr Semper« und »Fräulein Chavonne« (denn das »gnädige Fräulein« war damals noch nicht Mode), und was sie sprachen, hatte die höfliche und respektvolle Form, die unter wenig Bekannten zweierlei Geschlechts gebräuchlich ist; aber in ihren Herzen war ein Glauben und Vertrauen, von dem sie selbst noch nichts wußten; ihre Herzen sagten »Lieber Herr Semper« und »Liebes Fräulein Chavonne«, ohne daß sie selber es hörten, und dieser Gegensatz zwischen fremden Worten und vertrauter Meinung erfüllte Asmussens Herz mit jener wohligen Spannung, wie sie in frühen Knospen sein mag. Aber so dunkel, so wenig bewußt war dieses Gefühl, daß er sich keinen Augenblick nach seiner Ursache fragte, es vielmehr ohne Nachdenken genoß wie die Sonne eines Maientags.

Als er früh gegen sechs eine Stunde weit nach Hause ging, fühlte er nicht die leiseste Ermüdung; denn er war jung und war König. Aber als er die ruhigen Atemzüge seiner schlafenden Eltern hörte, und als er die Ärmlichkeit des elterlichen Hausrats betrachtete, da fiel es ihm schwer aufs Herz, daß er Schauspieler werden sollte.

Gleichwohl sprach er davon zu seinem Vater. Obwohl Ludwig Semper seit längerem wieder von seinem alten asthmatischen Leiden geplagt wurde, war doch seit Monaten Heiterkeit in all seinem Reden und Tun, ja selbst in seinen Hustenanfällen und Atemängsten gewesen; denn nun war seine zärtlichste Hoffnung der Erfüllung nah; in kurzem sollte Asmus Lehrer sein und das Geschlecht der Semper sollte wieder emporkommen. Wie die lächelnde Wehmut eines Sonnenunterganges ging es über Ludwig Sempers Gesicht, als er hörte, daß Asmus, nahe dem Ziele seiner Bahn, einen ganz neuen Weg voll jahrelangen Mühens betreten solle, und obwohl er fühlte, daß er dann den Aufstieg seines Sohnes nicht erleben werde, sagte er lächelnd:

»Ja, – wenn Du meinst, daß Du Schauspieler werden mußt, – ich habe nichts dagegen.«

Und in dem Lächeln des schönen Angesichts war ein Scheiden vom Liebsten und Letzten. Das Herz flog Asmus in den Hals, und er hatte Mühe, die Tränen zurückzudrängen, als er rief:

»Nicht doch, Vater, nicht doch! Ich werde ja nicht darauf eingehen! Ich denke ja nicht daran!«

Seiner Mutter sprach er nicht erst davon. Er mußte lächeln, wenn er sich ihr ökonomisches Entsetzen ausmalte. Und sie hatte ja recht.

Am Nachmittage sagte er es Dr. Kieselberg, seinem Wirte:

»Meine Eltern haben mich fünf Jahre lang unter den größten Sorgen und Mühen erhalten, wenigstens zum großen Teil erhalten; jetzt ist es höchste Zeit, daß ich sie unterstütze. Als Lehrer bekomme ich ein Gehalt von 1200 oder 1300 Mark, dann kann ich ihnen helfen; als Schauspieler verdiente ich vorläufig wenig oder nichts. Ich würde die Hoffnung meiner Eltern vernichten, und das ist ausgeschlossen.«

»Nun, dagegen kann ich natürlich nichts sagen,« erwiderte Kieselberg. »Ich hatte das Gefühl einer Pflicht; ich glaubte ein Unrecht zu begehen, wenn ich Sie nicht auf den Weg zur Bühne wiese; aber wenn die Dinge so stehen – das ist natürlich etwas anderes.«

Als Asmus durch die wunderschönen Alleen vor dem Dammtor nach Hause ging, war der Bühnentraum erloschen; das Schloß aus Rampenlicht und Lorbeerduft war versunken, und an seiner Stelle ragte schon ein anderes. Ein Wort seines Lehrers hatte ihn gestern befremdet. Er hatte gesagt:

»Jungens unterrichten, das können die andern auch.«

War Unterrichten denn wirklich etwas, was jeder Beliebige konnte, wenn er nur nicht allzu dumm war? Waren Schulmeister nicht genau so gut Künstler wie Schauspieler? Konnte man nicht auch so unterrichten, daß man unersetzlich war, so unersetzlich wie ein Künstler? So wenigstens hatte er sich's immer geträumt. Was war denn ein Lehrer, wenn er nicht ein Künstler war?

Und in den Wolken strahlte ein Schloß, das war aus Morgenlicht und Kinderlächeln gebaut.

Er blickte in die ragenden Bäume hinauf und dachte: Welch ein wunderschöner Tag! Ein wahrer Sonntag! Zuerst beim Lehrer zu Mittag gegessen – die fremde Küche hatte ihm zwar nicht geschmeckt, aber was sagte das? Es war herrlich gewesen! – Nun dieser Weg unter hohen, von weißem, weißem Schnee bedeckten Bäumen! Diese Kirche wird nur an seltensten Feiertagen geöffnet. Ihr Altar ist die sinkende Sonne, und ihr Gesang ist das Schweigen. Er dichtete im Gehen:

> Ich weiß es nun gewiß:
> Es schwebt ein selig Leben
> Schon über dieser Welt
> Und ist uns schon gegeben.
>
> Ich weiß seit diesem Tag:
> Es tönt Gesang und Reigen
> Aus einer reinen Welt
> In jedes tiefe Schweigen.

Und endlich, wenn er zu Hause war, wollte er seinen Pestalozzi lesen. Er kam heim und schlug ihn auf bei der »Abendstunde eines Einsiedlers«.

»O, meine Zelle, Wonne um dich her!«

Das fügte sich gut zu dieser Stunde. Er schaute sich um in seiner Kammer und dachte:

O, meine Zelle, Wonne um dich her!

XXXIV. Kapitel.

Bewegt sich zwischen Pestalozzi und Herrn Quasebarth.

Und er vergrub den Kopf in beide Hände und versenkte sich in die heiligen Träumereien dieses unschuldsvollen Einsiedlers und Poeten, den er liebte, wie man sonst nur lebendige Menschen liebt. Ja, das war wahrhaftig ein Einsiedler unter den Tagesmenschen! Schon wiederholt hatte Asmus diese Schrift gelesen, und immer hatte ihn eine eigentümliche Scheu gehindert, tiefer in ihr Dunkel einzudringen, wie man sich scheut, in ein Dickicht einzudringen, aus dem die Nachtigall schlägt. Heute war die Nachtigall fortgeflogen, und er drang ein und fand hinter dem Rankengewirr eine köstliche Architektur, die die einfachen, großzügigen Grundlinien eines wunderbaren Baues zeigte. Da stand, daß Leben und Menschsein ganz dasselbe ist in der Hütte und auf dem Thron. Das aber haben die Menschen vergessen. Sie erziehen und unterrichten nach tausenderlei äußeren und Tagesbedürfnissen, nach Berufs- und Standesrücksichten, nach Eitelkeit und Vorteil. Und vergessen, daß ein Mensch zuvor zum Menschen gebildet sein muß, eh' er etwas anderes wird. Aber zum Menschen kann man ihn nur von seiner Natur aus, von seiner Individualität aus machen, nicht von einer allgemeingültigen Schablone aus.

Das also war es: Nicht sollt ihr zum Kinde sagen: Das sollst Du werden und das will ich aus Dir machen wie aus allen Deinen Genossen, sondern ihr sollt fragen: Wer bist Du? Wie mach' ich Dich zum Menschen? Welche Wege sind in Deiner Natur vorgezeichnet, die zu jenem Menschentum führen, das allen gemeinsam ist und aus dem alles andere von selbst entsprießt?

Das schälte sich heraus aus dem Aphorismengewirr des krausen und dennoch geraden Denkers, und in diesem

Geiste wollte Asmus sein Amt führen. Im Geiste dieser Schrift wollte er wirken, dieser Schrift, die in einem innigen, treuen Gottesglauben gipfelte, der nicht der Gottesglaube der Semper war. An den sorgenden Vater glaubten die Semper nicht. Aber das hatte Asmus seit langem empfunden, daß alle Menschen an einen Gott glauben, wie verschieden sie ihn auch nennen.

> Es sagen's allerorten
> Alle Herzen unter dem himmlischen Tage,

und Asmus hatte nie begriffen, warum man von den Atheisten glaubte, sie hätten keinen Gott und könnten nicht fromm sein.

So stellte er denn auch in dem bald beginnenden schriftlichen Examen seinen Aufsatz nicht auf die Basis theistischer Frömmigkeit, die sonst über so manche Prüfungen hinweghilft. Die jungen Leute sollten über das Thema schreiben:

> »Vor jedem steht ein Bild dess', das er
> werden soll;
> So lang' er das nicht ist, ist nicht sein
> Friede voll.«

und die meisten Jünglinge erklärten Jesus Christus für das Idealbild, das vor ihnen stehe. Nun gab es unter den Abiturienten gewiß keinen, der den natürlich erzeugten Gottessohn von Nazareth inniger liebte als er; aber den Ruf, daß er ein Jesus Christus oder etwas ihm Ähnliches werden solle, vernahm er in seinem Herzen nicht. Er glaubte nicht, daß die Welt durch Leiden erlöst werden könne; er fühlte wenigstens, wenn er sich ehrlich fragte, daß er nicht gemacht sei, ohne Widerstand zu leiden. Er knüpfte an die Ideenlehre Platos an und erklärte den Unfrieden des

Menschen aus der Sehnsucht nach seiner »Idee«, und er setzte auseinander, was er für seine Idee, für die Idee des Menschen im allgemeinen und für die des Asmus Semper im besonderen halte. Er fand damit bei der vorurteilslosen Prüfungskommission nicht nur vollste Anerkennung, sondern er hatte noch den Erfolg, daß ein Mitglied dieser Kommission, ein alter Jurist, zu Beginn der mündlichen Prüfung die Brille aufsetzte und rief:

»Wo ist Herr Semper?«

»Das ist nämlich ein Philosoph!« rief er den andern Herren zu.

Asmus war hervorgetreten.

»Sie sind Herr Semper?«

»Jawohl!«

»Sie sind ein Philosoph, mein junger Freund; ich habe Ihre Arbeit mit herzlicher Freude gelesen; ich danke Ihnen.«

Im übrigen ging es ihm wie »auf der Fortuna ihrem Schiff«, will sagen: auf und ab. In der Lehrprobe vergriff er sich. Er sollte Ägypten behandeln, dasselbe Ägypten, das er als kleiner Junge für eine Wiese mit Störchen gehalten hatte. Und er verfuhr ganz nach der Regel: Geographische Lage, Grenzen, Gestalt, Größe, Einwohnerzahl usw. usw. Zum Nil kam er in der halben Stunde des praktischen Examens überhaupt nicht. Als er fertig war, nahm ihn Murow, der Riese, beiseite.

»Nun, me–in lieber Samper, wann man Äjüpten behandeln will, womit fängt man dann wohl am basten an?«

Da wußte er's sofort. »Mit dem Nil,« sagte er. Und er hätte sich ohrfeigen mögen, daß er, der die Schablone haßte, sich ihr so gedankenlos und träge unterworfen hatte. Der Nil! das war der Schöpfer des Landes, war eigentlich das Land selbst; der Nil war die Individualität Ägyptens, von der man ausgehen mußte, wenn man sich rühmte, ein Jünger Pestalozzis zu sein! Er empfand eine tiefe Scham darüber, daß er so ahnungslos in Ketten ging, deren er gespottet hatte.

Und im schriftlichen Chemie-Examen hatte er eine Arbeit von grotesker Unzulänglichkeit geliefert. Er hatte einst die Chemie mit allem Feuer der Jugend geliebt; aber Herrn Quasebarths Chemie hatte darin bestanden, daß er aus einem ehrwürdigen Heft ablas, dessen verblaßte Schrift er zuweilen selbst nicht mehr entziffern konnte. »Man nehme einen Probierzylinder und fülle ihn zur Hälfte mit Braunstein –« las Herr Quasebarth; aber er nahm keinen. Stelling, der Skrupellose, hatte ihm eines Tages einen furchtbaren Limburger Käse unter den Pultdeckel gelegt, so daß seine Nase jedesmal, wenn sie ins Heft tauchen wollte, entsetzt zurückfuhr. Nachdem er sich wiederholt vergeblich erkundigt hatte, woher der »abscheuliche Geruch« stamme, und Stelling bemerkt hatte, daß er ihn sich auch nicht erklären könne, »da hier doch nie experimentiert werde«, entdeckte er schließlich die Ursache; aber er ging ungeheilt von dannen.

So hatte denn Asmus seit langem nicht mehr zugehört, in der Chemiestunde lieber Gedichte gemacht und beim Examen einen fast unberührten weißen Bogen abgeliefert. Das war aber Herrn Quasebarth in die Glieder gefahren; denn er sagte sich, daß der chemische Durchfall eines Schülers wie Asmus Semper vom Prüfungs-Kollegium als ein Durchfall des Herrn Quasebarth empfunden werden müsse. Er beschwor also Sempern in einer vertraulichen Unterredung, doch ja bis zum mündlichen Examen noch »tüchtig zu repetieren«, damit er die Scharte auswetze.

Semper genierte diese Scharte gar nicht; denn er hatte sich längst vorgenommen, später auf eigene Hand Chemie zu treiben; aber er versprach sein Möglichstes.

Und wiederum hob ihn das Schiff der Fortuna in der Mathematik so hoch, daß er die erste Zensur erwischte, während Mollwitz, der Magister Matheseos, oder, wie er gewöhnlich genannt wurde: »das einseitige Prisma«, durch einen reinen Zufall nur den zweiten Grad errang. Dieses Erfolges konnte Asmus nicht recht froh werden; denn die Sache war nicht ganz in der Ordnung. Daß Glücksgüter vom Zufall verteilt wurden, das wußte er; aber auch geistige Ehren? Kam das auch sonst im Leben vor? Das sollte nicht vorkommen.

Aber er sollte noch was ganz anderes erleben. Am Abend vor der mündlichen Prüfung entschloß er sich nach schwerem Zögern, ein Lehrbuch der Chemie zur Hand zu nehmen, damit Quasebarth nicht wieder durchfalle. Er las auch das Kapitel von der Methylwasserstoffreihe, dann aber griff er energisch nach Zolas Conquête de Plassans, die er wesentlich anziehender fand. Denn sich ein Wortwissen ohne Anschauung und Übung in den Kopf zu pfropfen, das war ihm von jeher ein Greuel gewesen.

Die Stunde der chemischen Prüfung kam und mit ihr Herr Quasebarth, der an Leib und Seele immer denselben grauen Rock trug.

»Na, mein lieber Semper,« sagte er mit einem lockenden Lächeln, »erzählen Sie uns mal, was sie von den Methylwasserstoffen wissen!«

Und siehe da: Asmus Semper redete wie ein junger Liebig; denn heute wußte er noch sehr gut, was er gestern gelesen hatte.

XXXV. Kapitel.

Asmus wird im Examen gepufft und getreten und ist unzufrieden, aber sehr glücklich.

Und so kam er denn mit allen Ehren und ohne Schaden durch das Examen, wenn man von einigen blauen Flecken an seinem linken Fuße und in der linken Rippengegend absah. Diese Flecke rührten wieder von Seybold her, von demselben Seybold, der ihn als »Schäflein« wegen seiner »Inkollegialität« und seiner »Anmaßung« so bieder gehaßt hatte. Das mathematische Examen hatte Seybold sehr glatt bestanden. Seybold konnte nicht einmal ein Dreieck berechnen; aber während der schriftlichen Prüfung wandelte einen Freund von ihm ein Bedürfnis an, und der Freund ging hinunter und deponierte an einem dunklen Orte die Lösung aller Aufgaben. Nach einer halben Stunde hatte Seybold merkwürdigerweise auch ein Bedürfnis.

»Muß es denn sein?« fragte argwöhnisch der die Aufsicht führende Herr Rothgrün.

»Ja, ich hab'n Durchfall,« erklärte Seybold.

»Aber damit hätt' es ja noch Zeit gehabt,« schmunzelte Herr Rothgrün wohlwollend. »Nun, gehen Sie nur.«

Seybold ging hinunter, »fand die Lösung«, dachte »Heureka«, beantwortete solchermaßen durch Vorspiegelungen der Verdauungsorgane Fragen, die eigentlich an das Gehirn gerichtet waren, und half sich mittels eines Durchfalls durchs Examen. Zunächst durchs mathematische.

Bei den Klausuraufsätzen saß Seybold wieder neben

Semper, und als dieser gelegentlich einen Blick in die Papiere seines Nachbarn warf, sah er, daß dieser wörtlich von ihm abschrieb.

»Mensch, bist du des Teufels?« flüsterte Asmus. »Das muß ja herauskommen. Schreib' wenigstens auch von anderen ab.«

Seybold sah das ein und schrieb die andere Hälfte der Arbeit von seinem Vordermann ab; denn er hatte einen weiten Blick.

»Ein Lehrer muß jesunde Sinne haben,« hatte Korn gesagt.

Nur dies verdammte mündliche Examen! Da konnte man nicht sagen: »Erlauben Sie, daß ich austrete!« Und wenn Asmus blind und taub gewesen wäre, so würde er das Nahen des Examinators doch immer rechtzeitig erfahren haben; denn wenn dieser noch drei Schüler weit entfernt war, begann Seybold schon wie ein Räder-, Walzen- und Kolbenwerk zu treten, zu puffen und zu zischen: »Sag' mir zu! Sag' mir zu!« und so trug Asmus Semper Seyboldens Reifezeugnis auf dem Leibe davon.

Auch Seybold bestand wiederum das Examen, und der ganze praktische Unterschied bestand darin, daß er ein Anfangsgehalt von 1200 Mark, Asmus aber ein solches von 1300 Mark erhielt, worin Seybold eine große Ungerechtigkeit erblickte.

1300 Mark! Insofern war Asmus sehr zufrieden; denn unbegrenzte Möglichkeiten lagen in dieser Summe. Aber wenn er den verflossenen Lebensabschnitt überblickte – was rechtfertigte eigentlich das »glänzende Examen«, das er nach der allgemeinen Ansicht gemacht hatte? Die Kollegen hatten ihm erzählt, was der Schulrat Korn vor einer anderen Abteilung der Prüflinge über ihn gesagt hatte, und darüber freute er sich zwar von Herzen; aber eigentlich war ihm alles das ein großes Rätsel, ein Wunder: denn ihm waren diese verflossenen drei Jahre eine zerstörte Illusion. Was hatte er sich von diesen Jahren versprochen an geistigem Aufschwung! Und wie bitter-bitter-wenig hatte er vor sich gebracht. Er hatte überhaupt nicht das Gefühl, daß er geistig gewachsen wäre. Wiederum hatte er, wie schon öfter, die Empfindung, daß die Menschen merkwürdig wenig von ihm verlangten, viel, viel weniger, als er selbst von sich zu fordern pflegte.

Nur wenn er die beiden »Alten« betrachtete, war er ganz glücklich. Die solltens jetzt besser haben. Frau Rebekka lief mit ihren sechzigjährigen Beinen wie ein Wiesel immer von einem Zimmer ins andere und sang:

>»Nach Sevilla, nach Sevilla!
>Wo die letzten Häuser stehen,
>Sich die Nachbarn freundlich grüßen,
>Mädchen aus dem Fenster sehen,
>Ihre Blumen zu begießen,
>Ach, da sehnt mein Herz sich hin!«

und wie in seiner früheren Kindheit sah Asmus bei dem Wort »Sevilla« einen freien Platz mit Häusern, auf den eine unendlich goldene Sonne und ein unendlich helles, unendlich stummes Feiertagsglück herabschien.

Und dabei dachte Rebekkens Herz gar nicht an Sevilla, was schon daraus hervorging, daß sie im nächsten Augenblick sang:

>»Herr Junker, lat hee mit tofred'n,
>rudiridiridirallala,
>Ick mutt min Swin to freten ge'm,
>rudiridiridirallala!

Das war nämlich das Bruchstück eines Liedes, in dem ein Junker seiner Magd mit Liebesanträgen nachstellt, die diese dann mit der einleuchtenden Begründung zurückweist, daß sie ihren Schweinen zu fressen geben müsse. Die Schweine gehen vor, das mußte der Junker einsehen. Aber auch an Junker, Magd und Schweine dachte das singende Herz der Rebekka nicht; es dachte an den Triumph des Sohnes, an den leckeren Pfannkuchen, den sie ihm backen wollte, und an den besseren Rock, den ihr Gatte nun bekommen sollte; denn es gab ihr einen Stich ins Herz, wenn der stattliche Mann in abgetragenem Gewande ging. »Er fragt ja nichts danach,« klagte sie kopfschüttelnd.

Aber auch Ludwig Semper wollte sich diesmal einen Extragenuß vergönnen. Heute war Dienstag, und am Freitag gab es »Lohengrin« im Theater. Diesmal wollte er wirklich hin.

»Aber nun tu's auch!« riefen Asmus und Rebekka wie aus einem Munde.

»Ja, ja – natürlich!« beteuerte Ludwig.

Am Mittwoch sagten Asmus und seine Mutter wieder: »Geh nun aber auch wirklich hin!«

»Gewiß, gewiß!« sagte Ludwig.

Am Donnerstag sagten sie: »Wirst du nun auch nicht wieder sagen: 'Ach, wozu soll ich hingehen?'«

»Nein, nein – wenn ich's doch sage!«

Er war auch am Freitag mittag noch fest entschlossen und freute sich. Als er um sechs Uhr noch keine Miene zum Aufbruch machte, rief Frau Rebekka:

»Du, du – du mußt jetzt gehen.«

»Ach, ich hab mir's anders überlegt,« sagte Ludwig. »Was soll ich da.«

Ja, was sollte er da.

Erstens war sein Asmus nun am Ziel, und das war ein Glück, das eigentlich für den Rest seines Lebens allein ausreichte und das er jedesmal neu genoß, wenn Asmus den Blick wegwandte und er ihn ungestört betrachten konnte.

Zweitens hatte er am Lohengrin schon so viel Vorfreude genossen, daß eine Steigerung nicht mehr denkbar war.

Und drittens tauchten auf der grauen Wand vor seinem Zigarrentische, sobald er befahl, alle Sagen der Vorwelt auf, nicht die vom Schwanenritter allein, und belebte sich der stauberfüllte Raum mit Klängen, die an kein irdisches Instrument und keine menschliche Schrift gebunden waren.

Frau Rebekka war gründlich böse und schalt. »Ich versteh den Mann nicht,« rief sie.

Asmus verstand ihn. Er dachte daran, daß er nun bald als Lehrer vor 60 Kindern stehen werde; er blickte von der Seite her in des Vaters Auge, in dem die Abendsonne liebend verweilte, und er verstand es, daß man selig sein kann im Glück seiner Träume.

Drittes Buch

Kampf und Liebe

XXXVI. Kapitel.

Was für ein Mann Herr Drögemüller war und was für Lieder deutsche Kinder singen.

Der erste Eindruck, den Asmus Semper von Herrn Drögemüller, seinem Hauptlehrer und Vorgesetzten, empfing, war nicht übertrieben verlockend. Der Kopf des Mannes glich einer stark vergrößerten Billardkugel, der man einen Rettichschwanz als Bart angeheftet und die man im übrigen noch mit einer blauen Brille geschmückt hat. Nase, Mund und Stirn wären in jedem Signalement als gewöhnlich bezeichnet worden. Herr Drögemüller kanzelte gerade einen kleinen, kümmerlich dreinschauenden Buben ab, weil er auf Holzpantoffeln zur Schule kam. Er behandelte das gleichsam wie einen moralischen Defekt, dessen man sich zu schämen habe, und erklärte dem verschüchtert dastehenden Kinde, wenn das noch einmal vorkomme, werde er ihm einen »Tadel in Ordnung« geben.

»Wenn man das hingehen läßt,« sagte Herr Drögemüller,

»dann kommen immer mehr mit Holzpantoffeln, und man kann das Geklapper auf den Treppen nicht mehr aushalten.«

Asmus hatte auf der Zunge, zu sagen: »Aus Übermut trägt wohl der Mensch keine Holzklötze an den Füßen; Stiefel sind ihm ohne Zweifel bequemer, wenn er sie hat«; aber er wollte sich nicht gleich opponierend einführen und sagte deshalb nur:

»Gibt es nicht einen Verein, der solche Kinder mit Stiefeln versorgt?«

»Gewiß!« versetzte der Hauptlehrer; »ich könnte ihm ein Paar Stiefel anweisen; aber seine Mutter, das ist eine ganz Renitente. Als ich ihr sagte, sie solle den Jungen doch taufen lassen – getauft ist er nämlich auch nicht – da sagte sie, das täte ihr Mann nicht, und was ihr Mann wolle, daß wolle sie auch.«

»Hm,« machte Asmus. Ein Pestalozzi war dieser Mann nicht, das war schon festgestellt.

Er unterschied sich insofern vorteilhaft von dem »Schulmeister von Stanz«, als er sauber und ordentlich gekleidet war; aber es war Ordnung ohne Geschmack und Gefälligkeit, eine Ordnung mit schlechtsitzenden Hosen und kreuzweis geknoteten Bindeschlipsen, und als Asmus wie hypnotisiert die Karrees des grauen Rockes betrachtete, da las er unaufhörlich $1 \times 1 \times 1 \times 1 \times 1 \times 1 \ldots$

Nein, ein Dichter, wie der unordentliche Verfasser von »Lienhard und Gertrud« war dieser Mann gewiß nicht, »Abendstunden eines Einsiedlers« träumte er sicherlich nicht; aber das konnte man auch schließlich nicht verlangen, und als er die Papiere des ihm von der Behörde zugewiesenen Jünglings eingesehen hatte, bemerkte er sogar liebenswürdig, er beglückwünsche sich, einen Mann von solchen Fähigkeiten gerade an der »ihm unterstellten«

Schule angestellt zu sehen.

Wie ganz anders ward Asmussen ums Herz, als er sich wenige Tage später mitten in einen Garten von sechzig jungen Menschenpflanzen gestellt sah, wo sechzig lebendige Brünnlein aus roten Lippen sprangen. In einem Punkte freilich hinkte der Vergleich mit einem Garten bedenklich: die Pflanzen haben die gute Gewohnheit, ihren Ort nicht willkürlich zu verändern; diese Menge von Kindern aber war in ihren Bewegungen höchst willkürlich, und Asmussen kam es vor, als habe er einen Topf voll Mäuse zu hüten und müsse aufpassen, daß keine über den Rand springe. Einige zwar saßen bang und verschüchtert da; sie mochten ein unerhört Neues, ein fürchterlich Geheimnisvolles erwarten und waren vielleicht mit der Vorstellung gekommen, daß der Bakel unaufhörlich durch die Schulstube sause wie die Sense des Mähers übers Feld; denn es gibt Eltern, die die Arbeit des Lehrers liebevoll vorbereiten, indem sie Kindern, die sie nicht bändigen können, mit der Aussicht drohen: »Na, warte nur, wenn du zur Schule kommst! Der Lehrer wird dich schon bläuen.« Aber sobald diese Beklommenen merkten, daß der »Herr Lerrer« kein Menschenfresser sei und sogar großartigen »Spaß« mache, zogen gerade sie die weitesten Konsequenzen und gingen über Tisch und Bänke. Und sieh, da schritt schon einer festen Schrittes auf die Tür zu.

»Wohin?« fragte Asmus.

»Ich will'n büschen 'raus!« versetzte das Bürschchen unbefangen.

»Was willst du denn draußen?«

»Och, 'n büschen spielen.«

»Ja, Mensch, so allein spielen, das macht doch keinen Spaß. Wart' nur noch einen Augenblick, dann gehen wir alle hinaus und spielen »Jäger und Hund«.

Das leuchtete dem Flüchtling ein. »O djä!« rief er, senkte beide Fäustchen in die Hosentaschen und ging wieder auf seinen Platz.

»Du, ich hab' Limburger Käse aufs Brot!« rief eine Stimme aus dem Hintergrunde. Asmus ging hin und äußerte seine teilnehmende Begeisterung über den Limburger Käse. Natürlich mußte er jetzt den Inhalt zahlloser Frühstücksdosen bewundern.

»Ich hab' Leberwurst auf'm Brot!« »Ich hab' 'ne Apfelsine!« »Ich hab' Schokolade!« schrie es durcheinander.

»Ihr könnt wohl lachen!« sagte Asmus. »Meine Mutter hat mir keine Schokolade mitgegeben.«

»Da!« Ein Junge sprang aus der Bank und hielt ihm ein Stück Schokolade hin.

Asmus dankte gerührt, löste das Papier von der Schokolade und wollte sie dem Geber in den Mund schieben; der aber lehnte entschieden ab.

Da sah Asmus zwei brennende Augen in verzehrendem Verlangen auf sich gerichtet; es waren die Augen eines dürftig gekleideten, blassen Bürschchens.

»Soll er sie haben?« fragte Asmus den Spender.

Der nickte eifrig ja, und begierig griff der Verlangende nach der köstlichen Leckerei.

Um den Schwarm endlich zu beruhigen, sagte Asmus: »Soll ich euch mal 'ne Geschichte erzählen?«

»O ja, man zu, man zu!« schrien sie durcheinander. Und er erzählte ihnen das Ur- und Anfangsmärchen vom Rotkäppchen, das sie alle verstehen und das sie beim hundertsten Male ebenso gern hören wie beim ersten Male.

Als er mitten im Erzählen war, kam ein Junge aus der Bank heraus, ging auf Asmussen zu, ergriff dessen Hand und sagte:

»Du, ich mag dir gerne leiden.«

»Soo?« sagte Asmus; »Junge, das ist ja prachtvoll; ich dich auch; aber dann mußt du jetzt auch ganz still sitzen bleiben und zuhören!«

»Ja,« erklärte der Kleine überzeugt und ging ruhig wieder an seinen Platz.

Für einen andern aber hatte Asmussens Erzählung offenbar keinen Reiz. Er erhob sich und steuerte geraden Wegs auf die Tür zu.

»Was willst du denn?« fragte Asmus.

»Ick will noh Hus,« lautete die sehr entschiedene Antwort.

»Jä, dat geiht ober nich; du muß noch'n bitten hierblieben.«

Der kleine dicke Bursche explodierte in einem furchtbaren Geheul.

»Ick will ober noh Huuus!« brüllte er.

»Wat wullt du denn dor?«

»Ick will bi min Mudder sin!«

»Minsch, de Klüten (Klöße) sünd jo noch gornich fertig.«

Der Kleine nahm die Fäuste von den Augen und starrte ihn sprachlos an.

»Du wullt wull gern Klüten un Plum'n (Pflaumen) eeten,

wat?« fragte Asmus.

»Jo,« versetzte der Kleine, von so viel Verständnis seiner Seele überrascht.

»Jä, Hein, de sünd jo noch gornich gor! Bliev man noch'n bitten sitten; ich segg Di denn Bescheed, wenn din Mudder se fertig hett.«

Auf diesen Kontrakt ging Heinrich Lohmann ein und verfügte sich langsam wieder an seinen Platz.

Als die Geschichte zu Ende war und die Geisterchen wieder nach allen Himmelsrichtungen anseinanderfielen, sprach er:

»Nun paßt aber mal auf, was jetzt kommt!«

Sie waren plötzlich still.

Mit geheimnisvollen Mienen ging Asmus an einen Schrank.

»Was ich wohl hier im Schrank habe!« sagte er.

»Frühstück!«

»Nein.«

»Schokolade!«

»Nein.«

»'n Bilderbuch!«

»Nein. In diesem Schrank hab' ich einen Vogel; wenn man den streichelt, dann singt er.«

»Oooh – laß ihn mal 'raus!« riefen einige.

»Ja, ich will ihn mal herauslassen.« Er öffnete den Schrank und nahm einen Geigenkasten heraus.

»O, ich weiß, Herr Lehrer, ich weiß!« riefen ein paar Gescheite.

»Pst! Nichts verraten! Das ist das Vogelbauer. Paßt gut auf, daß er nicht herausfliegt,« sagte er zu den Nächsten, und sie spreizten die Händchen und öffneten die Mäulchen, als wollten sie den Flüchtling mit Mund und Händen auffangen. Die Hintensitzenden stiegen auf die Tische und reckten die Hälse. Asmus öffnete den Kasten und nahm Geige und Bogen heraus.

»Hurra – hallo,« schrien sie alle; aber dann wurden sie noch stiller als zuvor, und nun hatten alle die Schnäbel offen.

Asmus setzte den Bogen an und spielte einen raschen Lauf vom kleinen g bis zum dreigestrichenen.

Da waren sie plötzlich wie »voll süßen Weins«, sie gingen über Tisch und Bänke, hopsten, sprangen und faßten sich an und tanzten.

»Was soll ich nun 'mal spielen« fragte Asmus.

Ach, was mußte er da für Erfahrungen machen! Einige nannten ein paar Spiellieder, die sie in einem Kindergarten gelernt hatten; die meisten aber nannten Gassenhauer und Operettenmelodien, die auf die Drehorgel gekommen waren. Ein rechtes, gutes Volkslied nannte nicht einer; denn das deutsche Volkslied wird im deutschen Hause nicht mehr gesungen.

Asmus erzählte ihnen von dem Häslein, das der Jäger totschießen wollte, und dann sang er:

>   Als der Mond schien helle,
>   Kam ein Häslein schnelle,
>   Suchte sich sein Abendbrot,

Hu, ein Jäger schoß mit Schrot.

Er sang, wie das Häslein den Mond bat, sein Licht auszulöschen, und wie es dem Jäger entkam.

> Häslein ging zur Ruhe,
> Zog aus Rock und Schuhe,
> Legte sich ins weiche Moos,
> Schlief wie auf der Mutter Schoß.

und die Lieblichkeit von Wort und Weise, die Unschuld der Kindertage, da er sie zuerst gesungen, die Schönheit der Stunden, da er sie bei Meister Bruhn gehört und gegeigt, und die saugende Andacht all dieser reinen Augen, die durstig an seinen Lippen hingen, überströmten sein Herz mit einem so überschwenglichen Glück, daß ihm die Augen feucht wurden.

»Nun will ich's einmal spielen,« sprach er und spielte das Lied.

»Wollt ihr jetzt 'mal mitsingen?«

Jubelnd ergriffen sie diesen Vorschlag.

Und alle sangen sie mit. Ei, ei, ei, war das eine Musik! Es klang noch ganz furchtbar. Aber sie fanden es schön, und am eifrigsten sang Peter Brandenburg, dessen Gehör und Stimme nur einen einzigen Ton hatten, und der klang wie das Surren einer Hummel, die man in eine Schachtel eingesperrt hat.

»Wer will mir nun 'mal was vorsingen?« fragte Asmus.

Manche getrauten sich nicht; aber die meisten hielten mit ihrem Talent nicht zurück und sangen frisch von der Leber weg.

> »Denke dir, mein Liebchen,

>Was ich im Traume geseh'n«

oder

»Dat Scheunste, wat man hett,
Dat is so'n Zigarett'«

oder

»Ach, mein Schreck, ach, mein Schreck!
Meine teure Hulda ist weg!«

nein, so viel Asmus auch horchte und forschte und hoffte, er hörte nichts Gutes, Schönes, Gesundes. Wohl aber begann ein Bürschlein frisch und frei ein ausgesprochenes Zotenlied zu singen.

»Genug, genug!« rief Asmus und hieß das Kind schweigen. Dies Lied, von frischen Kinderlippen ahnungslos gesungen, hatte ihm einen furchtbaren Eindruck gemacht. Die Schule lag in der Hafengegend; unter ihrem Publikum gab es mancherlei Armut und Verwahrlosung, und unter den Schülern waren auch Kinder »anrüchiger« Straßen.

XXXVII. Kapitel.

Herr Drögemüller als Einkassierer des Schicksals.

So groß sein Mitgefühl mit den Kindern der Enterbten und Verachteten war, so schien ihm doch seine Aufgabe um so schöner und lockender, je schwieriger sie war. Die wohlgepflegten Kinder reicher und »guter« Familien erziehen, das war keine Kunst – so dachte er wenigstens damals; er sollte noch anders darüber denken lernen – aber hier galt es, Knoten zu lösen und Hindernisse zu überwinden. Und schon nach wenigen Tagen sollte ihn ein »Riesenerfolg« in seinem Glauben an sein Werk bestärken. Am vierten oder fünften Tage seines Lehrertums kam Herr Drögemüller mit einer Liste in die Klasse und fragte: »Ist Heinrich Lohmann hier?«

Jawohl, Heinrich Lohmann war da; es war derselbe, den am ersten Tage die Sehnsucht nach den Klößen seiner Mutter ergriffen hatte und der dies Gefühl in reinstem Plattdeutsch unverhohlen zum Ausdruck gebracht hatte. Er gehörte in eine Nachbarschule und war irrtümlich in Sempers Klasse gekommen.

»Du gehörst in eine andere Schule, mein Sohn,« sagte Herr Drögemüller. »Pack' deine Sachen und komm mit.«

»Nee,« sagte Heinrich Lohmann munter, »ick will hier blieben.« Selbst Herr Drögemüller mußte lachen.

»Ja, mein Junge, das geht nicht,« sagte er, »komm nur schnell.«

»Ick will ober leever hier blieben,« wandte Lohmann mit schwächerem Widerstande ein.

»Na, nu' mach flink, Junge, mach flink!« drängte der Hauptlehrer.

Lohmann packte widerstrebend seine Sachen und folgte Herrn Drögemüller; aber als er nun Sempern die Hand zum Abschied geben sollte, warf er alles, was er trug, auf den Boden, umklammerte Asmussens Bein und schrie: »Ick will bi di blieben! Ick will bi di blieben!«

Asmussen wurde es wunderlich ums Herz.

»Kann er denn nicht hier bleiben?« fragte er den Hauptlehrer. »Vielleicht kann ja ein anderer – –?«

»Nein, das geht nicht!« versetzte Drögemüller kurz. »Er wohnt ja nicht in unserm Bezirk. – Jetz komm, Junge, sonst – –«

Asmus klopfte dem Kleinen die Wangen und sagte: »Na, Heinrich, dann geh nur mit. Wenn die Schule aus ist, besuchst du mich mal, was? Und ich besuch' dich auch mal, ja?«

Da gab sich Heinrich Lohmann zufrieden, sammelte unter Tränen seine Bibliothek zusammen und schlich davon.

Asmus Semper war glücklich. Also schien ihm die Kraft gegeben zu sein, die Herzen der Kinder zu gewinnen, und darüber war er unsäglich froh. Überhaupt lebte er wie in einem Rausche. Diese tausendfältigen, rückhaltlosen Offenbarungen der Kindesseele überwältigten seine Beobachtungskraft; er wußte nicht, wie er diesen Reichtum in die Scheuern bringen und verwerten sollte. Und viel zu früh schloß er den Kindern den Mund durch regelrechten Unterricht; seine Taten hinkten noch weit hinter seinen Ideen her. Er hätte noch länger die Eigenart jedes einzelnen Kindes hervorlocken sollen, wenn er den Wegen Pestalozzis folgen wollte; aber er fürchtete, die Kinder würden nicht lernen, was sie nach dem »Pensum der Klasse« lernen sollten, wenn er nicht den stundenplanmäßigen Unterricht beginne. Herr Drögemüller hatte sich ohnedies schon bemerkbar gemacht. Als Asmus eines Tages einen Knaben ein Märchen erzählen ließ, war Herr Drögemüller, der es nicht für ein Gebot der Höflichkeit hielt, anzuklopfen, in die Klasse getreten, hatte durch seine blaue Brille auf den an der Wand hängenden Stundenplan geblickt und gesagt:

»Sie haben jetzt eigentlich Rechnen, nicht wahr?«

»Jawohl,« hatte Asmus gesagt.

»Hm,« hatte dann Herr Drögemüller gesagt, und er war

wieder hinausgegangen. – – Ja, Asmus war glücklich; aber wie es das Schicksal gewöhnlich mit ihm gehalten hatte, so tat es auch diesmal; von dem vollen, hundertprozentigen Glück, das es ihm gegeben, zog es neunzig Prozent Wucherzinsen ab, und der Exekutor, der die neunzig Prozent einkassierte, war diesmal Herr Drögemüller.

Herr Drögemüller war Junggeselle, und so hatte er zu viel Zeit für seinen Beruf. Man hat immer dann zu viel Zeit für seinen Beruf, wenn man sie zur Auffindung neuer und fruchtbarer Gedanken aus einem gewissen inneren Mangel nicht anwenden kann, sie vielmehr mit der Erfindung immer neuer Reglements-Paragraphen verbringen muß. Jedesmal, wenn Herr Drögemüller ein paar freie Stunden gehabt hatte, trug alsbald danach ein Knabe durch alle Klassen eine Verfügung, unter die jeder Lehrer sein »Vidi« setzen mußte. Herr Drögemüller wußte aus der Arithmetik, daß, wenn man unablässig addiert, zuletzt eine hohe Summe herauskommen muß, und so hoffte er durch unermüdliche Hinzufügung von »Verbesserungen« seine Schule auf den Gipfel der Vollendung zu bringen. Wenn ihm aber jemand mit umwälzenden Methoden oder gar mit neuen Lehrzielen kam, dann bekam er Entrüstung mit Fieber. Welche Anmaßung, wenn ein Lehrer es besser wissen wollte als Drögemüllers Seminardirektor! Seine Berufsanschauung ruhte auf drei Axiomen als auf drei unerschütterlichen Säulen:

1. Die Alten sind klüger als die Jungen.
2. Die Toten sind klüger als die Lebendigen.
3. Die Vorgesetzten sind klüger als alle.

und seine Berufsanschauung war auch seine Weltanschauung; denn er war der Meinung, ein Lehrer habe sich weder um Kunst und Literatur, noch um Politik, noch sonst um etwas anderes als allein um seinen Beruf zu kümmern.

Er verbrachte denn auch seine Tage am Schreibtisch seines Bureaus; seine Wohnung war eigentlich nur Schlafstelle, und in seiner bescheidenen Bibliothek stand kein neues Buch. Trotzdem hielt er sich für einen gewissenhaften Beamten.

Daß er mit diesem Mann nicht lange in Frieden leben werde, davon hatte Asmus eine deutliche Ahnung. Schon wenn er ihn sprechen hörte, wurde ihm unbehaglich. Er war immer so empfindlich gewesen für menschliche Stimmen; die Stimme war ihm der Mensch, und besonders wahr und schön war's ihm immer erschienen, daß der wahnsinnige Lear von der Stimme der toten Cordelia sprach. Drögemüller aber heulte durch die Nase und sprach, als wenn er einen zu schmal gewölbten Gaumen hätte.

Gleich am ersten Tage sah Asmus etwas, was ihn geradezu erschreckte. Kinder während der Schulpause – das war ihm immer ein Bild befreiter, sprudelnder Jugendlust gewesen. Es war ihm gar nicht der Gedanke gekommen, daß das anders aussehen könne. Und hier sah er die Kinder, zu Vieren geordnet, langsam hintereinander hertappen, wie Gefangene, die man gerade so viel lüftet, wie zur Erzielung einer guten Gesundheitsstatistik unbedingt erforderlich ist. Und in der Mitte des Schulhofs ging ein Lehrer auf und ab, der darauf achten mußte, daß keiner aus der Reihe trat. Nun bemerkte Asmus freilich bald, daß der größere Teil des Kollegiums die Verfügung des Chefs nicht mehr sonderlich ernst nahm; die Herren ließen denn auch den spazierenden Kindern die Zügel leidlich locker. Dann freilich tauchte gelegentlich Herr Drögemüller auf und verwies laut scheltend die zuchtlosen Elemente in ihre Reihen zurück, um dem Aufseher zu demonstrieren, daß er seine Pflicht verletze. Die Herren, meistens ältere, wohlverdiente und zum Teil ihrem Chef bei weitem überlegene Männer, aßen ihr Frühstück ruhig weiter und taten nach wie vor, was sie für gut hielten. Aber jetzt waren drei junge Herren ins Kollegium gekommen, und die wollte Herr Drögemüller gleich richtig an die Kandare nehmen, damit sie ihm nicht über den Kopf wüchsen.

Als Asmus zum erstenmal die Aufsicht führte, freute er sich über jeden, der die Ordnung der Sektionen verließ. Aber siehe, schon war Herr Drögemüller da und heulte durch die Nase und trieb die Schwarmgeister an ihren Platz.

»Das geht aber nicht, Herr Semper; achten Sie bitte strenge darauf, daß die Schüler zu vieren gehen.«

»Ja, da kann dann freilich von Erholung nicht mehr die Rede sein,« bemerkte Asmus.

»Ooh, das wollen wir doch nicht sagen!«

»Ja, für siebzigjährige Spittelleute mag das ja eine genügende Erholung sein; aber junge Körper, wenn sie stundenlang in der Bank gesessen haben, wollen sich gehörig tummeln und die Lungen reinpumpen.«

»Herr Semper, wenn wir das einreißen ließen, dann würden wir jeden Tag blutige Nasen und gebrochene Gliedmaßen und hinterher die Klagen der Eltern haben.«

»Herr Drögemüller, wir haben uns als Jungen auf dem Schulhof geschlagen wie Hunnen und Nibelungen, und blutige Nasen habe ich mehr als eine davongetragen; ich habe aber Blut genug übrig behalten, vielleicht noch zuviel. Nach Ihren Grundsätzen müßte man den Kindern das Spiel überhaupt verbieten; denn Unfälle, sogar tödliche, sind freilich niemals ausgeschlossen.«

»Was anderswo passiert, ist mir einerlei, in meiner

Schule soll aber so etwas nicht vorkommen, und darum muß ich darauf dringen, daß meine Anordnungen befolgt werden.«

In Asmus wirbelte etwas empor; aber der Vorgesetzte hatte bereits den Rücken gewandt und war gegangen.

XXXVIII. Kapitel.

Schon wieder gibt es einen Zusammenstoß.

Sempern erfüllte ein seltsam unbehagliches Gefühl. Sollte ein Lehrer sich wie ein Handlanger traktieren lassen? Sein aufbrausendes Blut, das sich schnell über jedes Unrecht empörte, wollte ihn zu offener Auflehnung fortreißen. Dazu kam, daß seine Jugend, wenn auch nicht von revolutionärem Sinn, so doch von revolutionären Gedanken genährt war. Er hielt es noch immer mit den Tyrannenmördern und Volksbefreiern. Aber andrerseits hatte er zu viel klaren Verstand, um an eine Welt ohne Regierung und Gesetz zu glauben. Jeder mußte sich unterordnen, das wußte er wohl. Und wenn ein Vorgesetzter schwach war, – die, die ihn eingesetzt hatten, waren Menschen und dem Irrtum unterworfen wie er selbst. Aber wenn die Obrigkeit in der Wahl der Oberen gar zu töricht oder gewissenlos war, dann war Auflehnung so natürlich und notwendig wie sonst die Unterordnung, dann war Widerstand Pflicht, vor allem der Kinder wegen. Aus diesem Zwiespalt kam er nicht heraus.

Andere Skrupel und Sorgen kamen hinzu. Er mußte den Kleinen Religionsunterricht geben. Waren nun diese biblischen Geschichten geoffenbartes Gotteswort, dessen

Wahrheit sich auch dem kaum erwachten kindlichen Geiste auf wunderbar intuitiven Wegen erschloß? Nein, das glaubte er nicht, konnte er also auch nicht lehren. Sollte er also die Geschichte der Juden und das Leben Jesu kritisch, rationalistisch, liberal-theologisch behandeln? Der Hamburgische Staat nahm es im Gegensatz zu andern deutschen Staaten mit der Gewissensfreiheit leidlich ernst und schrieb seinen Lehrern nicht vor, wie sie die Bibel zu behandeln hätten. Aber wenn dies alles nicht zweifellose, der kindlichen Seele ohne weiteres zugängliche göttliche Wahrheit war – dann war es ja heller Unsinn, diese Materien mit sechs- bis siebenjährigen Kindern zu behandeln, dann waren es Materien für reife Jünglinge und Männer. Diese religiösen Bedenken verfitzten sich mit pädagogischen und künstlerischen. Die biblischen Historien mit den Worten der Bibel erzählen, das hieß nach seiner Meinung, die armen kleinen Kerle mit unverständlichen Worten und Begriffen quälen und war also unmöglich. Die alten Berichte aber mit eigenen, modernen Worten erzählen, dagegen sträubte sich alles in ihm, das schien ihm eine unerhörte vandalische Versündigung gegen die erhabene, ehrwürdige Kraft und Schönheit dieser Mythen. Man konnte ja auch den »Faust« mit anderen Worten erzählen; aber war das der »Faust«?

Aber das Allerschlimmste war doch, daß diese Geschichten unzweifelhaft einen persönlichen Gott annahmen und von einem Jesus berichteten, der Wunder tat, vom Tode auferstand und gen Himmel fuhr. Sich mit leeren Worten um diese Fragen herumdrücken, war unwürdig, war ihm unmöglich. Freilich, er konnte es machen wie Dr. Korn; er konnte den Kindern sagen: So berichtet die Bibel; was ihr glauben wollt, ist eure Sache. Aber das konnte man vor Jünglingen tun, nicht vor sechs- bis siebenjährigen Knäblein. Die konnten noch nicht sondern und wählen; die hingen mit dem treuen Blick des Glaubens an seinem

Munde; die glaubten alles, was er sagte, und ahnten noch nicht, daß ein Lehrer etwas sagen könne, was er selbst nicht glaube.

Endlich blieb noch der Ausweg, sich als »Beamten« zu fühlen, der ein Amt und keine Meinung habe. Er konnte diese Dinge einfach nach der orthodoxen Dogmatik behandeln und zum Beispiel die Stelle von der Schlange, die »denselbigen in die Ferse stechen werde«, als messianische Weissagung hinstellen, am Ende des Monats sein Gehalt einstreichen und die Verantwortung denen überlassen, die den Religionsunterricht verlangten, das war das sicherste. Aber diese handwerkerliche Auffassung von seinem Beruf konnte er sich eben nicht angewöhnen, so selbstverständlich sie auch Herrn Drögemüller schien. Denn diese sechzig Kinder wurden einmal sechzig Menschen, und was er als winziges Körnchen in ihre Seele warf, war vielleicht nach zwanzig Jahren ein Baum, ein nährender Fruchtbaum oder ein Giftbaum oder ein leeres Gestrüpp. Der Arzt, der nach bestem Wissen und Können in einen lebendigen Menschen hineinschnitt, konnte auch nicht zur Verantwortung gezogen werden; aber es war doch ein verteufeltes Gefühl, einen Menschen unter dem Messer zu haben.

Er beschloß bei sich, diesen Unterricht so bald wie möglich abzugeben, und fand, daß der Modus seines ehemaligen Direktors noch der redlichste und erträglichste sei. Er trug den Kindern die Bibel vor, wie sie war, und enthielt sich jeder kritischen Beleuchtung. Nur sagte er dann nicht: Ihr könnt's glauben, könnt's auch lassen, sondern getröstete sich der Hoffnung, daß sie sich bei wachsender Reife in der Stille ihres Herzens wohl selbst mit diesen Dingen abfinden würden.

Ein herzlicher Unterricht konnte das freilich nur in

solchen Augenblicken werden, wo die Naivität der biblischen Geschichten mit der Naivität der Kindesseele zusammenfiel; und in solchen Augenblicken atmete das Herz des jungen Schulmeisters erleichtert und beglückt. Und eine Fülle der Freuden quoll fast aus allen andern Stunden. Nur stampfte ihm Herr Drögemüller eines Tages auch in den Leseunterricht hinein. Herr Drögemüller dachte es sich wunderschön, wenn alle drei neuangestellten Lehrer den Leseunterricht auf völlig gleiche Weise erteilen würden, und zwar auf ebendieselbe Weise, die er vor 25 Jahren auf dem Seminar erlernt habe. In seiner Schule sollte alles ordentlich hergehen: alle sollten auf Schuhen kommen, alle sollten Schulgeld zahlen, alle denselben Glauben haben und auf dieselbe Weise »gebildet« werden.

Einer der neuen Herren tat ihm auch den Gefallen; Asmus aber und der andere gingen ihre eigenen Wege. Herr Drögemüller bemerkte das mit Mißfallen.

»Machen Sie es nicht so, wie ich es Ihnen neulich gezeigt habe, Herr Semper?« fragte er.

»Nein,« lautete die ebenso kurze wie unzweideutige Antwort.

»Warum denn nicht?«

»Weil ich meine Weise für richtiger halte.«

»Aber Herr Semper – Sie werden wohl zugeben, daß ich mehr Erfahrung habe als Sie –.«

»Das mag sein; aber ich muß meine Methode selber finden, und nur nach der Methode, die meiner Überzeugung entspringt, kann ich unterrichten. Wenn es die Jungen immer machen müßten wie die Alten, dann könnten Sie und ich überhaupt noch nicht lesen.«

»Das ist ja wohl sehr geistreich, Herr Semper; aber gleichwohl muß ich Sie bitten, meine Wünsche zu respektieren.«

»Mit Recht sagen Sie »Wünsche«, Herr Drögemüller, und nicht »Befehle«. Denn »Befehle« gibt es hier nicht. Ich bin nur verpflichtet, meine Schüler zu fördern. Welche Methoden ich dabei anwende, ist ganz allein meine Sache.«

Drögemüller war bleigrau im Gesicht geworden und schnappte, als wenn er Luft für einen längeren Satz einnehme; er entschied sich dann aber nur für ein: »Na, wenn Sie meinen –« und ging mit rachsüchtig geschwungenen Beinen hinaus. Als er draußen war, stenographierte er etwas sehr Langes in sein Notizbuch. Die Methode ist frei, dachte Drögemüller, darin hat er recht; aber ich werde schon andere Pfeifen schnitzen, nach denen er tanzen soll.

Zunächst indessen sollte Asmus ein wenig nach den Pfeifen des Exerzierplatzes tanzen. Bei der Generalmusterung im Sommer war er endgültig »gezogen« worden, und nun war die Order gekommen, daß er sich am 1. Oktober auf dem Altenberger Kasernenhofe einzufinden habe.

XXXIX. Kapitel.

Ist teilweise im Kasernenstil geschrieben und belehrt uns durch die Güte des Herrn Schieß-Unteroffiziers, was für ein Mensch dieser Asmus Semper eigentlich ist.

Was ihm an diesen Musterungs- und Gestellungsbefehlen aufgefallen war, das war die Ängstlichkeit, mit der auch der leiseste Verdacht einer höflichen Gesinnung vermieden war. Er fand, daß dieselben Befehle mit derselben Entschiedenheit in einer Form gegeben werden könnten, die mehr nach menschlicher Gesellschaft klang. Sie berührten ihn, als wären sie mit Absicht so schroff wie möglich formuliert, um das persönliche Selbstbewußtsein von vornherein auf den Nullpunkt zurückzutreiben. Überhaupt begann er diese sechs Wochen, die er als »Schulamtskandidat« unter Waffen zubringen sollte, nicht mit gehobenen Gefühlen. Ludwig Semper freilich sprach noch immer von seinen Soldaten- und Kriegsjahren als von einer frischen, fröhlichen Zeit; aber »beim Preußen« war's anders, und die vielen und abscheulichen Soldatenmißhandlungen, von denen die Zeitungen berichteten, hatten Asmussen immer mit Zorn und Entsetzen erfüllt. Frau Rebekka schwankte zwischen Stolz und Bangen. Sie war stolz, daß man ihren Sohn für tauglich befunden hatte, und sie bangte, daß man ihn mißhandeln und überanstrengen könne.

Und gleich der ganze erste Tag war eine Mißhandlung, aber keine böswillige. Die Herren Schulamtskandidaten standen nämlich mit kleinen Unterbrechungen von morgens acht bis abends sieben Uhr auf dem Kasernenhof und warteten. Einmal erschien ein Feldwebel und rief ihre Namen auf, und dann warteten sie wieder sechs Stunden. Einmal beobachtete Asmus einen Haufen Offiziere, und ein sehr temperamentvoller Herr unter ihnen schrie: »Denken Sie, der Seckendorff läßt sich wegen Krankheit beurlauben und verzehrt ein großes Beefsteak mit Spiegeleiern.« Asmus fand dies merkwürdig, aber für einen Tag war es nicht Unterhaltung genug. Er gehörte sonst zu den Menschen, die man wohl langweilen kann, die sich aber niemals selbst langweilen, weil die Gedankenmühle von selber geht wie ein `perpetuum mobile`. Aber so auf einem Fleck stehend und immer wartend, konnte man weder Gedichte machen, noch Gedankenspiele treiben; er litt Höllenqualen der Langeweile. Endlich, um sieben Uhr abends erschien ein Sergeant und erklärte ihnen, sie könnten nach Hause gehen. Denn die Schulamtskandidaten durften zu Hause schlafen und essen.

Am andern Morgen ging es endlich los. Der Sergeant Greifenberg trat vor die Front von Asmussens Abteilung und hielt eine Rede.

»Meine Herren,« sagte er, »ick hoffe, dat Sie als jebildete Herren mir meine Arbeit so leicht wie möglich machen wer'n. Ick werde Se nu mal ausbild'n. Wenn Se ooch noch so jelehrt sind, hier müssen Se doch noch wat zulernen. Sie sind Lehrers; aber ick bin der Lehrer von die Lehrers. Schtilljeschtanden!«

»Un denn merken Se sick jleich,« sagte Herr Greifenberg, indem er auf einen der Kandidaten losging, »jelacht wird nich im Jliede. Wat ick sage, is nich zum Lachen; de Sache is sehr ernst.«

Und nun begannen die Übungen; aber Herr Greifenberg stellte keine unmenschlichen Anforderungen, und Herr von Birkenfeld, der ausbildende Leutnant, noch weniger. Furchtsame Gemüter konnte freilich Herr von Birkenfeld zunächst abschrecken; denn er markierte den rauhen Kriegsmann, der weder Teufel noch Kognak fürchtet und »Sauerei« und »Schweinekram« für verblümte Redensarten hält. Wenn ihm die Richtung eines Gliedes nicht gefiel, so sagte er, in einem milden, väterlichen Tone beginnend:

»Ei, ei, ei, das Glied steht ja schweinemäßig! Der rechte Flügelmann, nehmen Sie den Bauch herein, ins drei Deubels Namen! Der Kerl taugt zum Flügelmann wie der Igel zum Schnupftuch!« Er sagte aber nicht »Schnupftuch«, sondern ganz etwas anderes, und wenn er von den unteren menschlichen Extremitäten sprach, so gebrauchte er eine Bezeichnung, die man nur unter Männern wiederholen kann, wenn keine Theologen zugegen sind. Im übrigen hatte er mit dem Flügelmann nicht unrecht. Der Schulamtskandidat Plambeck war der längste und dickste von allen; aber als er ein Gewehr mit einer Platzpatrone darin abdrücken sollte, da versagte er.

»Warum drücken Sie nicht ab?« rief Herr von Birkenfeld.

Plambeck hob den Kolben wieder an die bleiche Wange und setzte wieder ab.

»Na, wollen Sie jetzt vielleicht die Liebenswürdigkeit haben, abzudrücken?« schrie der Leutnant.

Plambeck hob schlotternd das Gewehr und ließ es abermals sinken.

Jetzt trat Birkenfeld nahe an Plambeck heran und sagte ruhig:

»Sagen Sie, fürchten Sie sich?«

»Ja,« versetzte Plambeck ehrlich.

»Na, Sie sehen doch, die andern haben auch geschossen und sind auch ganz geblieben. Ich werde jetzt kommandieren und Sie werden schießen. Legt an! – Feuer!«

I, keine Spur von Feuer.

»Heiliges Astloch!« schrie Birkenfeld. »So was ist mir denn

doch noch nicht vorgekommen! Sagen Sie mal, wie denken Sie sich das eigentlich, 'n Soldat, der nich schießt! 'n Soldat, der sich vor seiner Knarre fürchtet! Was wollen Se denn eigentlich machen, wenn –«

»Bums!« Plambeck hatte abgedrückt und lächelte stolz.

»Himmel, Schnaps und Wolkenbruch! Jetzt schießt mir der Kerl gleich in die Visage!« schrie Birkenfeld. »Herrrr, ich werde Sie ins Loch stecken, Herrrr!«

Aber er steckte niemanden ins Loch, nicht einmal Büsing, der es doch einigermaßen verdient hatte. Büsing hatte morgens bei der Schießübung zu viel »Zielwasser« getrunken; die Kneipe lag in allzu verlockender Nähe des Schießstandes. Herr von Birkenfeld, der eine verständnisvolle Leber besaß, hatte gesagt: »Gehen Sie nach Hause und schlafen Sie aus.« Das hatte Büsing so gründlich besorgt, daß er nachmittags eine Stunde zu spät zum Dienst gekommen war. Büsing war das aber noch immer nicht des Frevels genug gewesen; er hatte sich lächelnden Mundes bei dem Herrn Leutnant gemeldet mit den Worten:

»Vom Ausschlafen zurück!«

Da hatte ihm Birkenfeld zwar drei Tage aufgebrummt; aber er hatte sie ihm noch am selben Tage erlassen. Wenn er fluchend und wetternd und mit gezücktem Degen den Parademarsch abnahm und sein breiter blonder Bart im Winde wehte, dann sah er aus wie ein Eisenfresser, und doch war er ein vom Grund des Herzens humaner Mann, für den die Worte »gutes, kameradschaftliches Verhalten« nicht nur auf dem Papier standen und der im gemeinen Soldaten den gleichwertigen Menschen und Waffengenossen sah. Einmal hatte er aber doch etwas zu saftig geschimpft. Als der Schulamtskandidat Thölemann, der wie ein künftiger Pastor aussah, sprach und fühlte, gleich einer nassen Unterhose am Reck hing und ebensowenig wie dieses Kleidungsstück einen Klimmzug zu machen imstande war, da schrie Birkenfeld:

»Herrrr, sei'n Se nich so schlapp, Herrrr! Deubel noch'n mal! Kerl hat natürlich die ganze Nacht bei Wachtmann 'rumgeh–t!«

»Wachtmann« war ein ziemlich unethisches Tanz- und Nachtlokal, und das wollte sich Thölemann nicht bieten lassen. Er wollte sich über Birkenfeld beschweren. Und es war das beste Zeugnis für diesen Leutnant, daß die Kameraden Thölemannen abrieten, weil man die Schimpfreden Birkenfelds nicht tragisch nehmen dürfe, und nicht am wenigsten trat Asmus für den Beleidiger ein. Er liebte solche Menschen, die sich von Temperament und Leidenschaft fortreißen ließen und es im Grunde des Herzens doch gut meinten; er fühlte sich ihnen verwandt. Übrigens überlegte sich Birkenfeld seine Diagnose noch einmal, bat Thölemann um Entschuldigung, und die Sache war erledigt.

Daß Schimpfen und Schimpfen zweierlei ist, das bewies Asmussen Seine Exzellenz der Herr Schießunteroffizier. Asmus hatte durch irgendeinen Zufall keine Exerzierpatronen erhalten und sollte sie sich vom Schießunteroffizier holen. Er suchte den Herrn auf, nahm die vorschriftsmäßige Haltung ein und sagte:

»Darf ich bitten um meine Exerzierpatronen?«

Da sah der Herr Schießunteroffizier Asmus Sempern mit einem langen Blick sprachloser Entrüstung an. Endlich aber fand er Worte und sprach den gewichtigen Satz:

»Mensch, Sie sind doch ebenso dumm wie frech!«

Die grenzenlose Dummheit und Frechheit Asmussens lag

nämlich darin, daß er annahm, der Herr Schießunteroffizier werde jetzt, außerhalb der Empfangszeit, Lust haben, ihm die Patronen zu geben.

Asmus, der über die erfahrene Beschimpfung bis hinter die Ohren errötet war, sah dem Manne scharf in die Augen und sagte nur:

»Der Herr Leutnant schickt mich.«

Keineswegs behauptete jetzt der Herr Unteroffizier, daß der Leutnant ebenso dumm wie frech sei; er beeilte sich vielmehr, Sempern die Patronen zu verabfolgen. Es war derselbe avancierte Bauernbursche, der einen Schulamtskandidaten darüber belehrt hatte, daß es nicht »Serschant«, sondern »Schersant« und nicht »Premjé-Leutnant«, sondern »Premihr-Leutnant« heiße.

Als Asmus mit seinen Patronen auf den Kasernenhof zurückkehrte und sich die empfangene Charakteristik wiederholte, da mußte er laut auflachen über die Komik der Situation. Aber als er der Physiognomie dieses Menschen gegenübergestanden hatte, da war es ihm doch heiß ins Gehirn geschossen, dem Lümmel hinter die Ohren zu schlagen; denn aus diesen kaltfrechen Augen hatte ihn die machttrunkene Brutalität der emporgekommenen Roheit, hatte ihn der Typus des Soldatenschinders angestarrt.

Und doch war der Schießunteroffizier noch lieb im Vergleich zu dem Assistenzarzt Dr. Rheinland.

XL. Kapitel.

Was? Hinkt der Kerl auf einem Fuß? Asmus lernt einen

dummen und einen klugen Doktor kennen.

Asmus vertrug sich mit seinem Dienste ausgezeichnet; der »langsame Schritt« und die Gewehrgriffe waren ja nicht brennend interessant und mit Rousseau- oder Kantlektüre nicht zu vergleichen; aber er sagte sich, das Leben kann nicht immer kurzweilig sein, und wenn er eine Arbeit anfaßte, so machte er sie so gut wie möglich. Er hatte denn auch die ausdrückliche Anerkennung des Herrn von Birkenfeld und des `magister magistorum` Greifenberg gefunden. Und die Marsch- und Felddienstübungen waren nun geradezu ein Vergnügen und eine Lust. Sie lehrten ihn seine körperliche Kraft und Ausdauer kennen, die er weit unterschätzt hatte. Wenn er sah, daß er es bei voller feldmarschmäßiger Belastung im Laufen und Springen hügelauf und hügelab den Längsten und Dicksten gleichtat, ja länger aushielt als mancher Schlagetot – denn die Größten sind nicht die Stärksten – dann hob seine Brust ein unaussprechliches Glücksgefühl, das Gefühl eines Siegers, der sich selbst überwand und seine ganze eigene Welt beherrscht. Oft klopfte ihm wild das Herz, und nicht immer ward es ihm leicht, dies Vorwärtsstürmen und Niederwerfen und Wiederaufspringen und Wiedervorwärtsstürmen; aber wie ein Rausch entzückte ihn das Gefühl, seine Kraft bis auf den letzten Rest und aus den verborgensten Quellen hervorzurufen und durch ein bloßes »Ich will« jede Schwierigkeit zu überwinden. Und zu allem hatte noch dies Kriegsspiel, dies Streifen durch Feld und Heide, dies auf Feldwache liegen und Patrouillengehen seine Schönheit, seinen Zauber, seine Poesie. Aber trotz alledem lahmte er eines Morgens; er hatte es mit dem langsamen Schritt und Parademarsch so gut gemeint, daß er sich eine Zerrung der Achillessehne am linken Fuße zugezogen hatte. Gleichwohl versuchte er regelrecht zu marschieren und den Schmerz zu verbeißen; aber er machte es damit nur schlimmer.

»Melden Sie sich revierkrank!« sagte Herr v. Birkenfeld.

Im Revier saß der Assistenzarzt Dr. Rheinland. Er würdigte die kranken Partien der Patienten kaum eines Blicks, im übrigen sah er sie überhaupt nicht an. Er kurierte ohne Ansehen der Person. Er drückte kräftig mit dem Finger auf die geschwollene Ferse des Musketiers Semper, und dieser zuckte zusammen.

»Was fällt Ihnen ein!« schnauzte der Herr Doktor. Asmus wußte noch nicht, daß ein Soldat niemals zuckt. Er wußte freilich auch nicht, wie der Arzt sonst von seinen Schmerzen erfahren sollte, da er weder fragte, noch sich irgendwie auf eine weitere Untersuchung einließ. Er erklärte Sempern für dienstfähig; denn er gehörte zu jenen Militärärzten, die die Krankheiten wegmachen, ehe sie sie erkannt haben. Man macht auf diese Weise einen schneidigen Eindruck, schreckt die Simulanten ab, erzielt eine gute Gesundheitsstatistik und reicht weiter mit seinen Kenntnissen.

Natürlich hinkte Asmus weiter.

»Semper, hol' Sie der Deubel! Sie hinken ja noch immer!« schrie der Leutnant.

Asmus berichtete, wie es ihm ergangen.

»Treten Sie aus und gehen Sie morgen wieder hin!« entschied Birkenfeld.

Am andern Morgen erschien Asmus wieder im Revier. Diesmal drückte Herr Rheinland nicht einmal mit dem Finger; er warf einen verächtlichen Blick auf die gemeine Soldatenferse und schrieb, daß der Musketier Semper dienstfähig sei.

Beim Parademarsch exerzierte der Musketier Semper

genau wie ein Musketier Hephästos oder Mephistopheles.

»Semper!« brüllte v. Birkenfeld. »Herr Semper, ich befehle Ihnen, daß Sie das Hinken lassen; ich verbiete Ihnen einfach das Hinken, Herrrr!«

Die Befehle des Herrn Leutnants waren aber der Achillessehne nicht maßgebend.

»Musketier Semper!« schrie Herr v. Birkenfeld. Asmus faßte das Gewehr an und lief hinkend zu seinem Vorgesetzten. »Was hat denn der Arzt gesagt?«

»Er hat mich ohne Untersuchung und ohne ein Wort zu sprechen, dienstfähig geschrieben.«

»Also geh'n Sie nach Hause, legen Sie sich aufs Sofa und fragen Sie 'n studierten Mediziner. Wegtreten!«

Das tat Asmus. Der »studierte Mediziner« legte einen Verband an, und in zwei Tagen war die Sehne geheilt.

Im übrigen schied er von dieser Zeit mit unvergleichlich freundlicheren Gefühlen, als er sie beim Eintritt empfunden hatte. Freilich, das Leben in der Kaserne hatte er nur sehr flüchtig kennen gelernt und wenn er sich vorstellte: drei Jahre in der schrecklichen Banalität dieser Räume, in der erdrosselnden Prosa dieses »inneren Dienstes« verbringen – dann lief es ihm eiskalt den Rücken hinunter. Aber wenn er gerecht sein wollte, dann mußte er bekennen, daß in seiner Erfahrung die guten und heilsamen Eindrücke überwogen. Nicht wenig trug zu dieser Stimmung ein gehobenes Gesundheitsgefühl bei. Er war immer ein gesunder Mensch gewesen; aber jetzt ward ihm seine Gesundheit förmlich bewußt; er fühlte wie in einem Rausch seine Adern strotzen und seine Muskeln schwellen. Von trüben Seminarzeiten abgesehen, hatte er auch immer einen gesegneten Appetit bekundet; aber nie hatte er solche Wonnen verzehrender

Andacht empfunden, wie nach strammem Dienste vor den Würsten und Bierflaschen der Kantine. Wenn er nach vierstündigem Marsche solch eine Literflasche voll Braunbier an den Mund hob – denn der Soldat hat nicht immer ein Glas zur Hand – und minutenlang nicht wieder absetzte, dann schloß er fromm die Augen, und auch das war ein brünstiges Dankgebet an die Macht, die ihn gesund erschaffen und solcher Freuden fähig gemacht hatte. Überhaupt waren diese sechs Wochen ein Leben im Fleische; ihn interessierte nur Körperliches, und wenn er an sein Bücherbrett trat und auf den Rücken der Bände Namen wie »Lessing«, »Comenius« und »Euripides« las, dann kamen ihm diese Zivilisten wie Leute vor, von denen er in längst vergangenen Zeiten einmal hatte reden hören; der Gedanke, ein Buch herauszunehmen und zu lesen, erschien ihm vollkommen absurd. Der Körper ließ dem Geiste nur so viel Kraft übrig, als zu einer sanften Verblödung unbedingt nötig war: Asmus vegetierte in diesen sechs Wochen, und daran änderte selbst das geistige Moment des Dienstes, die Instruktionsstunden über Gewehrputzen, Rangverhältnisse und Kriegsartikel nichts Wesentliches, so schön sie auch manchmal sein mochten. Sergeant Greifenberg, der Lehrer von die Lehrers, wußte selbst die einfachsten Dinge für die gescheitesten Köpfe unklar zu machen, und wenn er über das Schloß des Infanteriegewehres Modell 71 instruierte, dann hätte der Erfinder des Schlosses, wenn er zugehört hätte, seine eigene Erfindung nicht mehr verstanden. Herr von Birkenfeld hingegen betrieb die subtilsten logischen Sonderungen, besonders wenn er Kognak geladen hatte.

»Was ist Mut und was ist Tapferkeit?« fragte er eines Tages den Musketier Semper.

Asmus mußte sich einen Augenblick besinnen und sagte dann: »Mut und Tapferkeit sind wohl im wesentlichen dasselbe; eine Gemütsstimmung, die sich durch eine erkannte Gefahr nicht schrecken läßt. Man könnte sagen, daß der Mut mehr eine Sache persönlicher Veranlagung und mehr impulsiver Natur ist, während die Tapferkeit ein pflichtbewußtes Ausdauern in der Gefahr in sich schließt ......!«

»Nee, nee, das is nichts,« rief Herr von Birkenfeld abwinkend. »Gemütsstimmung, was Gemütsstimmung! Der Soldat hat keine Gemütsstimmungen! Wenn es heißt: die Mauer da muß hinuntergesprungen werden, dann springt er, und das ist Mut. Tapferkeit is hingegen ganz was andres. Tapferkeit zeigt der Soldat den feindlichen Kugeln und Bajonetten gegenüber!«

Von solchen Stunden kam Asmus immer sehr vergnügt nach Hause, und wenn dann seine Brüder Reinhold und Adalbert dastanden und Front machten, dann dankte er ganz von oben herunter, etwa wie ein alleroberster Kriegsherr oder wie der Assistenzarzt Rheinland, wenn man ihm eine Achillesferse zeigte. Dann schrien Reinhold und Adalbert: »Seht den Hanswurst, er spielt sich auf!« Und dann zog Asmus das Seitengewehr und rief: »Bei Angriffen auf seine Soldatenehre darf der Soldat von der Waffe Gebrauch machen!« und nahm Aufstellung zum Brudermord.

Und noch an einem der letzten Nachmittage seiner Dienstzeit machte Asmus eine höchst sympathische Bekanntschaft. Ein Leutnant der Reserve erläuterte Plan und Idee der am Morgen unternommenen Felddienstübung, und er machte das so fein, so frisch und so klar, daß Asmussens Schulmeisterherz vor Freuden hüpfte. »Wenn das kein Schulmeister ist, so will ich Erzbischof sein,« dachte Asmus, und als die Entladung aus dem Dienste in der Kantine mit einem gemeinsamen Trunk gefeiert wurde, kam Asmus in die Nachbarschaft desselben Leutnants, der sich bald als Gymnasiallehrer Dr. Rumolt zu erkennen gab.

Man sang das gefühl- und weihevolle Lied:

>»Nach so viel Kreuz und ausgestandenen Leiden, ja!
>Erwarten euch die himmlischen Freuden, ja!«

»Ja, ja, die himmlischen Freuden!« sagte Rumolt. »Jetzt geht's wieder in die Schulstube.«

»Ja!« versetzte Asmus mit Fröhlichkeit.

»Freuen Sie sich darauf?«

»O ja!«

»Dann sind Sie ein glücklicher Mensch.«

»Sind Sie nicht gern Lehrer?«

»O,« machte Rumolt, »ich wüßte nichts Schöneres als Lehrer sein – wenn man es nur sein könnte.«

»Wie meinen Sie das?« fragte Asmus begierig, und nun kamen sie in ein Gespräch über moderne Erziehung, und Asmus machte in diesem Manne einen Fund, der ihm in den kommenden Kämpfen mit dem System Drögemüller ein Labsal werden sollte.

XLI. Kapitel.

Die Schule am Wiesenhang.

Und die Kämpfe mit diesem System nahmen bald wieder

ihren frisch-fröhlichen Anfang, und in Asmussen stiegen lebhafte Zweifel darüber auf, ob es sich angenehmer unter dem Korporalstock oder unter dem Federhalter eines Bureaukraten lebe. Es war gar nicht zu leugnen, Drögemüller hatte meistens den Buchstaben des Gesetzes für sich, und es gab viele Gesetze mit vielen Buchstaben. Diese Gesetze konnten erträglich sein in der Hand eines Mannes, der den Geist vom Buchstaben zu sondern wußte; er aber verschärfte diese Gesetze noch durch seine Persönlichkeit. Wenn man ihm klarzumachen suchte, daß der Lehrer ein Künstler sei, der zu seinem Werk der freien Bewegung, der guten Laune und einer schaffensfröhlichen Stimmung bedürfe, den man deshalb mit Liberalität und mit Achtung vor seiner Eigenart behandeln müsse, dann zeigte Drögemüllers Angesicht ein irres, aber überlegenes Lächeln, als spräche man Chinesisch zu ihm und als verstünde er das Chinesische besser. Wenn die Verordnung vier schriftliche Hausarbeiten in der Woche vorschrieb und nur drei gemacht waren, dann kümmerte es Drögemüller nicht, daß der Verbrecher mit aufopfernder Begeisterung und treustem Eifer zu arbeiten pflegte und seine Klasse so weit fortgeschritten war wie irgendeine – er kannte keine Scham vor dem Geiste und bestand auf seinem Schein. Nicht das Geschaffene zu würdigen und zu mehren, sondern auf Übertretungen zu fahnden – darin erkannte er seinen göttlichen Beruf. Zu diesem Zwecke schlich er überall mit seinem Notizbuch umher, zu diesem Zwecke horchte er sogar an den Türen, und es verbesserte seine Stimmung gegen Asmussen nicht, als dieser eines Tages eine Tür, hinter der er Herrn Drögemüller ahnte, mit großer Kraft öffnete und dabei den spitzesten Ellbogen des Vorgesetzten traf.

»Pardon,« sagte Asmus, »ich konnte nicht ahnen, daß Sie hinter der Tür ständen.«

Wenn sich nun auch Asmus bewußt war, daß er alles

leistete, was eine menschliche Behörde von ihm verlangen konnte, so verdarb ihm doch diese Aufpasserei einen Teil seiner besten Kraft. Ihm war dabei zumute wie dem Reisenden, der eine geweihte Stätte besucht und der aus allen Winkeln trinkgeldsaugende Blicke auf sich gerichtet sieht; eine große, freie Bewegung des Herzens konnte nicht aufkommen. So war es denn Trost und Erquickung, mit Dr. Rumolt, seinem neuen Freunde, in freien Abendstunden von der Schule der Zukunft wenigstens reden zu können.

Sie waren die Flottbeker Chaussee, die lieblichste Landstraße der Welt, hinuntergewandert, waren in einen zum Flußufer hinabführenden Engpaß eingebogen und hatten sich auf einer Bank in halber Höhe des Weges niedergelassen. Vor ihnen breitete sich ein beblümter Wiesenhang, von Gebüsch umkränzt, und über die Büsche hinweg sah man den großen, stillen, majestätischen Strom. Die Wiese gehörte zu einem Mühlengehöft, und die alte Mühle drehte schläfrig ihre Flügel.

»Sehen Sie,« sagte Rumolt, »das wär' eine Schulstube, gelt? Was meinen Sie: auf dieser Wiese mit seinen Jungens oder Mädels liegen und von Gras und Blumen sprechen, von Frosch und Schmetterling, von Busch und Baum, von Rind und Schaf, von Müller und Mühle, von Schiff und Seefahrt, von den Flotten der Hansa und von Störtebekers Räuberfahrten, und dann mit Jungen oder Mädchen hinunterrudern oder -segeln und ihnen zeigen, wo die Helden der Gudrunsage auf dem Wulpensande kämpften und wo Hettel von Hegelingen gewohnt. Meinen Sie nicht, daß ihnen da eine andere Welt aufgehen würde als die, die ihnen zwischen vier Mauern als »Welt« vorgetäuscht wird?«

»Das meine ich allerdings.«

»Hinaus ins Freie! – Das ist das ganze Geheimnis der Pädagogik. Die Welt anschauen und anfassen, das ist alles.

Sie nennen es bei Gott Anschauung, wenn sie Bilder und Präparate im Zimmer vorzeigen. Das ist, wie wenn jemand einen Vortrag übers Meer halten und zur Veranschaulichung ein paar Tropfen Seewasser in einem Probiergläschen vorzeigen wollte. Sie zeigen ein paar Tropfen vom Meere des Lebens. – Sehen Sie hier, diese Wiese, dieses Gehöft, dieser Strom, so weit wir ihn sehen, dieser Himmel, sie umschließen nahezu alles menschliche Wissen und Erkennen. Auf diesem Fleckchen könnte man eigentlich alles lernen, was der Mensch wissen und brauchen kann.«

»Aber auf die Dauer würde es Ihren Schülern langweilig werden.«

»Gewiß, wir wollen ja auch von Ort zu Ort wandern. Ich will ja nur zeigen, daß die Natur überall Millionen Anknüpfungspunkte bietet, die in der Schulstube nur in der Einbildung vorhanden sind. Denn das Wissen der Schule ist gar kein Wissen. Wissen ist Können; nur was man kann, das weiß man auch. Selbst handeln, selbst schaffen muß das Kind, wenn es lernen soll. Wenn ich frei in meinem Beruf wäre, so müßten meine Schüler ohne Ausnahme Ackerbau treiben. Nicht, daß sie alle Landleute würden, bewahre; viele würden ja gar kein Talent dazu haben – aber der Ackerbau umfaßt nahezu den ganzen Kreis des menschlichen Wissens und Könnens, und er lehrt dieses Wissen und Können durch Tat!«

»Der Unterricht, wie Sie sich ihn denken,« sagte Asmus, »würde allerdings eine wesentlich kleinere Schülerzahl voraussetzen.«

»Gewiß,« fuhr Rumolt fort. »Ich denke, ein Lehrer kann nur so viele Kinder wirklich erziehen, wie ein Vater allenfalls erziehen kann, und zwölf, die ehrwürdige Patriarchenzahl, erscheint mir da als das äußerste Maß.«

»Da brauchen wir viele Lehrer, und zwar Männer von außerordentlich vielseitiger Bildung.«

»Daß unsere Lehrer eine bessere Bildung empfangen könnten, als sie auf Seminaren und Universitäten meistens finden, daß sie ihre beste Kraft in einem öden Datenwissen verzehren und verzetteln müssen, das wissen Sie so gut wie ich. Im übrigen aber dürfen Sie sich meinen Lehrer nicht wie einen allwissenden Magister von heute vorstellen. Er wird sich nicht schämen, ein Lernender mit Lernenden zu sein, und wird keinen Augenblick zaudern, zu sagen: 'Das weiß ich nicht, ich werde mich zu unterrichten suchen', oder 'Forscht selber nach, und wer es gefunden hat, der sag es uns'.«

»Der banalste Einwand ist der gewichtigste,« meinte Asmus, »das Geld. Der Staat müßte sich einen ganz andern Schulsäckel zulegen als den heutigen.«

»Ja – hahahaha – das müßte er,« lachte Rumolt. »Er müßte sich an den eigentlich doch recht naheliegenden Gedanken gewöhnen, daß er keine höhere Aufgabe hat als die Erziehung seiner Bürger, daß er gar nicht besser für seinen eigenen Bestand sorgen kann als durch die Erziehung seiner Bürger, und daß er darum kein größeres Budget haben sollte als sein Erziehungsbudget.«

»Statt dessen macht er das Einjährigen-Zeugnis zum Erziehungsideal,« bemerkte Asmus.

»Ja!« Rumolt schlug ihm lachend aufs Knie. »Ist eigentlich eine ärgere Posse denkbar? Eine militärische Vergünstigung als Speck in der Seelenfalle! Und nach diesem Zeugnis müssen sie nun alle ohne Unterschied streben – die das Geld dazu haben, natürlich – und alle, die im Leben »etwas Besseres« werden wollen, müssen dasselbe famose Abiturium machen. Da schimpfen sie auf die Gleichmacherei der Kommunisten und Sozialdemokraten – aber gibt es eigentlich eine schlimmere Gleichmacherei als unsere Prüfungsvorschriften? Da hab ich einen Burschen in der Untersekunda, einen Prachtbengel, vorzüglich begabt in der Mathematik und allen Naturwissenschaften, von merkwürdigem Geschick in allem Technischen – was er anfaßt, gelingt ihm, und obendrein noch hochmusikalisch. Aber auf dem Kriegsfuß mit allem, was fremde Sprachen heißt. Nun sitzt er das zweite Jahr in meiner Klasse, und wenn seine fremdsprachlichen Leistungen nicht besser werden – und dazu ist keine Hoffnung – dann bleibt er zu Ostern wieder sitzen und erreicht nicht einmal das Einjährigen-Zeugnis. Und ich halt es für sehr wohl möglich, daß er nach sieben Jahren der Angst und Mühe hingeht und sich erschießt. Nun frage ich Sie: warum soll dieser Mensch **nicht** auf die Universität gehen und Naturwissenschaften studieren, warum soll er **nicht** aufs Polytechnikum gehen und Ingenieur werden dürfen? Wäre nicht denkbar, daß er einmal von seinem Laboratorium aus die Welt aus den Angeln höbe, ohne den Beistand der Herren Xenophon, Ovid und Victor Hugo? Doch –« Rumolt zeigte nach Westen –

»Doch laß uns dieser Stunde schönes Gut Durch solchen Trübsinn nicht verkümmern! – Sie rückt, sie weicht, der Tag ist überlebt!«

Was denken Sie, wenn man bei solchem Anblick mit seinen Schülern von der Sonne spräche, nicht von ihrer chemischen Zusammensetzung und ihrem Kubikinhalt – das würd' ich am Tage tun –, aber von den Ländern, denen sie jetzt das erste Licht bringt, von der Sonne als Gottheit und Symbol, von Karl Moors Wehmut: 'So stirbt ein Held' und von Faustens Sehnsucht, ihr zu folgen? Müßten da nicht in den Seelen der Kinder und Jünglinge wie von selbst die Ewigkeitsgedanken erwachen?«

XLII. Kapitel.

Der Skat und die Metaphysik, das Billard und Emilia Galotti, Herr Strecker und die deutsche Treue, Herr Drögemüller und ein Krach.

Erholung und Stütze fand Asmus auch bei den Herren seiner Schule, und es hatte nicht lange gewährt, bis er, einen einzigen ausgenommen, zu allen in das beste kollegiale Verhältnis kam. Wie natürlich, hatte aber sein Herz unter diesen Männern eine engere Wahl getroffen und am besten hatten ihm zwei gefallen, Fritz Goers, ein wohlbeleibter, jovialer Riese, der Asmussens Vater sein konnte, und Klaus Heide, ein sehniger, knorriger Dithmarscher. Und wenn es nun in den Konferenzen etwas Gutes und Neues durchzusetzen galt, zogen diese Triumvirn an einem Strang.

Aber sie zogen nicht nur an einem Strang, sie sogen auch oft an einem Trank, der bei Herrn Kuhlmann besonders kühl und frisch verzapft wurde. Herr Kuhlmann hieß Akademos, und sein Garten wurde die Akademie genannt. Es war für Asmus zunächst eine Skat- und Billard-Akademie. Dem Skat vermochte er keinen Geschmack abzugewinnen; er gewann es nicht über sich, diese Kunst mit dem strengen, sittlichen Ernste zu üben, den sie verlangte; er dachte immer an irgend etwas andres, »wimmelte« Aß und Zehn in die Stiche des Gegners hinein und hatte außer fortgesetzten Verweisen wegen Unaufmerksamkeit nichts davon als die Ehre, bezahlen zu dürfen. Dagegen entwickelte er unter Goehrs, des Riesen mildväterlicher Führung das Billardspiel zur Leidenschaft.

Um Mitternacht begann dann die pädagogisch-ästhetisch-philosophische Sitzung, die Heide gewöhnlich durch irgendein wildes Paradoxon eröffnete, welches Paradoxon dem Asmus Semper alsbald wie eine Rakete durch den Leib fuhr. Damit es an Meinungen und Temperament nicht fehle, kam gewöhnlich noch Heides Freund, der kleine Stockelsdorf hinzu, und in der Regel endeten diese schweren Verhandlungen morgens um sechs Uhr unter einer Straßenlaterne, mit einem Streit über die Frage, ob Raum und Zeit Anschauungen a posteriori oder a priori seien, oder über ähnliche Bagatellfragen, und die vorübergehenden Milch- und Brotleute pflegten sich über die Erregung der Herren baß zu verwundern. Eines herbstlichen Abends aber, als sie auf dem Hamburger Gänsemarkt, dem Lessing-Denkmal gegenüber, in einem Café saßen, ward Asmus plötzlich stumm.

»Was hast du?« fragte Heide, der Dithmarscher.

»Ich betrachte schon eine ganze Zeit lang dies wunderbare Licht da auf dem Scheitel des Lessing,« sagte Asmus, »und kann mir nicht erklären, woher dieser rötliche Schein kommt. Diese Erscheinung hat für mich etwas Ergreifendes.«

Die andern bestätigten seine Beobachtung und zerbrachen sich den Kopf, wo dieses magische Licht seinen Ursprung haben möge.

»Das ist die Sonne,« sagte der Kellner, der eben eine Runde Grog brachte.

»Wieso Sonne?« rief Asmus. »Die Mitternachtssonne, was?«

»Es ist sechs Uhr,« sagte der Kellner.

Die vier zogen gleichzeitig die Uhr. Es war sechs. Sie

hatten in ihrer Unschuld gemeint, es sei ein bißchen nach Mitternacht.

Jetzt tranken sie ihren Grog aus, traten auf den Markt hinaus und hatten vor dem Lessing-Denkmal noch einen dreiviertelstündigen Streit darüber, ob Emilia Galotti den Prinzen liebe oder nicht; dann schlenderten sie in die Vorstadt hinaus und befriedigten auf dem Wege unaufhörlich metaphysische Bedürfnisse.

»Wie kann ein Volk wie das französische ohne Metaphysik leben!« krähte Stockelsdorf um die Wette mit einem Hahn, der aus einem nahen Stalle seinen Weckruf erschallen ließ.

Und Asmus, der nicht ohne Metaphysik leben konnte, bewies Stockelsdorfen, daß man sehr gut ohne Metaphysik leben könne; denn es war in diesem Kreise stillschweigendes Gesetz, daß keine Behauptung unwiderlegt bleiben dürfe. Das war eine gute Übung; denn was sie dabei an Unsinn produziert hatten, das fiel ihnen am andern Tage von selbst ein und war eine wohltätige Verschärfung ihres Katers.

Trotz dieser außerordentlichen Anstrengungen schnitt Asmussens Klasse bei der Osterprüfung vortrefflich ab, und ein angesehener Spezialist des Rechenunterrichts sagte: »Die Klasse rechnet besser als die meine.« Auch Herr Drögemüller fand nicht das geringste zu erinnern; aber Frieden konnte er darum doch nicht halten. Der Bund der Triumvirn war ihm ein Pfahl im Fleische; denn die Festigkeit der Dreie steifte auch andern Herren den Nacken. Freilich hatte er einen gewissen Trost und eine stille Freude an Herrn Strecker. Herr Strecker war ein Mann, der wiederholt nicht nur vor dem ökonomischen, sondern vor allen möglichen anderen Bankrotten gestanden hatte. Als es am schlimmsten um ihn stand, hatte er Buß' und Reu' in sich erweckt; fromme Hände, die gewöhnlich mächtig sind, hatten ihm unter die Arme gegriffen und ihn vor der Katastrophe bewahrt, und nun suchte er den oberen Stellen seine Schönheit zu beweisen durch strotzende Religiosität, heftigen Patriotismus mit gelegentlicher Denunziation von Majestätsbeleidigern und durch lackierte Pflichterfüllung. Seine Schüler sprangen wie ein Mann auf die Füße, wenn der Herr Hauptlehrer eintrat, gingen auf dem Hofe immer genau zu Vieren, und jeden Morgen eröffnete er mit Gebet und Choral. Zwar kam er manchmal zu spät; aber seine Schüler konnten ihn schon von weitem die Straße heraufkommen sehen, und wenn er dann den Schirm hob, setzten sie sofort ein mit

»Dich seh' ich wieder, Morgenlicht! –«

so vorzüglich waren sie geschult. Seine Hefte waren immer richtig korrigiert; er hatte aber auch für die Korrektur der Hefte, die größte Plage des Lehrers, ein ingeniöses, zeit- und nervensparendes Verfahren erfunden. Der Präparand nämlich, der bei ihm hospitieren und die Kunst des Unterrichtens erlauschen sollte, stand hinter einer geöffneten Schranktür, hatte im Schrank die Hefte und die rote Tinte vor sich und korrigierte. Wenn dann Herr Drögemüller zur Tür hereintrat, rief Herr Strecker:

»Rieffelstahl! Sitz gerade!« oder

»Rieffelstahl! Schau hierher!«

und »Rieffelstahl!« war immer das Zeichen, daß der Präparand die Schranktür unauffällig schließen und mit einem sittlich reinen Angesichte hervortreten solle. Solche Mannen wie Strecker – »ich bin ein deutscher Mann«, pflegte er zu sagen, – sind nun freilich keine starken Helfer im offenen Streit; aber er trug seinem Hauptlehrer manche schätzenswerte Nachricht über seine Kollegen zu; auch er führte ein Notizbuch. Und so berichtete er Herrn Drögemüller unter anderem, daß Herr Semper im

Zeichenunterricht allerlei Allotria treibe, die gar nicht im Lehrplan dieses Unterrichts stünden.

Asmussens Schüler hatten nämlich schweigend, aber deutlich gezeigt, daß sie die unaufhörliche Fabrikation von senkrechten, wagerechten und schrägen Strichen, von Vierecken, Dreiecken, Sechsecken und ähnlichen schönen Figuren betäubend langweilig fänden, und Asmus hatte ihnen darin von Herzen zugestimmt. Er ließ sie darum im letzten Teil der Stunde allerlei Dinge zeichnen, die ihnen Vergnügen machten und die sie mit Feuereifer nachzubilden suchten. Er verfolgte damit ein Prinzip, von dem ihm schien, daß jeder vernünftige Unterricht es zum Ausgang nehmen solle. Da kam Herr Drögemüller in die Stunde, ging zwischen den Bänken umher und entbot dann Herrn Semper für die nächste Pause in sein Kontor.

»Herr Semper, ich muß Sie abermals ersuchen, sich in Ihren Stunden durchaus an den Lehrplan zu halten.«

Asmus zwang sich zur Ruhe und versuchte, seinem Chef in höflichster Form seine Beweggründe mitzuteilen. Um gerade Striche machen zu lernen, sei es doch nicht nötig, daß man ununterbrochen gerade Striche nebeneinander setze; man könne das doch auch an Figuren lernen, die dem Leben entnommen seien: oberstes Gesetz sei doch, daß der Unterricht lebendig und interessant sei; Striche und Quadrate seien aber weder lebendig noch interessant für kleine Kinder ...

Aber das waren sozusagen Gedanken, und auf Gedanken ließ sich Drögemüller, um kein Präjudiz zu schaffen, niemals ein.

»O, Herr Semper,« rief er, »Quadrate sind wohl interessant, wenn Sie sie nur vorher mit den Kindern ausführlich besprechen, wie ich es Ihnen gezeigt habe.«

»Was Sie mir gezeigt haben, ist Geometrie und gehört – da Sie doch immer auf den Lehrplan pochen – in eine höhere Klasse. Das würde mich nun zwar nicht hindern; aber eine lange und breite Besprechung des Quadrats würde die Kinder schon deshalb öden, weil sie gar nicht begreifen würden, was ein Quadrat sie überhaupt angehe.«

Mit dem Hinweis auf den Lehrplan hatte dieser fatale Semper recht, und darum wurde Drögemüller jetzt ganz unangenehm.

»Herr Semper,« heulte er nach Art einer Schiffsirene, »ich frage Sie formell und dienstlich, ob Sie sich meinen Anordnungen fügen wollen oder nicht!«

»In diesem Falle nein,« versetzte Asmus.

»Gut. Dann werde ich dem Herrn Schulrat Bericht erstatten.«

»Ich auch,« sagte Asmus und ging.

Nach drei Tagen hatte er die Vorladung vor den Schulrat Dr. Korn.

XLIII. Kapitel.

Von zweierlei Schulräten.

Als er am Abend mit Doktor Rumolt spazierte, zeigte er ihm die Vorladung und erzählte, was vorhergegangen.

»Haha« – Rumolt lachte bitter auf, und dann fuhr er wehmütigen Tones fort: »Das wird Ihnen noch oft begegnen, lieber Freund. Nirgends ist der Fortschritt verhaßter, nirgends werden neue Ideen feindseliger befehdet als in der Pädagogik. Denken Sie z. B. an unsern braven Valentin Ickelsamer. Der fand zu Luthers Zeiten, daß es ein Unsinn sei, die Kinder nach Buchstabennamen lesen zu lehren, man müsse das Wort in seine wirklichen Laute zerlegen und die Kinder lautierend lesen lassen. Er machte das damals schon so klar, daß es ein Schwachkopf begreifen konnte. Und in der zweiten Hälfte des neunzehnten Jahrhunderts entschloß die Schule sich wirklich, diesen einfachen und darum freilich genialen Gedanken zur Ausführung zu bringen. Aber das ist ein Beispiel von fabelhafter Geschwindigkeit. In den Klosterschulen des Mittelalters bildete man den Geist am Griechischen und Lateinischen, weil man nichts Besseres hatte; heute bildet man den Geist unserer Jugend am Griechischen und Lateinischen mit der ernsten Gesichtes abgegebenen Versicherung, daß man nichts Besseres habe. Der typische Scholarch weist jede ernste und gründliche Neuerung mit einem durch die kommenden Jahrhunderte gestreckten Arme von sich, und wenn er im Gegensatz zu einem Vorgänger den Aorist vor dem Perfekt behandelt, hält er sich für einen Umstürzler. Ich habe ein Buch erscheinen lassen 'Das Recht des Schülers' –«

»Ich kenne es,« sagte Asmus, »und freue mich, daß es so großen Anklang gefunden hat.«

»Anklang, ja aber bei den Kollegen war der Anklang nur schwach, der Widerspruch um so stärker. Das ist kein Unglück, soweit es offener und durchdachter Widerspruch ist. Aber was muß ich erleben? Kaum ein Tag vergeht, daß ich nicht im Konferenzzimmer, recht auffällig auf den Tisch gelegt, irgend eine abfällige Kritik meines Buches finde, in der die Kraftstellen mit roter Tinte angestrichen sind. Kein Gespräch verläuft ohne hämische Seitenhiebe gegen mich und meine Ideen; keine Wochenrede meines Direktors geht zu Ende ohne einige Fußtritte, bei denen die Schüler sich zuraunen: 'Das geht auf Rumolt.' Die Herren glauben, daß ihre Kritik mich verletze, und haben keine Ahnung, daß es ihr Wesen ist, das mich verwundet. Ich habe keinen frohen Tag mehr, und da ich von meinen Ideen und ihrer Verkündung nicht lassen kann, so werde ich über kurz oder lang das Spiel verlaufen müssen.«

»Das ist traurig,« sagte Asmus gedankenvoll, »traurig und schrecklich. Ich gestehe Ihnen offen, daß auch ich gegen Ihre Schrift manches einzuwenden habe; aber das Ganze Ihrer Gedanken und Forderungen erschien mir wahr und herrlich. Und sollten nun nicht die Menschen jubelnd herbeieilen und rufen: Hier ist etwas Neues und Köstliches – es ist noch nicht vollkommen – aber kommt alle herbei, es zu hegen und zu fördern, etwa so wie die Verwandten sich fröhlich um eine Wiege scharen und sich geloben, das Neugeborene zu schützen und zu pflegen, daß es groß und stark werde?«

»Lassen Sie sich zur Antwort darauf erzählen, daß mein Direktor mich seit Wochen an allen Ecken und Enden inspiziert und zurechtweist, obwohl er ganz genau weiß, daß ich meine Pflicht tue. Er will mir zu Gemüte führen, wie vermessen es von einem fehlbaren Menschen gewesen, gegen den von Gott geoffenbarten Gymnasialunterricht zu schreiben. Und gestern war auch richtig der Herr Regierungs- und Schulrat da und hospitierte vier Stunden hintereinander bei mir. 'Suchet, so werdet Ihr finden,' sagt der rachsüchtige Gerichtsdiener bei Hebbel. Und natürlich wurde was gefunden. 'Gebt mir zwei Worte von einem Menschen, und ich will ihn an den Galgen bringen.' Laßt einen Schulmeister fünf Minuten unterrichten, und ich will ihm den Hals brechen. Zwar den Hals konnte mir der Herr Regierungsrat nicht brechen; aber hundert Nadelstiche erzielen ja mit der Zeit denselben Effekt. 'Sie haben die und die Gesänge der Odyssee nicht behandelt.' – 'Sie haben am 13. April das vorgeschriebene Extemporale ausfallen lassen.' – 'Sie sind mit dem Geschichtspensum im Rückstand' usw. usw. Es stimmte alles. Und wenn der Mann gesagt hätte: Ihr ganzer Unterricht taugt nichts, so würde er für jenen Tag gewiß und vielleicht überhaupt recht gehabt haben; denn wenn man in den Zwiespalt zwischen Altem und Neuem gestellt ist, kann man nichts Ganzes schaffen. Nach meinen Ideen darf ich nicht arbeiten, und nach den alten kann ich nicht arbeiten, weil es gegen das Herz ist.«

»Aber forschte er denn nicht vor allen Dingen, ob Ihre Schüler geistig frisch und lebendig seien, ob sie einen neuen Stoff mit Begierde und Klarheit ergriffen, ob sie in sittlicher Hinsicht lauter, ehrlich, wahrhaftig seien –«

»Vielleicht tat er das im stillen – ich sah ihn freilich keine Anstrengungen machen. Dazu war er ja auch nicht geholt und geschickt. 'Rumolt soll stranguliert werden,' flüsterten sich die Schüler zu. Die Jugend hat jenes intuitive Auge, das durch die Hüllen dringt.«

Die Stimmung, mit der Asmus dem Besuch beim Schulrat entgegensah, war durch das Gespräch nicht gehoben worden. Um so fester war er entschlossen, sich nichts Unwürdiges bieten zu lassen.

Als er ins Amtszimmer des Schulrats gerufen wurde, saß Drögemüller schon da. Asmus verbeugte sich vor dem Schulrat, und dieser rief:

»Juten Tag, Herr Semper. Setzen Sie sich.«

»Herr Drögemüller,« begann alsdann der Schulrat, »hat allerlei Klagen jegen Sie vorjebracht. Meistens handelt es sich um Kleinigkeiten, die ich nich berühren will. Aber Herr Drögemüller beschuldigt Sie der fortgesetzten Renitenz; was haben Sie dazu zu sagen.«

»Herr Schulrat,« sagte Asmus, »ich kann Sie ja selbst als Zeugen darüber anrufen, ob ich in den vierundeinhalb Jahren, da ich Ihr Schüler war, eine renitente Veranlagung bekundet habe –«

»Det haben Se nich,« sagte Korn mit Nachdruck.

»Ich bin auch nicht so töricht, zu meinen, daß ein Hauptlehrer lauter vortreffliche Anordnungen treffen müsse und daß ein Lehrer berechtigt sei, sich gegen jede Verfügung, die ihm verfehlt erscheint, aufzulehnen. Ich füge mich gern, soweit es möglich ist, wenn man mir mit Vertrauen begegnet und wenn man mich nicht in meinen besten Kräften lahmlegt. Das tut aber Herr Drögemüller. Gleich zu Anfang schon verlangte Herr Drögemüller von uns drei neuangestellten Lehrern, daß wir alle auf dieselbe Weise den Leseunterricht erteilen sollten, und zwar auf die von ihm vorgeschriebene Weise –«

»Aber Herr Semper,« lachte Korn, »det müssen Se mißverstanden haben; sonst müßte ja Herr Drögemüller (er deutete auf seine Stirn) hier nich janz richtig sein!«

Drögemüller erblaßte sehr tief. »Ich habe es keineswegs befohlen,« stammelte er, »ich habe es nur gewünscht –«

»Warum?« fragte Korn.

»Weil – weil es doch wünschenswert ist, daß der Unterricht an einer Schule gleichmäßig erteilt wird.«

»Warum?« fragte Korn.

»Nun – es ist dann doch – alles – übersichtlicher –.« Drögemüller machte eine vage Handbewegung.

»Wieso?« forschte der grausame Korn.

»Man kann doch dann die Fortschritte besser

kontrollieren.«

»So. Na, dann weiß ich schon Bescheid. Wat woll'n Sie sagen, Herr Semper?«

»Herr Drögemüller hat allerdings die Form des Wunsches, aber den Ton des Befehls gewählt, und da ich diesen Wünschen nicht nachkomme, verfolgt er mich mit Aufpassereien, die mich ärgern und kränken müssen und die mir die Lust an der Arbeit vernichten.«

»Na ja, zum Aufpassen ist Herr Drögemüller ja da,« sagte Korn, der das Gefühl hatte, daß er den zusammengesunkenen Drögemüller ein wenig wieder aufrichten müsse; »es gibt leider auch faule und unfähige Lehrer, die einen Aufpasser brauchen. Aber schikaniert wird hier keiner«, fuhr er mit erhobener Stimme und mit einem Seitenblick auf den Ankläger fort. »Wenn ein Lehrer was kann und was will, dann soll er jede mögliche Freiheit jenießen und nicht mit Quisquilien behelligt werden. Aber verjessen Se nich, Herr Semper, dat Se Beamter sind, den Rat jebe ich Ihnen. – Sie können jehen, Herr Drögemüller. Sie bleiben noch, Herr Semper.«

»Soll ick Sie an die Seminarschule versetzen?« fragte Korn, als sie allein waren.

Das war sozusagen eine Beförderung; denn es stand fest, daß die Lehrer an der Seminarschule schneller avancierten als die anderen. Mit dieser Kenntnis hatte Asmus immer die Vorstellung von Karrierenluft verbunden, und diese bloße Vorstellung genügte, ihn zurückzuschrecken. Es mußte ja Aufpasser geben in der Welt; aber er mochte keiner sein. Und wo man Karriere machte, da paßten gar die Strebenden einer auf den andern! Er fand es ungleich schöner, immer in unmittelbarer Verbindung mit den Kindern zu bleiben.

Konnte man sich Pestalozzi als inspizierenden Oberlehrer denken? Asmus sah ihn immer nur unter Kindern.

»Ich danke Ihnen sehr, Herr Schulrat,« sagte Asmus, »aber ich möchte die Kinder, die ich nun einigermaßen kenne, noch einige Jahre weiterführen. Und dann hab' ich in meinem Kollegium so liebe Freunde gefunden, daß ich mich ungern von ihnen trennen würde –«

»Na, wenn Se nich wollen –« rief Korn in halber Verstimmung, »denn sehn Se zu, wie Sie sich mit dem Drögemüller vertragen. Mit'm Kopp durch die Wand kann keiner, und jefallen lassen müssen wir uns alle was. Ich auch. Adieu!«

»Adieu, Herr Schulrat. Herzlichen Dank!«

Asmus verließ das Gebäude der Oberschulbehörde mit dem frohen Gefühl, daß es Männer gebe, denen alle hierarchische Rangordnung nichts gelte, wenn es sich um Recht und Billigkeit handle. Er war fest überzeugt, daß die Welt überhaupt so eingerichtet sei, und daß man, wenn man sich nur nicht beim Unrecht beruhige, immer zuletzt den Ort finden müsse, wo das Recht in smaragdener Schale ausgehoben und gehütet sei wie das heilige Blut der Welt. So blickte er gläubig und heiter in den schönen Frühlingstag, während zu Hause auf seinem Tische das Schicksal lag und lauerte, um ihm die Krallen ins Fleisch zu schlagen.

XLIV. Kapitel.

Zwei Briefe, und jeder ein Schlag.

Er hatte seinen Eltern nichts von der Vorladung vor den Schulrat gesagt, um sie nicht zu beunruhigen; er sagte ihnen auch nichts von dem Ausgange; denn seine Mutter würde doch Bemerkungen über seinen »Hitzkopf« gemacht haben. Eben weil sie so hitzköpfig war, verurteilte sie alle Hitzköpfigkeit.

»Drinnen auf'm Tisch liegen zwei Briefe für dich,« sagte Frau Rebekka.

Eilig ging er hinein, öffnete den einen der Briefe und las:

        Hilde Chavonne
        Hermann Kiefer
        Verlobte.

Hamburg, den -----

Das Blatt war seinen Händen entfallen.

Er sah nach der Tür – sie war noch offen – schnell ging er hin und drückte sie ins Schloß. Nur allein sein. Dann ließ er sich auf einen Stuhl fallen.

Merkwürdig, wie ihn das traf. War es denn nicht selbstverständlich, daß Hilde Chavonne sich einmal verlobte? Und hatte er denn je geglaubt, sie werde sich mit ihm verloben? Nein, nicht einmal im Traum hatte er das gehofft. Darum hatte er ja auch nie die geringste Anstrengung gemacht, sie zu gewinnen. Er war ihr während des letzten Jahres fast völlig ferngeblieben, nicht eigentlich mit Absicht; aber da es sich so gefügt hatte, daß sie sich nur selten und flüchtig sahen, war es ihm recht gewesen. Vor einem Vierteljahr hatte er sie zuletzt gesehen, an einem Festabend der »Treue von 1880«, als er mit einem hübschen Mädchen zusammen ein Duett gesungen hatte.

Das Fräulein Chavonne war an jenem Abend sehr still, sehr ernst, und obwohl freundlich, doch sehr zurückhaltend gewesen.

Und jetzt – verlobt! –

Er war längst wieder aufgesprungen und hatte instinktiv zu seinem Beruhigungsmittel gegriffen: zum Wandern. Auf und ab gehen, immer auf und ab, dann hat man das Gefühl der Bewegung, das Gefühl: Es geht vorüber – es geht vorüber.

Sie ist verlobt! Wie konnte sie ihm das antun! Haha – im selben Augenblick mußte er laut auflachen. Hatte sie denn die geringste Verpflichtung, auf ihn zu warten, auf i h n ? Hatte er ihr das geringste Zeichen gegeben, daß sie auf ihn warten solle? Hatte er überhaupt ans Heiraten gedacht? Nein, er, der als Präparand alles heiraten wollte, was ihm in den Weg kam, er hatte in den letzten Jahren das Heiraten als ein Ding angesehen, das noch in weiter Ferne liege; ja, es war ihm eine gewisse Beruhigung gewesen, daß es mit dem Kniefall und mit der langen Liebeserklärung in Periodenform noch gute Weile habe. Seine Arbeit, sein Beruf hatten sein ganzes Interesse aufgesogen.

Jetzt, jetzt mit einem Male wußte er's: Nur an Hilde hatte er gedacht, wenn er überhaupt an eine Frau gedacht hatte. Wenn er sich das Weib an sich gedacht hatte, das hehre Weib, das edle Weib, das holde Weib – nur an Hilde Chavonne hatte er gedacht, nur an sie. Wenn er Liebesgedichte gemacht hatte, platonisch-elegische Liebesgedichte in weinenden Odenstrophen – hatte er an sie gedacht. Jetzt wußte er's, daß er sich nur eine als sein Weib denken konnte: Hilde – und er begriff nicht, daß er das nicht gewußt hatte, bevor er diesen Brief geöffnet. Er begriff es nicht, weil er sich seiner Unreife nicht bewußt war. In ehrlicher Gedankenarbeit war sein Hirn über seine Jahre gereift; aber sein Herz war noch unreif wie ein Apfel im Frühling, und unreif wie der Same in solch einem Apfel war die Liebe in diesem Herzen. Jetzt, da das Schicksal einen tiefen Schnitt in dieses Herz getan hatte, entdeckte er die Liebe darinnen.

So fühlte er nicht den rasenden Schmerz des Betrogenen, Zurückgestoßenen; denn er hatte nicht die rasende Lust des Liebenden und Hoffenden gefühlt; er empfand die Wehmut eines Mannes, der eines Morgens ein zartes Bäumchen seines Gartens erfroren findet und erkennt, daß es sein schönstes Bäumchen gewesen; er empfand eine Trauer, wie sie junge Eltern empfinden, denen ein kaum Geborenes gestorben ist; er empfand den dumpfen, unbefreiten Schmerz um ein Werdendes, das, zu großer Schönheit bestimmt, im Keime vernichtet war.

Mechanisch griff er nach dem zweiten Briefe; mechanisch öffnete er ihn – er war von Rumolt – mechanisch überflog er die ersten Zeilen, aber nur die ersten.

»Mein lieber Freund!
Von Ihnen hätte ich mündlich Abschied nehmen mögen. Aber es durfte nicht sein; denn Sie würden versucht haben, mich zurückzuhalten. Sie sind von festerem Stoff als ich und werden, das weiß ich, den Kampf besser bestehen, den Kampf gegen der Menschen Stumpfsinn, Trägheit und Niedrigkeit. Meiner Hand entsinken die Waffen. Damit Sie es nicht in gehässiger Entstellung hören, was mich zu meinem Scheiden veranlaßt, will ich es Ihnen selbst sagen. Ich habe einem meiner Schüler – ich glaube, ich habe Ihnen von ihm gesprochen – einem Untersekundaner, der zum zweiten Male hoffnungslos vor dem Examen stand und dessen Qualen ich nicht mehr mit ansehen mochte, in unerlaubter Weise geholfen, habe ihm die Examenaufgaben vorher

mitgeteilt. In seiner Freude hat es der Junge nachher selbst ausgeplaudert. So bracht' die Sonn' es an den Tag. Hätte er das Examen nicht bestanden, wär' er aus der Welt gegangen; nun gehe ich, und das ist besser. Leben Sie wohl, teurer Freund; unsere Freundschaft war kurz, aber wahr. Ich danke Ihnen schöne Stunden, von denen ich dort erzählen will, wohin ich gehe.

Rumolt.«

Asmus hatte die letzten Zeilen mit fliegendem Atem gelesen; jetzt sprang er nach der Tür.

»Wo willst du hin?« rief Frau Rebekka, »dein Essen ist fertig!«

»Ich esse nichts – ich muß –«

»Junge, du hast ja keinen Hut auf! Was ist denn los –?«

Er entriß ihr den dargebotenen Hut und stürmte mit dem Rufe: »Ich muß weg!« hinaus.

Ohne Besinnen stürzte er über Stock und Stein nach Rumolts Wohnung. Die Wirtin bestätigte ihm weinend das Schreckliche. Am Ufer des Kanals hatte man Rock und Hut gefunden, die Leiche war noch nicht gefunden worden.

Aber am nächsten Tage fand man auch sie. –

Das war eine denkwürdige Post gewesen. Zwei Briefe, und jeder ein Schlag. An einem Tage Freund und Geliebte verloren; denn von nun an war sie ihm Geliebte.

XLV. Kapitel.

Wenn's kommt, dann kommt's in Haufen.

Was wird nun kommen? dachte Asmus. Denn er glaubte an sein heimatliches Sprichwort: »Wenn't kummt, denn kummt't in Hupen.«

Und ein drittes Unglück kam, aber nicht von außen, sondern ganz heimtückisch aus dem tiefsten Innern richtete es sich auf wie eine Natter aus dunklem Dickicht. Ihm kamen Zweifel am Wert seines Berufes.

Mit dem jähen Optimismus der Jugend war er an diesen Beruf herangetreten. Jeder Jüngling, auch der bescheidenste, hat, wenn auch kaum bewußt, das Gefühl: Wenn ich in die Welt eingreife, wird es anders, wird es schneller vorwärtsgehen – wie ein ungestümer Reisender, dem der Zug zu langsam fährt, das Gefühl hat: Könnt' ich aussteigen und nachschieben!

>»Hätt' ich tausend Arme zu rühren!
>Könnt' ich brausend die Räder führen!
>Könnt' ich wehen durch die Haine!
>Könnt' ich drehen alle Steine!«

und wenn er sich auch sagt, daß vor und mit ihm Bessere und Stärkere wirken und gewirkt haben – er glaubt nicht, daß einer so viel Lust und Mut gehabt wie er, vor allem nicht, daß einer so viel Glück gehabt, wie er haben wird!

Und nun erreichte er nicht mehr als die andern! Nun ja, er leistete vielleicht etwas mehr als dieser und jener, und seine Kollegen und Freunde rühmten zuweilen seine Leistungen; aber ganz etwas anderes hatte er gehofft, ganz etwas anderes! Er wußte ja freilich von früher her, daß Unterrichten kein ununterbrochener Sieges- und

Eroberungszug sei; aber doch hatte er sich Erziehung und Unterricht im stillen als eine Fleischwerdung des Lehrwortes gedacht. Aber das Wort ward nicht Fleisch: Seine Jungen konnten am Ende des Jahres etwas mehr als zu Anfang; aber sie waren dieselben Menschen geblieben, wenigstens merkte er keine Änderung. Die Guten, Offenen, Zarten waren zwar offen, zart und gut geblieben; aber die Rohen, Hinterhältigen, Unwahrhaftigen waren sich nicht minder treu geblieben. Es schien ihm auch, daß die Klugen zwar klug blieben, die Dummen aber auch dumm. Und gerade die Dummen waren das ewige Ziel seiner Mühen; zu ihnen kehrte er, wie magnetisch gezogen, immer wieder zurück; denn daß die Klugen etwas begriffen hatten, bedeutete ihm nichts, solange die Dummen im Dunkel saßen. Das schien ihm die furchtbarste Ungleichheit und Ungerechtigkeit der Welt, daß die einen spielend und lachend erhaschten, was die andern mit Ängsten und Mühen nicht erringen konnten. Und die Welt kommt nicht vorwärts, wenn die Dummen nicht mitkommen, dachte er. Und er machte es sich zur tollkühnen Aufgabe, aus den Dummen Kluge zu machen; alle sollten alles lernen; in seiner Schar sollte keiner zurückbleiben. Herr Drögemüller hielt ihm vor, daß er im Pensum zurück sei, und das war deshalb, weil es ihn immer wieder zu den Schwächsten hinzog, weil ihn immer wieder dies wunderbare Geheimnis der Dummheit lockte. Er konnte sich Viertelstunden, halbe Stunden lang mit solch einem verschlossenen Geiste einkapseln und das verworrene, zerrissene Gespinst seiner Vorstellungen mit langsam tastenden Fragen zu ordnen und zu entwirren suchen; er gab in einer Oberklasse den geographischen Unterricht, und er setzte sich vor, nicht zu ruhen, bis alle die Entstehung der Jahreszeiten aus der Stellung der Erdachse zur Ekliptik begriffen hätten, und zuweilen sprang plötzlich aus solch einem leeren Auge ein Funke wie aus einem toten Stein, und dann kam aus

Asmussens Augen ein Strahl, und Licht floß zusammen mit Licht und machte die Erde selig und schön – aber wenn das Hirn sich dem einen erschlossen hatte, verschloß es sich dem andern um so fester, und ob Asmus auch mit zusammengebissenen Zähnen rang und bohrte – er mußte daran zweifeln, allen seinen Schülern den auf- und abschwebenden Jahresreigen von Licht und Schatten verständlich zu machen.

Dabei quälte ihn mit Recht der Gedanke, daß er über den Schwachen die Starken vernachlässige und sie durch den langsamen Gang des Unterrichts langweilen und unlustig machen müsse. Aber konnte er sich denn überhaupt allen so hingeben, wie es geschehen müßte, wenn man ihm fünfzig, ja sechzig Menschenkinder auf den Hals lud? Es konnte ja alles nur oberflächliche Husch- und Pfuscharbeit, nur äußerlicher Bildungsaufputz werden. Es bemächtigte sich seiner das Gefühl, daß überhaupt alles töricht und falsch sei, was er da treibe, und zwar von der Wurzel aus falsch; von einem tieferen Grunde her müsse alles anders angefaßt, müsse auch ganz anderes erstrebt werden. Er erinnerte sich, daß sein bestes Lernen immer ein Erleben gewesen sei. Aber dies Lernen in der Schule, wie er es nach dem herrschenden Formalismus betreiben mußte, war kein Erleben. Es drang nicht zum Innersten und Tiefsten des Menschen hinab. Und er dachte sich einen Menschen, mitten in den Kampf des Lebens gestellt. Was er da brauchte – gab ihm das die Schule? Non scholae sed vitae! hatte es im Seminar geheißen. Leerer Schall! Das Meiste, was er den Kindern geben mußte, war nicht Lebensbrot, waren nicht Lebensworte, nicht Lebenswerte.

So hoch ihn sein Optimismus getragen hatte, so tief versank er jetzt in Mißmut und Verzagen, und Melancholie bog seinen Mut »wie eine junge Weide bis an den Rand des Lebens«. Jene unversiegliche Federkraft aus tiefstem

Lebensgrunde – nun schien sie dennoch versiegt.

Öfter als sonst bezog er in Gemeinschaft mit Heide, Goers und Stockelsdorf die Akademie des Herrn Kuhlmann und war dann nicht selten der Ausgelassenste von allen; aber seine Scherze hatten eine Bitterkeit und Schärfe, die die Freunde oft erstaunt und befremdet aufblicken ließ. Manchmal verstummte er mitten in der tollsten Lustigkeit, mitten im eifrigsten Diskurs und sprach dann den ganzen Abend kein Wort mehr. Dann hatte ihn das Gefühl überfallen: Was soll der ganze Unsinn? Darum ging er auch noch öfter allein ins Wirtshaus. Er hatte ein abgelegenes Hotel entdeckt, in dessen Speisesaal er ganz allein den Abend verbringen konnte. Das liebte er jetzt: ganz allein mit einer Flasche in einem möglichst großen Saale sitzen und sinnen und träumen. Nur wenn der Kellner kam, unterhielt er sich gern eine Weile mit ihm. Es hatte ihn immer schwer geärgert, wenn er einen Kellner schlecht und geringschätzig behandelt sah, wie es ihm überhaupt so schien, als wenn die Menschen diejenigen, die ihnen die härtesten und lästigsten Arbeiten abnahmen, am verächtlichsten behandelten. Er suchte, es an seinem Teile gutzumachen, behandelt die Kellner nun extra als Gentlemen und gab ihnen so reichliche Trinkgelder, daß einige, allerdings wenige von ihnen zuweilen eine abwehrende Gebärde machten und sagten: »Ooh – lassen Sie doch – ich habe ja erst vorher bekommen!« Sie nahmen es aber immer.

XLVI. Kapitel.

Angetrunkene Einfälle, die bei jedem vernünftigen Menschen nur Kopfschütteln erregen können. Im übrigen ein Beweis, daß die Optimisten nicht immer

Optimisten sind.

Wenn er dann so ganz mit sich allein war, dann war er vom Kopf bis zu den Füßen sein Vater Ludwig Semper. Er bemalte dann die hohen Wände des Saales mit ganzen Epochen der Geschichte, mit Werken der Dichtkunst und der Malerei, ließ sich von einem verdeckten Orchester Symphonien und Ouvertüren vorspielen, sah sein ganzes Leben durch den Lichtkreis der einsamen Lampe wandern, kämpfte mit Schopenhauer gegen Hegel, gab Unterrichtsstunden, zog plötzlich ein Kuvert oder eine Rechnung oder sonst einen Zettel aus der Tasche und notierte sich die Idee zu einem wundervollen Gedicht oder Drama, das er schreiben wollte. Auch Gedanken notierte er sich, die ihm des Aufhebens wert dünkten, und wenn er nach Tagen oder Wochen bei einem zufälligen Griff in die Tasche die Zettel wieder hervorholte, knäulte er sie ingrimmig zusammen und warf sie mit einem gemurmelten »Blech« oder derberen Worten in den Ofen. Je weiter der Abend fortschritt und je öfter der Kellner aufgetreten war, desto eigenwilliger wurden natürlich seine Gedanken; sie kümmerten sich schließlich gar nicht mehr um diesen Herrn Semper, dem sie angeblich entsprungen sein sollten, und schnitten Gesichter wie losgelassene Buben. Einige von diesen Aphorismen, die sich weniger durch dauerhaften Wert als durch den Zufall erhalten haben, mögen hier Platz finden und zeigen, welche Art von Luftblasen in jenen Tagen aus den trüben Wirbeln der Semperischen Seele aufstiegen.

*

Wir nehmen den Sonnenaufgang für ein Bild des

siegenden Lichtes, der erfüllten Hoffnung! Aber die Sonne blieb, wo sie war; nur wir drehten uns – um uns selbst.

*

Ein Goldstück fiel ins Wasser und ging unter. »Das kommt davon, wenn man nicht den beständigen Trieb nach oben in sich hat, wie ich!« rief ein schwimmender Kork.

*

Wie sie sich blähen, die »Praktischen«, die »sich nicht mit vagen Zukunftsideen abgeben«! Fressen sich voll und grinsen über die, die dafür sorgen, daß auch morgen zu essen da ist.

*

So ist alle Arbeit auf der Welt auf das weiseste verteilt: der eine hält edle Reden, und der andere handelt darnach.

*

Wer klug ist und dennoch gut, der ist wahrhaft gut. Das heißt die Gefahr kennen und dennoch tapfer sein.

*

Der Sonntag ist so schön, weil er in sieben Tagen nur einmal kommt. Er ist schön wie das Lächeln eines ernsten Menschen.

*

Man sagt von etwas Unpassendem: »Das paßt wie die Faust aufs Auge«, und die paßt doch mitunter so gut dahin!

*

Das Leben ist ein langsamer Vergiftungsprozeß.

*

Dumm und schlecht, – in einer Stunde der Selbsterkenntnis fand der Mensch für diese Verbindung das Wort »gemein«.

*

Aus den Augen des Menschen blickt zuweilen ein gequältes Tier, das nicht reden kann.

*

Die Erde ist eine alte Metze, die sich in jedem Frühling wieder das Gesicht bemalt.

*

Man muß Ambos oder Hammer sein, und wer keins von beiden sein will, kommt zwischen beide. Armer Rumolt!

*

Wenn die Dummköpfe auf Geist stoßen, so grinsen sie überlegen.

*

Manche Brust ist ein Eisschrank, in dem sich die Gefühle vortrefflich konservieren.

*

Beethovens fünfte Symphonie, letzter Satz: Donner der Seligkeit aus aufgerissenen Himmeln.

*

Die Welt besteht durch Gehorsam; aber weitergekommen ist sie immer nur durch Ungehorsam.

*

»Er ist ein enorm gebildeter Mensch,« sagen die Leute und meinen damit: Er weiß dasselbe, was ich weiß.

*

Was fliegt, ist beliebt; was kriecht, ist verhaßt. Selbst der Floh ist angesehener als die Laus; denn er springt.

*

Ein richtiger Neidhammel beneidet auch eine erfolgreiche Ballerine, wenn er selbst Professor der Ethik ist.

*

Man soll die Menschen aufklären, gewiß; aber es gibt Geister, die durch Rippenstöße geweckt sein wollen.

*

Wenn man seine Dummheiten bei der Obrigkeit rechtzeitig als Heiligtümer anmeldet, genießen sie gesetzlichen Schutz.

*

Auf dem Lande gibt es Kollegen, die sich ein Schwein fett machen. Ich will aufs Land gehen und mir einen borstigen Menschenhaß fett machen.

*

Selbst Herkules hat nur die Ställe des Augias ausgemistet.

*

Der Ochse, der tausendmal auf die Weide getrieben wurde, sammelt freilich »Erfahrungen«. Aber weniger in der Botanik als im Fressen.

*

»Endlich wird mir Genugtuung!« rief die Distel, da hatte der Blitz die Eiche zerschmettert.

*

Keine Tiergattung, die so viele und so verschiedene Varietäten aufweist wie der Hund. Grenzenloses Akkomodationsvermögen ist ein Merkmal der Hundenatur.

*

Ich habe Professoren und Schulmeister kennen gelernt, die bereitwilligst zugaben, daß Goethe die Formgewandtheit vor ihnen voraus habe.

*

Wenn die Könige bau'n und wenn sie niederreißen, – ein rechter Karrenschieber findet immer sein Brot.

*

Das Leben ist das allmähliche Erwachen eines Gefangenen, der von der Freiheit träumte.

*

Man kann die größten Dummheiten mit der Ruhe des Weisen sprechen.

*

Es gibt Künstler, die ihr Talent in schmale Riemen zerschneiden, um es auszubeuten. Sie können es, wie Dido, zu einem ansehnlichen Grundbesitz bringen.

*

Es war ein kleines Mädchen, dessen Mutter hatte man ins Irrenhaus bringen müssen. Und man stopfte ihm die Hände voll Äpfel und Backwerk, daß es nicht mehr an die Mutter denken sollte. Aber es konnte die Mutter nicht vergessen.

*

Wenn ein Mandrill den Husten hat, so vergißt man seine Häßlichkeit, oder man ist ein Ästhet und Hallunke.

*

Niemand ist vor seinem Tode ein Goethe, sagte der Professor.

*

Schon bei der Geburt tritt der Mensch in etwas, das

man Leben nennt.

*

Italien scheint mir ein alter, zerfallener Gorgonzola unter einer wunderschönen Kristallglocke zu sein.

*

O, dieses Korsett! Man glaubt ein Weib zu umarmen und man umarmt einen Hummer.

*

Die Ratte hat keinen Freund – das könnte mich zu ihrem Freunde machen.

*

Bei jedem schweren Gange sage dir dies: Bei Abschied und Wiederkehr sind die Leute da mit Hurra und Trara – den langen, bittern Weg mußt du allein gehen.

XLVII. Kapitel.

Asmus wird stutzig und entsagt der sündigen Gewohnheit, aber mit Maß. Er erfährt eine überraschende Neuigkeit.

Wohl kam ihm in besinnlicheren Augenblicken der Gedanke, ob dies verwegene Spiel mit seiner Kraft auch gesund sei; aber dann zog er einfach einen Zettel aus der Tasche und schrieb darauf:

»Was wären wir, wenn wir immer unserer Gesundheit lebten! Nicht einmal gesund!« und dann war diese Angelegenheit einstweilen erledigt. Auch erwog er öfters den Gedanken, ob es nicht köstlicher, lohnender, vernünftiger sei, langsam und fröhlich zu verlumpen, als in dieser Welt zu wirken und zu streben.

»Ich fuhr einmal auf einer Rutschbahn,« schrieb er, »und das sausende Fahrzeug glitt zuletzt in die hochaufschäumenden Wasser eines Sees. So köstlich ist der Leichtsinn: die Sinne schwindelt's, die Gedanken vergehen, und hochauf spritzen und schäumen die Fluten des Lebens!«

Und wenn das Fahrzeug ein bißchen zu tief eintauchte und umschlug – war's denn schlimm? Er sah seinen toten Bruder vor sich, seinen Bruder Leonhard, der an seinem Leichtsinn zugrunde gegangen war. Aber gewiß hatte er auch manche schäumende, tanzende, wirbelnde Stunde genossen! Es kam darauf an, was das Gescheitere war. »Sehen Sie, das ist so verschieden,« hatte eines Morgens ein Mann in einem verruchten Nachtlokal zu ihm gesagt, »der eine ißt gern Rebhühner und der andere möchte gern ein Ehrenmann sein.« Der Mann, der das sagte, war ihm freilich zuwider gewesen.

Im Geschlecht der Semper tauchte hie und da ein Hang

zur Verschwendung auf. Wie wär's, wenn man sich selbst verschwendete! Sich selbst mit Bewußtsein langsam zerstören und mit forschenden Augen alle Schauer und Schönheit, alle Tollheit und Tragik des eigenen Unterganges kosten! Da müßte man in sich und in den andern Dinge sehen, die auf der Hauptstraße des Lebens nicht gezeigt wurden. Es machen wie jener Zöllner, den er bei seinem Freunde Diepenbrock auf dem Sofa hatte liegen sehen: wochenlang immer trinken und sinken, trinken und sinken ins Bodenlose hinab, und dann wieder emporsteigen zu Goethe, Shakespeare und Dante! Hinabsteigen in alle Tiefen des Lumpentums; mit Laster und Verbrechen auf du und du stehen und im Innersten doch der bleiben, der man war, bis zum Tod! Das müßte sein wie eine Entdeckungsfahrt von gefahrumwitterter Romantik. Das waren seine Gedanken, wenn er durchs Kneipenfenster in die aufzuckende Morgenröte starrte und immer noch ein neues Glas bestellte. Und im Graus des Sinkens und Untergehens zuweilen an sie denken, die er vor kurzem am Arm ihres Verlobten lachend über die Straße hatte gehen sehen! Dann mischte sich Morgengrauen und Morgenröte, wie in der traurigen Freude dieser Morgenstunden, wenn er zurückgelehnten Hauptes in den Himmel starrte. Mit der steigenden Sonne aber überfiel ihn oft ein plötzliches Frösteln, dann fühlte er sich namenlos elend, und einmal in solch einer Stunde machte ein Gedanke ihn stutzig. Im Rausch fühlte er sich glücklich, stolz, von Kraft geschwellt und leicht wie auf Schwingen, zu jeder großen Tat bereit und zu jedem herrlichen Werke geschickt. Wenn er sich aber am nachfolgenden Tage die Freuden seines Rausches erinnernd zurückrufen wollte, so fehlte ihm jede Vorstellung, jede Freude an der Freude; die Stunden des Rausches waren ihm eine leere, tote Zeit. Er wußte wohl, daß er sich gefreut hatte an dem Kaleidoskop seiner Phantasien; aber er konnte diese Freude nicht zurückrufen. Warum war das nicht so mit andern Freuden, mit den Freuden der Kindheitsspiele, des Studierzimmers, der Kunst, der Wanderung in Feld und Flur? Da war jede Freude ein anderer Genius mit anderem Angesicht, mit Augen, die schöner werden mit jeder Erinnerung, da war jede Freude ein unverlierbarer, ein wachsender Besitz! Und nachdenklich zog er die Rechnung, auf der seine Zeche stand, aus der Tasche und schrieb auf die Rückseite:

»Der Rausch ist ein liebloser Gastfreund; er spendet nicht das Gastgeschenk der Erinnerung.«

Und als er bald darauf eines Morgens unmittelbar von der Schenke in die Schule ging – er blieb immer Herr seines Handelns und gab nach solchen Nächten oft seine besten Stunden – aber als er nun mit einem aus Hohlheit und Übersättigung gemachten Gefühle vor den Kindern stand und in rotwangige Gesichter, in klare Augen sah, die in der Schönheit und Hoffnung des jungen Morgens zu ihm kamen, da sagte er leise, aber ihm selbst hörbar, vor sich hin:

»Nun ist es genug.«

Nein, man blieb nicht, der man war, und die Romantik der Verlumpung war eine Lüge. Er hatte Abschied von ihr genommen.

Frau Rebekka hatte über seine nächtlichen Ausflüge genug geklagt und gejammert; ihre Gardinenpredigten konnten sich neben den besten ihrer Gattung hören lassen, und mütterliche Gardinenpredigten mögen wohl noch eindringlicher sein als eheliche, weil sie aus selbstloseren Gründen entspringen. Rebekkens Bemühungen, auch ihren Gatten zu solchen Predigten aufzumuntern, blieben freilich ganz erfolglos. Ludwig antwortete im Geiste seiner Philosophie:

»Laß ihn, was soll ich ihm sagen!«

»Ja, wenn ich dir das erst sagen soll – wenn du das nicht selbst weißt –!« rief Frau Rebekka. »Merkwürdig! 'n Mann, der den Kopf voll Gelehrsamkeit hat und alle Sprachen spricht –«

»Nicht alle,« versetzte Ludwig trocken –

»– und verlangt von mir, daß ich ihm sage, was er sagen soll!«

»Ja, ich bin zu dumm dazu,« sagte Ludwig mit seinem Lächeln.

»Ach Gott, mit dir ist ja kein Auskommen!« rief Rebekka, lief in die Küche hinaus und klagte laut den Tellern und Töpfen ihr Leid.

Ludwig und Asmus Semper verband nun einmal aus Vordaseinszeiten her ein Vertrauen, das die sorgende Frau Rebekka nicht begreifen konnte.

Übrigens beabsichtigte Asmus keineswegs, die Welt- und Fleischeslust in sich zu ertöten und auf die Freuden eines geselligen Trunkes prinzipiell zu verzichten. Und er hatte es nicht zu bereuen, daß er an einem vielverheißenden Vorfrühlingstage in die Kuhlmännische Akademie ging. Er traf dort seinen Kollegen Mansfeld, eben jenen Herrn, der eine Pensionärin Namens Hilde Chavonne im Hause hatte. Asmus schwankte, ob er sich zu ihm setzen solle; aber eine eigentümliche Gewalt zog ihn fast gegen seinen Willen an denselben Tisch.

»Sie sollten sich mal mein neuestes Bild ansehen,« sagte Mansfeld, der in seinen Mußestunden malte, im Laufe des Gesprächs. »Kommen Sie mit und essen Sie mit uns zu Abend. Meine Frau wird sich freuen.«

»O,« stammelte Asmus, »das ist sehr liebenswürdig, ich komme natürlich gern einmal – aber heute hab' ich eine wichtige Sitzung, bei der ich auf keinen Fall fehlen darf.«

»Das ist was anderes,« sagte Mansfeld.

Die Rede kam aber doch bald auf die Pensionärin, und Asmus fragte mit glänzend aufgepuffter Munterkeit und mit einem sehr kunstreichen Lächeln:

»Na, wie geht's ihr denn?«

»Na, – soso lala!«

»Wieso?« rief Asmus erblassend. »Ist sie nicht glücklich?«

»Dscha – wie man's nehmen will. Ihre Verlobung ist ja zurückgegangen, das wissen Sie doch?«

»Zurück –?« Asmus war aufgesprungen. »Zurückgegangen? Ich weiß kein Wort. Ich bitte Sie – warum?« Er hatte sich wieder gesetzt.

»Gott – das arme Kind – sie hat eine schwere, traurige Kindheit verlebt und von den Menschen nicht viel Gutes erfahren. Vater und Mutter sind tot; als ihr da einer von Liebe sprach, schmolz ihr das weiche Herz und sie glaubte, das Glück wär' endlich da!«

»Nun – und? Was weiter?« Asmus bog sich immer weiter über den Tisch.

»Nach wenigen Wochen erkannte sie, daß sie sich geirrt hatte, vollkommen geirrt. Übrigens ein braver, ordentlicher Kerl, aber nicht das, was das Herz einer Hilde Chavonne braucht. Entschlossen und mutig, wie sie bei all ihrer Milde ist, trug sie ihrem Verlobten die Lösung des Verhältnisses an. Und er, wie er kein Mann für sie war, hatte wohl auch nicht erkannt, was er an ihr besaß; er erklärte sich schließlich einverstanden.«

Und so weit Asmus sich vorgebeugt hatte, so weit lehnte er sich jetzt zurück und blickte schweigend vor sich hin.

Wenn eine lange getragene Last von uns abfällt, fühlen wir erst, wie schwer sie gewesen ist. Auf seinen Soldatenmärschen hatte er Mantel und Tornister, Helm, Patronen und Waffen als etwas Selbstverständliches ohne Murren getragen; aber wenn er, in die Kaserne zurückgekehrt, alles abgelegt hatte, dann hatte er gefühlt, wie schwer die Bürde gewesen. Ganz so war es ihm jetzt, ganz so; denn es war ihm, als habe es ihm auf Hirn, auf Nacken und Schultern gedrückt.

»Übrigens,« rief er ganz unvermittelt und wurde über und über rot, »da fällt mir ein: die Sitzung ist ja erst morgen. (Ein Geschickterer würde vielleicht gesagt haben: In acht Tagen!) Wenn Sie Ihre Einladung nicht bereuen, nehm' ich sie jetzt noch an.«

Mansfeld unterdrückte ein Lächeln und erklärte, daß ihm nichts erfreulicher sein könne als dieser Entschluß. Und Asmus ging mit.

XLVIII. Kapitel.

»Wiederum tanzt eine Salome: wiederum heischt sie das Haupt des Johannes.«

Johannes Chrysostomos

Als die beiden Männer in das Wohnzimmer traten, fanden sie Frau Mansfeld mit einer Handarbeit, Fräulein Chavonne mit den Vorbereitungen zum Unterricht des folgenden Tages beschäftigt. Die junge Dame saß mit dem Rücken gegen das Licht; aber gleichwohl glaubte Asmus zu bemerken, daß sie erschrecke und erblasse. Zwar lächelte sie, als sie ihm dann die Hand gab; er zweifelte aber doch nicht daran, daß er ihr unangenehm und unwillkommen sei. Mansfeld holte sein Bild hervor, und Asmus nahm es in Augenschein; wäre er verpflichtetes Mitglied einer Jury gewesen, so würde der gute Mansfeld wohl nicht allzuviel Schmeichelhaftes zu hören bekommen haben; aber abgesehen davon, daß Asmus sich durchaus nicht als Kenner fühlte, gehörte er nicht zu jenen »unentwegten« Bekennern, die die Wahrheit auch dann sagen, wenn sie nur verletzt und keinem nützt; er machte also dem harmlosen Dilettantismus Mansfeldens neben einigen Ausstellungen ein paar balsamische Komplimente.

Nach dem Abendessen sagte Mansfeld: »Ich habe Sie so lange nicht gehört – möchten Sie nicht ein Gedicht sprechen?«

Asmus, ohne sich zu zieren, stand auf und sprach, zwar in Hinblick auf die Anwesenheit der Damen mit einiger Befangenheit, »Des Sängers Fluch«. Frau Mansfeld war eine überaus fleißige und praktische Frau und ließ auch während des furchtbarsten Fluches die Häkelnadel nicht ruhen; Hilde aber, die inzwischen zu einer Stickerei gegriffen hatte, ließ schon nach den ersten Versen die Hände in den Schoß sinken und horchte mit großen Augen. Nun schlug Mansfeld vor, man möchte doch jede Woche einmal zusammenkommen und etwas Gutes lesen, namentlich Dramatisches; er komme fast nie ins Theater, und Asmus setzte für nächsten Mittwoch »Emilia Galotti« aufs Repertoire. Frau Mansfeld indessen, die die Claudia lesen sollte, lehnte jede Beteiligung entschieden ab; sie wollte mit dem Theater nichts zu tun haben. Sie konnte sich nicht verstellen; sie war Frau Mansfeld aus Hamburg und nicht Claudia Galotti aus Italien, und überdies wußte sie ganz gut, daß in dem Stück ein junges Mädchen verführt werden sollte. So etwas paßte sich nicht für eine Lehrersfrau, und im Grunde ihres Herzens mochte sie es etwas »frei« von dem Fräulein Chavonne finden, daß es sich auf Asmussens Bitte bereit erklärte, sogar das zu verführende Mädchen selbst zu verkörpern. Asmus las den Prinzen und Appiani, Mansfeld den Marinelli und den Odoardo; aber es ging doch nicht. Dieser las nämlich den Marinelli wie einen stellungsuchenden Schneidergesellen, und sein Odoardo wäre durch ein gutes Glas Bier mit Leichtigkeit zu besänftigen gewesen. Er sah das auch selbst ein, und Asmus widersprach seiner Selbstkritik mit keinem Wort. Einig waren alle darin, daß Fräulein Chavonne die Angst Emiliens und die Eifersucht der Gräfin Orfina vorzüglich gelesen habe. Asmus war überrascht: hatte sie schon einmal Eifersucht empfunden? Es war etwas Echtes und Elementares in ihrem Vortrag gewesen.

Von nun an mußte Asmus allein lesen, und als man dahinter gekommen war, daß er plattdeutsch reden könne wie ein Oldensunder Bauernjunge und wie ein Hamburger Ewerführer, da mußte er Groth und Reuter lesen. Und als er die nun las, da machte er eine wundersame Entdeckung: Hilde Chavonne konnte lachen! Natürlich hatte er sie auch sonst schon lachen sehen; aber immer hatte nur ein Teil ihres Wesens gelacht, und nur ein kleinerer Teil; der tiefe, fast traurige Ernst ihres Wesens hatte immer das Übergewicht behalten; es war immer ein Lachen mit ernstem Grundton gewesen, nicht jenes Lachen des ganzen Menschen, das aus dem Mittelpunkt unseres Wesens elementar hervorbricht und alle unsere Seelen- und Körperteile kräftig durcheinander zu schütteln scheint. Und sie selbst schien beseligt, berauscht von der Entdeckung dieser Kraft wie ein Kind, dem man zur Weihnacht beschert; wenn er den Blick vom Buche erhob und in ihr lachendes Gesicht sah, dann glühten ihn zwei jauchzende Augen an, und niemand hätte sagen können, ob es Lust oder Dankbarkeit sei, was ihnen den feuchten Schimmer gab. Wenn er aber von traurigen Dingen las und – anfangs zufällig, bald mit Absicht – die Augen über den Rand des Buches hinausgehen ließ, dann sah er ihre Augen auf sich ruhen, als wäre es sein Leid und sein Kummer, von dem er gelesen. Und obgleich die beiden Mansfeld ein dankbares Publikum waren, dachte er bald bei allem, was er las, nur das eine: Wie wird es ihr in die Seele klingen? fühlte er bei jedem Wort den unhörbaren Widerhall ihres Herzens.

Es ist klar, daß ein Ereignis oder eine Erwägung, die ihn von den Mittwoch-Besuchen hätte zurückhalten können, bald zu den undenkbaren Dingen gehörte. Zu Hause und unter den Freunden, in Konzert und Theater, in Wissenschaft und Kunst gab es keine Freuden, und am allerwenigsten gab es unter dem himmlischen Gezelte Naturerscheinungen, die ihn hätten hindern können, am Mittwoch nachmittag nach dem ländlichen Vororte hinauszupilgern, in dem die Mansfelds wohnten. Die altgeheiligte Ordnung des Wochenreigens hatte sich verkehrt; der Mittwoch war zum Sonntag geworden. Sehr schlau bemerkte Frau Rebekka eines Tages mit dem Scharfblick des Weibes und der Mutter: »Da bei den Mansfelds, da muß ein Magnet sein.«

Mit dem Magnet hatte es seine Richtigkeit. Wenn der Sommernachmittag gar zu verlockend ins Fenster lachte, ließen sie Bücher Bücher sein, wanderten zu vieren hinaus nach Eppendorf, Lokstedt oder Niendorf und ergaben sich auf einer Wiese dem Reifenspiel. Von den Freundinnen Hildes hatte er gehört, daß ihr Turnlehrer sie immer vor allen gerühmt habe wegen ihrer Anmut; eines Tages, als sie sich zu schwach gefühlt und sich von der kaum erfaßten Reckstange wieder hatte fallen lassen, da hatte der Lehrer gerufen: »Fräulein Chavonne fällt sogar mit Grazie vom Reck!« Asmus konnte dem Manne nur von ganzem Herzen recht geben, und wie der »Magnet« beim Lesen seine Blicke, seine Stimme, seine Gedanken anzog, so flogen ihm jetzt die meisten der Reifen zu, die Asmus zu versenden hatte, wenn er auch galant genug war, sich hin und wieder der gnädigen Frau zu erinnern.

Ein Spiel auf grünem Rasen in heller Sommerluft, das war nun ohnehin für das Herz des Asmus ein ununterbrochener Freudentanz; als er nun aber auch noch das liebliche Mädchen mit seinen schmalen Füßen, in flatterndem Gewande über den sonnengrünen Teppich hüpfen sah, da schien ihm, daß die Welt wohl überhaupt schön sei, daß sie aber noch nie so schön gewesen sei wie an diesem Tage. Anmut der Bewegung und körperliche Geschicklichkeit waren nicht seine Stärke; aber mit dem, was er konnte, kokettierte er redlich, und er hatte das Gefühl, daß er plötzlich mehr könne, als er sich zugetraut. Freilich, bei einem unparteiischen Zuschauer würde auch Hilde Chavonne den Verdacht erweckt haben, daß ihr der Eindruck ihrer Sprünge und Tanzschrittchen nicht gleichgültig sei, und daß sie wie jedes junge, schöne, tanzende Weib um den Kopf eines Mannes tanze.

Und gewiß hätte Asmus ihr lieber seinen Kopf auf einer Schüssel entgegengetragen, als ihr von Liebe zu sprechen. Wenn es sich auf dem Heimwege traf, daß sie allein nebeneinander gingen, dann begann wieder jenes wunderlich-närrische Doppelspiel von Lippen und Herzen, das sie schon damals, nach Asmussens einmaligem Auftreten als König getrieben hatten. Sie sprachen über einen Roman oder über eine Schulverordnung oder über ein Sonnentaugewächs, das sie gefunden, oder über eine

Wolkenbildung, und mit allem, was sie sagten, meinten sie: »Ich liebe dich – ich liebe dich!« Es war eine Chiffresprache, die sie redeten. »Dieser Weg führt nach Bahrenfeld,« bedeutete soviel wie: »Du bist ein entzückendes Geschöpf!« »Die Linden haben ausgeblüht« sollte heißen: »Ich möchte dich küssen;« aber keiner hatte den Schlüssel zur Sprache des andern. Das Herz des Asmus drängte, raunte, flüsterte ihm zu wie ein eifriger Souffleur: »Sag' es ihr, sag' es ihr, tu den Mund auf – es ist gar nicht schwer – und sag: »Süße Hilde, ich hab' dich lieb!« – »Wie kann ich denn 'du' zu ihr sagen!« erwiderte Asmus. »Meinetwegen sag' 'Sie'«, entgegnete das Herz, »aber sag' etwas!«, und dann tat Asmus wirklich den Mund auf und sagte: »Jetzt wird ja auch bald der neue Bahnhof eröffnet.« Sie war doch zu hoch, zu heilig; sie k o n n t e sich an einem Menschen wie ihm nicht genügen lassen. Sie hatte es ja auch bewiesen, als sie sich verlobte. An ihm war sie vorbeigegangen.

Endlich, endlich kam eine prächtige Gelegenheit, dem Herzen Luft zu machen. Mansfeld hatte mit seinen Schülern einen Ferien-Ausflug unternommen, und Asmus und die Damen hatten sich angeschlossen. In einer hübschen Gartenwirtschaft, die den freundlichen Namen »Zum Morgenstern« führte, hielt man Rast, und Hilde hatte sich daran gemacht, die gepflückten Feldblumen zu einem Strauße zu ordnen, als Asmus zu ihr trat. Mansfeld und Frau waren abseits mit den Kindern beschäftigt.

XLIX. Kapitel.

Asmus Semper wird streitsüchtig, wettet, lügt, vergreift sich an Goethe und benimmt sich feige.

»Wo haben Sie die Calluna gepflückt?« fragte Asmus, indem er einen Zweig der Glockenheide aufnahm.

»Im Moor. Aber das ist nicht Calluna, das ist Erika.«

»Das ist Calluna.«

»Das ist Erika.«

»Das ist Calluna.«

»Das ist Erika.« Sie lachten beide.

»Das Heidekraut ist Erika, und Calluna ist die Glockenheide,« sagte Asmus. Er hatte sich's inzwischen überlegt und wußte, daß sie recht habe; aber er fand es viel hübscher, mit ihr zu streiten.

»Im Gegenteil,« lachte sie, »die Glockenheide heißt Erika.«

»Wetten?« rief Asmus.

»Ja!« Ihre Augen leuchteten.

»Um was?«

Sie machte plötzlich ein ernstes Gesicht und sagte zögernd:

»Wenn Sie verlieren, müssen Sie mir ein Gedicht schenken. Das ist wohl schrecklich unbescheiden, nicht wahr?« fügte sie schnell hinzu.

»Ich fürchte, es ist nur allzu bescheiden,« sagte Asmus. »Und was geben Sie mir, wenn ich rechte habe?«

»Das – weiß ich noch nicht – das findet sich dann,« sagte sie errötend.

Am Abend hatte er es fast eilig, von ihr fort zu kommen, damit er zum Dichten komme. Sie wollte ein Gedicht von ihm! War das nicht ein Zeichen von Liebe? Ach nein, ach nein. Andere Damen hatten ihn auch schon darum gebeten, sicherlich, ohne ihn zu lieben. Die Mädchen prunken gern mit dergleichen – so weit kannte er die Mädchen auch. Freilich: so war sie nun eigentlich nicht....

Einen Augenblick dachte er, er wolle ein Akrostichon auf ihren Namen machen, weil das so schön deutlich sei. Aber er schalt sich sofort darüber aus: »Erstens ist es läppisch und keine Dichtung, und zweitens wäre es nicht mehr deutlich, sondern frech.« Er nahm nun eine Maske vor, die Maske eines Mannes, der sich aus dieser Welt des Alltags nach der Welt der Romantik, nach der Zeit der schönen Melusinen, der Minnesinger und der Ritter sonder Furcht und Tadel sehnt, und schloß sein Ottaverimengebäude also:

> »Wie schlüg' ich gern, ein schwertgewandter Ritter,
> Mit leichtem Mut mein Leben in die Schanze,
> Wie schwäng' ich gern im Schlachtenungewitter
> Für der Bedrückten Recht die wucht'ge Lanze!
> Vor Raubverließen sprengt' ich Wall und Gitter
> Und kehrte heim mit wohlverdientem Kranze.
> Dann blühte mir, die Frucht von blut'gen Saaten,
> In starker Brust das stolze Glück der Taten.
>
> Wie gern ... doch still! Es öffnen sich die Zweige –
> Ein leises Knistern über meinem Haupte –

Ich forsche, daß der süße Mund sich zeige,
Der so verstohlen-leisen Kuß mir raubte –
Du bist's Geliebte! Komm hervor und
    neige
Dein Haupt mir zu, das frühlingsgrün-
    umlaubte!
Verlassen hat ein schöner Traum die Lider
    –
Die schön're Wirklichkeit erkenn' ich
    wieder!

Mich trog ein alter Wahn – bis ich
    erwachte
In deinem Arm, im heimatlichen Walde! –
Ob je so schön wie heut' herüberlachte
Der Silberstrom, die farbenreiche Halde? –
Auch heut' bekämpf' ich kühn, was ich
    verachte,
Zwar nicht als Ritter, doch als freier
    Skalde;
O sieh zum Horizont die Sonne gleiten:
Noch lebt die Schönheit wie in alten
    Zeiten!«

Ob das zu kühn war? Ach nein – jedenfalls: vor dem Tintenfaß hatte er Mut; er schrieb es auf sein schönstes Papier, schob es in einen feinen Briefumschlag, liebkoste jeden Buchstaben ihres Namens mit den Augen, als er die Adresse schrieb, und ging zum Briefkasten. Als der Brief schon halb in der Spalte des Kastens steckte, zauderte er einen Augenblick. Sollte er's wagen? Aber ein höherer Wille stieß ihm an den Ellbogen, und der Brief fiel hinein.

Asmus seufzte tief auf. Das war ein entscheidender Schritt, dachte er. –

Schon am übernächsten Morgen hatte er einen Brief.

»Sehr geehrter Herr Semper!

Haben Sie innigsten Dank für das wunderschöne Gedicht! Ich hab' es schon viele Male gelesen, und jedesmal gefällt es mir besser. Aber wetten darf ich nicht wieder mit Ihnen; denn solchen Einsätzen vermag ich nichts entgegenzustellen.

Ich werde Ihr Gedicht an sicherer Stelle verwahren.

> Mit schönsten Grüßen
> Ihre sehr ergebene
> Hilde Chavonne.«

Beim ersten Lesen schien ihm der Brief eine feurige Liebeserklärung; beim zweiten schien er ihm nur noch eine Liebeserklärung, und je öfter er ihn las, desto mehr wurde er sich klar, daß diesen Brief auch jede andere Dame geschrieben haben könnte. Jede? Nun ja, er war sehr freundschaftlich gehalten; aber gute Freunde waren sie ja schließlich wohl. »Ich werde Ihr Gedicht an sicrer Stelle verwahren!« das konnte heißen: Ich werde es am Busen tragen – es konnte aber auch heißen: Ich werde es in meiner Kommode verschließen. Und dann der Satz: »Aber wetten darf ich nicht wieder mit Ihnen!« Sie gab ihm zwar eine sehr bescheidene Begründung; aber konnte nicht auch ein feiner Verweis darin liegen: Du bist zu dreist gewesen!? Freilich: da stand: »Mit schönsten Grüßen Ihre sehr ergebene.« Das war sehr viel! Aber eine steife, »zippe« Hamburgerin, die den Herren nur die Fingerspitzen reicht und beim Gruß nur mit der Hutfeder nickt, war sie ja überhaupt nicht, obwohl sie in Hamburg geboren war. Und »Ihre ganz ergebene« stand nicht da ...

Als er sie wiedersah – es war an einem Sonntagmorgen – fühlte er wohl bald an ihrem Dank und ihrem Geplauder, daß sie an einen »Verweis« nicht gedacht haben könne; aber sie trug ein weißes Morgenkleid mit rosa Bändern, und darin sah sie nun aus wie eine Königin der Lilien! Ach, armer Asmus! Du hast im Ernste geglaubt, solch ein Weib könnte für dich blühen? Dies Kleid schlug all seine Hoffnungen nieder.

Und so war er denn genau so weit wie vordem. Zum Glück ließ die Wirkung des Kleides, als er die Trägerin nicht mehr vor Augen hatte, nach, und er gelangte zu dem Ergebnis: Ich muß noch einmal mit ihr wetten!

Er traf sie bei seinem nächsten Besuch mit einer zierlichen Arbeit beschäftigt. Auf ein weißes Blatt legte sie in mehreren Schichten nacheinander schöne Blätter der verschiedensten Pflanzen, und nach jeder Lage besprengte sie das Ganze mit einer dünnen Sepialösung. Wenn alles beendigt war, kam ein anmutiges Bukett der reizendsten Blattformen zum Vorschein. Es war eine Arbeit, die nicht viel Kunst, wohl aber Sorgfalt und Geschmack erforderte.

Als sie nahezu beendet war, betrachtete Hilde ihr Werk mit geneigtem Kopfe und sagte:

»Die Grazien sind leider ausgeblieben.«

Halt, dachte Asmus, das ist eine Gelegenheit.

»Sagt Schiller,« fügte er hinzu. Er wußte ganz genau, daß er sich an Goethe vergriff.

»Ist das nicht von Goethe?« fragte sie, einen Augenblick durch seine Bestimmtheit unsicher gemacht.

»Nein, von Schiller.« Da wurde er doch rot.

»Doch – es ist aus »Tasso!« rief sie.

»Keine Spur. Von Schiller ist es.«

Sie lachte: »Fangen Sie schon wieder an?«

»Wollen wir wetten, daß es von Schiller ist?« rief er.

Sie wurde purpurrot und rief: »Ja!«

»Um was?«

»Wenn Sie unrecht haben – nein, es wäre zu unbescheiden!«

»Sie können nicht unbescheiden sein.«

»Ein Gedicht? Wollen Sie?«

»Mit Freuden. Und wenn Sie unrecht haben?«

»Was verlangen Sie dann?«

Asmus hob die eben vollendete Arbeit auf. »Dieses Blatt!«

»Nicht dies, aber ein besseres!«

Dann holte sie den Tasso vom Bücherbrett, konnte aber die Stelle nicht sofort finden.

»Darf ich?« fragte Asmus. »Wenn es drinsteht, werd' ich es bald finden.« Er blätterte einen Augenblick. »Wahrhaftig, Sie haben recht! Tasso sagt es vom Antonio.«

Sie triumphierte. – – –

Diesmal fiel sein Gedicht deutlicher aus. Es war etwas herkömmlich im Ton, etwas heine-geibelig sozusagen; aber deutlich war es.

»Wir standen auf hoher Warte
In klarer Sommerluft;
Tief unten lag die Erde
In lauter Glanz und Duft.

Und über unsern Häuptern

Der Himmel hoch und hehr
Ein unergründlich tiefes,
Ein weites, blaues Meer!

Es strebte mein Geist zum Himmel
Und strebte zur Erde auch:
Ihn lockte die himmlische Reine,
Der irdische Wonnenhauch.

Fern waren Erd' und Himmel;
Du aber warst bei mir,
Und haften blieb mein Auge,
Das sehnende – an dir. –

Du bringst mir irdische Wonnen
Auf rosigen Lippen dar;
Es fließt der Schönheit Zauber
Von deinem goldnen Haar.

Du trägst des Himmels Reinheit
Und Frieden im Angesicht;
Treu glänzen deine Augen
Wie seiner Sterne Licht.

Vergessen die prangende Erde,
Vergessen das himmlische Zelt!
In dir halt ich umfangen
Den Himmel, die Erde – die Welt!«

Er hatte erst schreiben wollen:

»Von deinem braunen Haar«

aber das schien ihm denn doch zu deutlich, und er machte ein goldenes Haar daraus; dann konnte sie das ganze Gedicht auch auf eine andere beziehen. Daß man hübschen jungen Mädchen keine solchen Gedichte schenkt, wenn sie sich auf andere beziehen, das fiel ihm nicht ein. Seine geistige Begabung lag auf anderen Gebieten.

Als er den Briefumschlag mit der Zunge feuchtete, hielt er plötzlich inne und starrte vor sich hin. War es nicht eigentlich unwürdig, ihr das Gedicht so hinterrücks durch den Postboten zuzustellen? War es nicht männlicher, einfach vor sie hinzutreten und zu sagen: Hier ist das Gedicht!? Aber, wenn Sie's dann las – nein, nein, nein, nein! Dann war es noch männlicher, ihr ins Gesicht zu sagen: »Hilde Chavonne, ich liebe dich!« und das konnte er eben nicht. War das Feigheit? O, wenn es nicht Hilde, wenn es Drögemüller wäre, dann wollte er schon zeigen, daß er offen und mutig die Stirn zeigen konnte. Aber Hilde – – wenn das feige war, dann war es eben feige, daran war nichts zu ändern. Er schloß den Brief und steckte ihn ein. Aber als er ihn fallen hörte, da war's ihm, als höre er auch sein Herz in den Kasten fallen. Es war doch eine Riesenkühnheit. Wenn sie jetzt zürnte – nun, dann liebte sie ihn nicht, dann war alle Hoffnung zu Ende.

Wenn sie ihm aber nicht zürnte – was war damit bewiesen?

Eigentlich nichts. – Nun, man würde ja sehen.

L. Kapitel.

Der Verfasser durchbricht aus Wut über seinen Helden die Kunstform.

Der nächste Tag war ein Mittwoch; mit klopfendem Herzen trat er zu den Mansfeld ins Zimmer – sie war nicht da. Ein schlimmes Zeichen. Sonst war sie immer dagewesen. Das Gespräch mit den Mansfeld wollte nicht in Gang kommen. Endlich, nach einer Viertelstunde, die Sempern zu einer Ewigkeit angeschwollen war, trat das Fräulein herein. Sie wollte unbefangen erscheinen; aber alle Anstrengung half ihr nichts; sie wurde blutrot und senkte den Blick, als sie Asmussen die Hand gab und ihm sagte:

»Ich danke Ihnen s e h r!«

Dann flog ein Engel durchs Zimmer. Und noch einer. Und noch einer. Hilfreiche Engel waren es nicht; denn sie halfen dem blutschwitzenden Asmus auch nicht mit einem Wörtchen aus. Endlich half er sich selbst, indem er heftig das linke Bein über das rechte schlug (genau wie Ludwig Semper). Das half.

»Sonnabend wird der 'Freischütz' gegeben, in einer vorzüglichen Besetzung,« rief er, und wußte selbst nicht, warum er so laut sprach. Man kam überein, daß man gemeinsam hingehen wolle; die Unterhaltung kam in Fluß; Hilde nahm daran teil und sprach auch mit Asmus, sogar unter freundlichem Lächeln. Böse war sie nicht, das stand nach diesem Lächeln fest; aber sonst –

Ja, sonst war er immer noch auf dem alten Fleck. Wie konnt' es auch anders sein. Konnte sie nach diesem Gedicht zu ihm kommen und sagen: »Ihr Antrag ehrt mich« oder: »Ich teile vollkommen Ihre Gefühle; hier ist meine Hand?« Es war eine ganz verteufelte Sache. Sie mußte einmal eine Wette verlieren, und dann würde sich ja zeigen, was sie ihm schenkte! Als er daheim in seiner Zelle diesen Gedanken erwog, brachte ihm der Postbote ein dünnes Paket.

Ihre Handschrift!

Er riß die Umhüllung herunter und fand eine Mappe, die auf beiden Deckeln allerliebste Blattsträuße in zahlreichen und zarten Abstufungen von Sepia-Braun zeigte. Ein Briefchen dabei!

Werter Herr Semper!

Da Sie Gefallen an der Spielerei fanden, so sende ich Ihnen diese Mappe, die sich vielleicht durch Aufbewahrung von Notizen und dergl. nützlich machen kann. Sie soll keine Vergeltung für Ihr Gedicht sein; eine solche Gabe zu lohnen, bin ich leider außerstande.

Mit den herzlichsten Grüßen
Ihre dankbare
Hilde Chavonne.«

»Sie liebt mich!« jubilierte Asmus in seinem Herzen. »Sie beschenkt mich! Und wie beschenkt sie mich! Wie reich, mit welcher Sorgfalt ist das gemacht! Mit Goldpapierstreifen umrändert! Mit weißseidenen Bändern gebunden!« Und wie zärtlich schrieb sie, wie liebevoll!

Er nahm den Brief wieder her – ein ganz zarter Duft ging mit diesen Zeilen, ein kaum merkbarer, aber ein feiner, milder, warmer Duft! »Werter Herr Semper« schrieb sie. Also er war ihr wert! Und »Sie soll keine Vergeltung für Ihr Gedicht sein; eine solche Gabe zu lohnen, bin ich leider außerstande – –!«

Hm. Es fiel ihm plötzlich auf, daß das zweierlei bedeuten könne. Es konnte heißen: Das Gedicht ist so schön, daß ich ihm nichts Gleichwertiges gegenüberstellen kann, wie man den Wert eines echten Kunstwerks (»wenn dies eins wäre!« klammerte Asmus ein) überhaupt nicht mit materiellen Gütern ausmessen kann. Aber die Liebe eines Menschen war doch gewiß etwas Gleichwertiges, ja, war unendlich viel mehr – sollte das bedeuten: »Den Lohn, du dir denkst – meine Liebe – kann ich dir nicht gewähren«? – O, o, o, wie der ganze Brief gleich anders aussah! »Werter Herr Semper,« das war viel legerer als »Sehr geehrter Herr Semper«, viel weniger achtungsvoll. – Und »Da Sie Gefallen an der Spielerei fanden« – sie legte der ganzen Sache keinen Wert bei; es war ein Nichts – warum sollte sie es ihm nicht schenken – dann waren sie quitt, und sie war ihm nichts mehr schuldig –

O diese verteufelte Auslegung, o diese verwetterten Ausleger! Sie verhunzen die frischesten Offenbarungen der Menschenseele! Durch »Exegese« verhunzte er sich dieses Geschenk eines Mädchens, das mit vor Bangen, vor Eifer, vor Freude bebenden Händen Tage und Nächte an diesem Kunstwerk gebaut hatte, bei jeder Linie, jedem Bändchen voll Hoffnung, daß sie ihm gefallen, voll Sorge, daß sie ihm mißfallen möchten!

Freilich: Mädchenbriefe wie dieser sind geschrieben, um Liebe ganz zu offenbaren und ganz zu verbergen, und es war kein Wunder, daß Asmus diese Sprache noch nicht verstand. Er ahnte zum Beispiel nicht, daß das Wort »Notizen« mit »Gedichte« zu übersetzen war und daß der ganze Satz bedeuten sollte: »Wenn du Verse geschrieben hast, leg' sie in diese Mappe; das wird mir sein, als dürft' ich selbst sie hegen.«

Das Schicksal war dem Zauderer günstiger, als er es eigentlich verdiente. Am »Freischütz«-Abend folgten die Mansfeld einer Einladung, die sie nicht ablehnen konnten, und Asmus saß allein neben der Stillgeliebten! Er saß neben ihr, und da die billigen Plätze sehr schmal waren, saß er sogar recht dicht neben ihr, in beständiger Berührung mit ihrem Kleid, und einmal, als ihr der Zettel entfallen war und sie ihn aufheben wollte, streifte sogar ihr Haar, ihr köstliches Haar seine Wange! Solche weihevollen Berührungen entzückten ihn tief und entmutigten ihn ganz. Denn je herrlicher sie war, desto weniger wagte er sie zu begehren; ihm war, als solle er in einen hochumgitterten Schloßgarten gehen und dort die seltenste Blume brechen. Eine tiefe Demütigung müßte die Folge sein.

Aber schon ungestört mit ihr zu plaudern, war warmes, heimliches Glück. Er erzählte ihr, wie er als Knabe auf seinem Puppentheater den »Freischütz« gespielt habe und wie ihm das Liebste daran die Wolfsschlucht mit dem feurigen Rad und allem Teufelsspuk gewesen sei.

»Wenn ich ehrlich sein soll,« sagte er, »ich freue mich noch heute auf die Wolfsschlucht, und jeden Tag möcht' ich mir wieder ein Puppentheater bauen und damit spielen. Freilich: auf die Musik freu' ich mich noch ganz anders. Wenn die ganze deutsche Nation zugrunde ginge und nur der »Freischütz« erhalten bliebe, könnte man aus dieser Oper alle Eigentümlichkeiten der deutschen Seele erkennen.«

Sie hatte den »Freischütz« noch nicht gehört, war überhaupt noch nicht oft im Theater gewesen; ihre Kindheit hatte ihr solche Freuden nicht gewährt, und nun beglückte es ihn, wie sie mit frommer Begierde Musik, Wort und Bild in sich einsog, und er war grenzenlos stolz, ihr Führer sein zu dürfen.

Als sie den Heimweg durchs Dunkel antraten, bot er ihr seinen Arm. Das durfte man wagen. Wie leicht sie an seinem Arme hing! Er hätte gewünscht, daß sie sich ganz auf ihn stützte, sich ganz von ihm tragen ließe. Während er ihr von Oberon, Euryanthe und Preziosa erzählte, dachte er ununterbrochen: Soll ich ihr's jetzt sagen? Nein, nein, lautete die Antwort. Wenn es sie erschreckte, bekümmerte, beleidigte? In welcher Pein würde das arme Mädchen den Rest des Weges zurücklegen; in welche Pein würdest du dich selber stürzen! Du hast heute die Pflicht des Ritters, du hast dafür zu sorgen, daß sie unbehelligt und auf möglichst angenehme Weise nach Hause komme – es wäre ein unzarter Mißbrauch der Gelegenheit, sie jetzt mit einer Liebeserklärung zu überfallen. Beim Abschied vor ihrer Tür, dann willst du's ihr sagen. Und beim Abschied sagte er:

»Haben Sie tausend, tausend Dank für den wunderschönen Abend!«

»Ich habe Ihnen zu danken!« rief sie. »Der Abend wird mir unvergeßlich sein.« Sie zögerte einen Augenblick. – »Gute Nacht.«

»– Gute Nacht.«

Unmittelbar darauf dachte er: Das war eine Gelegenheit! Sie ist unwiederbringlich verpaßt.

Unwiederbringlich? Wie er es zuvor mit der Methode der Wetten versucht hatte, so versuchte er es jetzt mit der Methode des gemeinsamen Theaterbesuchs. Eine Woche später sollte der »Vampyr« von Marschner gegeben werden. Er hatte eine Schwäche für diese Oper, gerade wegen ihres verschrieenen schaurig-romantischen Stoffes. Er liebte das Düstre, Grauenvolle wie das Sonnig-Behagliche, das starrend Erhabene wie das Komisch-Gemütliche, bis zum Putzigen und Ulkigen herab, wie er alle Tage und Nächte, alle Lichter und Schatten der Welt liebte. Er liebte Dante Alighieri und Fritz Reuter, und er haßte die flachköpfigen Ästhetiker, die beim Aufbau ihrer Systeme immer eines vergaßen, entweder den Dante oder den Reuter.

Frau Mansfeld mocht' es im stillen unpassend finden, daß

ein junges Mädchen mit einem ihm nicht verlobten jungen Manne allein ins Theater ging und sich von ihm nach Hause geleiten ließ. Aber solche Ängste kannte Hilde nicht; sie hatte nur die feine Erziehung, die ein feines Herz gibt. Also holte sie jubelnd ihr Portemonnaie und zahlte Asmussen eine Mark zwanzig auf den Tisch; denn soviel kostete der Eintritt zum dritten Rang.

Aber der »Vampyr« hatte genau dieselbe Wirkung wie der »Freischütz«, insofern, als Asmus sich wieder vor Hildens Tür mit nichts als einem (zwar bewegten Herzens gesprochenen) Danke verabschiedete und sich dann auf dem einsamen Heimwege mit Vorwürfen und nicht gerade schonenden Titulaturen überhäufte.

Und auch der Verfasser kann nicht umhin, hier zum Entsetzen aller Literaturaufseher »die Kunstform zu durchbrechen« und der Leserin zu versichern, daß er ihre Entrüstung über diesen Herrn Semper vollkommen teilt. Aber was soll der Verfasser tun? Er kann seinen Helden nicht anders machen, als er ist.

Endlich brachte ein trüber, wolkenschwerer Novemberabend die Entscheidung.

LI. Kapitel.

Von rauschenden Bächen im Winter.

»Heute soll es sich entscheiden,« hatte sich Asmus gesagt. Er hatte sie eingeladen, mit ihm in Zacharias Werners »Martin Luther oder die Weihe der Kraft« zu gehen. Er liebte das Stück durchaus nicht, fand es schwülstig, verworren und langweilig; aber jetzt war ihm schon jedes Mittel recht; er wäre mit ihr ins Theater gegangen, und wenn man dort den Jahresbericht der Handelskammer rezitiert hätte. Auf dem Heimwege sprachen sie nur wenig; jede Unterhaltung kam bald ins Stocken; wie eine Vorahnung lag es auf beiden. Sie waren der Wohnung Hildens schon ziemlich nahe, als Asmus, das Herz im Halse, mit leiser Stimme fragte:

»Sind Sie mir eigentlich böse, Fräulein Chavonne?«

»Warum sollte ich Ihnen böse sein?« fragte sie ebenso leise, mit starren Augen geradeausblickend. Und alles, was sie noch sprachen, klang leise wie der Regen, der gleichmäßig herabtroff und gegen den sie keinen Schutz begehrten.

»Sie haben mir eigentlich kein Wort über mein letztes Gedicht gesagt,« begann Asmus wieder. »Da glaubte ich, daß Sie mir zürnten.«

»Wie wäre das möglich?« sprach sie noch leiser, mit bebender Stimme.

Wiederum schwiegen sie eine kurze Weile.

Ihr Kopftuch hatte sich verschoben, und um es zu ordnen, zog sie leise ihren Arm aus dem seinen. Im selben Augenblick ließ er seinen Arm sinken; ihre Hände berührten sich, und Asmus faßte Hildens Hand.

Nun ist es ein seltsames Ding: Arm in Arm gehen die fremdesten Menschen miteinander; aber Hand in Hand gehen nur Kinder und Liebende. Ein höherer Wille hatte ihre Hände ineinander gelegt und gesagt: Ich will, daß ihr euch findet.

Das gab Asmus Sempern einen heiligen Mut, und zitternd sprach er:

»Fräulein Chavonne – haben Sie mich lieb?«

Sie blieb stehen und schien zu wanken. Sie konnte nicht sprechen.

Da legte er den Arm um sie, damit er sie stütze, und sprach noch leiser:

»Hilde, hast du mich lieb?«

Ihr Kopf sank an seine Schulter, und sie sagte: »Ja.«

Und er wagte nicht, ihr den Kopf aufzuheben; denn es schien ihm, daß sie ruhte. Aber dann hob sie von selbst den Kopf und sah ihn aus leuchtenden, weinenden Augen an. Und er zog sie fester an sich und preßte seine Lippen in einem langen, langen Kusse auf ihren edlen, frischen, roten Mund.

Sie waren nur noch zehn Minuten von Hildens Hause entfernt; aber sie brauchten zu diesem Wege noch zwei Stunden. Denn immer wieder gingen sie in weitem Bogen um das Haus herum, obwohl ein unaufhörlicher feiner Regen herabrieselte. Sie freuten sich unbewußt dieses Regens; er kam herab wie sanfte Linderung einer langen Sehnsucht. Es schien ihnen auch, als brauche man nun um nichts mehr zu sorgen, als hätten sie nun des Glückes genug und brauchten nichts mehr als solch ein stilles, seliges ewiges Wandern.

Sie sprachen nur wenig, und wenn sie sprachen, so war es fast immer dasselbe:

»Hast du mich lieb, hast du mich wirklich, wirklich lieb?«

»Ja, ich hab' dich lieb – so lange schon, ach, wie lange schon.«

Ganz, ganz anders waren sie schon wenige Tage darauf.

Frost und Schnee waren hereingebrochen mit Macht, und Asmus schlug ihr einen Ausflug »ins Grüne« vor. Nach dem »Quellental« wollten sie wandern und die Elbe hinab. Ludwig Semper würde zu diesem Ausflug »bei dieser Kälte« lange den Kopf geschüttelt haben, wenn er darum gewußt hätte; aber darin folgte sein Sohn ihm nicht; Winterwanderungen, die liebte er vor allen andern; da gab es einen Kampf mit Frost und Wind, und wenn er dann durchgekämpft war, dann glühte in Wangen und Herzen eine ganz besondere, eine ganz wundersame Wärme auf, die war ganz anders als Lenz- und Sommerglut. Es war eigenes, selbstentzündetes Feuer! Und wie heilig schön die Winterwelt! Seltsam: die ersten Lieder, die der Zauber der Natur ihm entrungen hatte, waren Winterlieder gewesen. Aber er sang sie nicht in Wehmut und Trauer; der Winter war ihm Andacht und Stille, niemals Tod; denn in seinem Herzen glomm wie eine ewige Lampe die Gewißheit des Frühlings. So kam es denn ganz von selbst, daß Asmus, als sie auf frostklingenden Wegen dahinschritten und sein schüchternes Schnurrbärtchen von lauter Eisnadeln starrte, also zu singen anhob:

> Die linden Lüfte sind erwacht,
> Sie säuseln und weben Tag und Nacht;
> Sie schaffen an allen Enden.

und daß er erschrak, als Hilde in ein lautes Lachen ausbrach.

»Herr Professor, Herr Professor, es ist Winter!« rief sie; da verstand er sie und lachte nun auch aus vollem Halse; weil sie aber so ganz besonders schön lachte, küßte er sie sieben Mal auf den winterfrischen Mund, und dabei lachten sie, weil das Lied so gar nicht paßte, und ihre Augen wurden feucht, weil es doch so gut paßte.

Nun fand er Gefallen an dieser Antithese, und während der Schnee unter ihren Füßen knirschte, sang er:

> Wie herrlich leuchtet
> Mir die Natur,
> Wie glänzt die Sonne,
> Wie lacht die Flur!
>
> Es dringen Blüten
> Aus jedem Zweig
> Und tausend Stimmen
> Aus dem Gesträuch!

und dann warf er ihr ganz sachte und heimtückisch ein Häuflein Schnee zwischen Hals und Kragen.

Sie kreischte auf und schüttelte sich, und dann sah sie ihn mit einem langen Blick, mit einem Lächeln voll Wehmut und Staunen in die Augen. Sie bestaunte dies Wunder einer Fröhlichkeit, die sie in ihrem Leben noch nie gesehen hatte, die sie auch bei ihm nicht vermutet hatte; denn er war ihr meistens in ernster Stimmung entgegengetreten. Diese Lustigkeit berauschte sie, daß sie mit beiden Händen seinen Kopf ergriff und ihm das Gesicht mit Küssen bedeckte. – –

> Ich hört' ein Bächlein rauschen
> Wohl aus dem Felsenquell

sang er.

»Wo?« rief sie lachend.

Da legte er wieder den Arm um sie und sagte: »Überall. Überall hör' ich Quellen rauschen. Hörst du sie n i c h t?«

Sie hatte den Kopf an seine Schulter gelegt und die Augen geschlossen. »Hier laß mich liegen bleiben und träumen und immerfort deine Stimme hören und gar nicht wieder aufwachen.«

Er neigte sich zu ihrem Ohr, wiegte sie sanft in seinen Armen hin und her und sang mit leiser, leiser Stimme:

> Horch, horch, die Lerch' im Ätherblau!
> Und Phöbus, neu erweckt,
> Tränkt seine Rosse mit dem Tau,
> Der Blumenkelche deckt,
> Der Ringelblume Knospe schleußt
> Die hellen Äuglein auf:
> Mit allem, was da reizend ist,
> Du süße Maid, wach auf!

Da machte sie langsam – weit – weit die Augen auf, und ihre Augen waren tiefernst.

»Du bist ein böser Mensch,« sagte sie. »Weißt du, daß du ein böser Mensch bist? Ein Zauberer bist du!« und sie riß sich fast ängstlich von ihm los und lief ein groß Stück Weges voraus.

Kurz vor dem Quellental hatte er sie wieder eingeholt und den Arm um ihre Hüfte gelegt. Und so schritten sie andächtig hinein in einen kristallenen Dom von uralten Bäumen.

Hier wohnt ein Gedicht, dachte Asmus; denn die Gedichte wohnten ihm wie Dryas und Oreas in Bergen, Bäumen und Grotten, in Wiesen und Quellen. Wenn es sich zeigen wollte, dachte er. Da hauchte es ihm ins Ohr:

> Wo vom nahen Strauch ein Vöglein
> schwebt
> Stummen Fluges durch die träge Luft,
> Und vom kaum gebog'nen Zweig der
> Schnee

Lautlos fällt auf Schnee .....

Und Asmus lächelte dankbar und heimlich. Dann kamen sie vor die auf geringer Erhöhung liegende Mooshütte mit der Inschrift: »Hoc erat in votis« und gingen hinein. Aber es war ihnen zu warm und dumpfig drinnen; sie mußten wieder hinaus. Und bei der eingefrorenen Quelle, die am Abhang der kleinen Erhöhung entspringt, warf er seinen Mantel in den Schnee, lud sie zum Niedersitzen und setzte sich ihr zu Füßen. Er mußte heute immerfort singen. Und während von den Zweigen ringsherum von Zeit zu Zeit der Schnee in silbernen Trauben fiel, sang er:

> Der Reimer Thomas lag am Bach,
> Am Kieselbach bei Huntley-Schloß.
> Da sah er eine blonde Frau,
> Die saß auf einem weißen Roß.

»Eine braune Frau!« rief sie mit anmutig gespieltem Schmollen.

»Eine blonde Frau,« versetzte er.

»Eine braune Frau.«

»Eine blonde Frau.«

»Hast du schon einmal eine blonde Frau geliebt?« fragte sie ängstlich forschend.

»Ich habe keine Frau geliebt vor dir.«

Dann sah sie lange vor sich hin und sagte:

»Wie schrecklich dumm bin ich gewesen.«

»Du?«

»Ja. Weißt du, daß ich einmal furchtbar eifersüchtig gewesen bin?«

»Eifersüchtig?«

»Ja, auf das reizende blonde Mädchen, mit dem du zusammen sangst, auf dem Fest in der 'Treue' –«

»Auf die kleine Lizzy?«

»Ja. Ich hatte ja immer geglaubt, daß ich dir gleichgültig sei; aber als ich euch sah und singen hörte, mit solcher Begeisterung, und als eure Stimmen so innig zusammenklangen – das gab mir den Gnadenstoß. Bald darauf verlobte ich mich, weil ich mich von allen verlassen fühlte – aus Trauer – aus Bangigkeit – aus Trotz – ich weiß es nicht mehr.«

»Auch aus Trotz?« fragte er.

»Ja, ja, – o, du darfst mich um des Himmels willen nicht für so gut halten wie du es tust – ich bin lange nicht so gut, wie du glaubst –«

»Du?« sagte er langsam, indem er das edle Oval ihres Gesichtes mit schwärmenden Blicken umschrieb:

> Du bist die Himmelskönigin,
> Du bist von dieser Erde nicht.

Da lachte sie laut auf, und mit warnend erhobenem Finger sang sie:

> Ich bin die Himmelsjungfrau nicht,
> Ich bin die Elfenkönigin.
> Nimm deine Harf' und spiel und sing
> Und laß dein schönstes Lied erschall'n!
> Doch wenn du meine Lippe küßt,
> Bist du mir sieben Jahr verfall'n.

Asmus sprang auf und warf sich auf die Knie:

> Wohl, sieben Jahr zu dienen dir,
> O Königin, das schreckt mich kaum!
> Er küßte sie –
>
> da küßte er sie –
>
> sie küßte ihn –
>
> da küßte sie ihn.

»Kein Vogel singt im Eschenbaum,« rief Asmus, »aber das schadet nichts; wir können's ja selbst.«

Dann sprangen sie auf; Asmus schüttelte seinen Mantel, daß die Flocken stoben, warf ihn sich um und stürmte im Galopp den abschüssigen Weg hinab ins dichtere Gehölz hinein, und im Galoppieren sang er laut:

> Sie ritten durch den grünen Wald,
> Wie glücklich da der Reimer war!
> Sie ritten durch den grünen Wald
> Bei Vogelsang und Sonnenschein –

und als sie ihn einholte und von hinten her die Arme um seinen Hals schlang, da legte er den Kopf zurück, daß Wange an Wange lag, und sang:

> Und wenn sie leis am Zügel zog,
> Dann klangen hell die Glöckelein.

LII. Kapitel.

Hilde verliebt sich in Semper den Älteren, bekennt sich zu Chamisso und entpuppt sich als eine alte Bekannte.

M̲it der Bekanntmachung ihrer Verlobung hatten sie es nicht im geringsten eilig; ob die Welt sie für Brautleute hielt oder nicht, war ihnen beiden grenzenlos gleichgültig. Aber seinen Eltern wollt' er's nicht länger verbergen, obwohl ihn Zweifel befielen, wie sie es aufnehmen würden. Eigentlich zweifelte er nur an dem Beifall seiner Mutter. Ludwig Semper, das wußte er, so leer ihm das Haus ohne seinen Asmus werden mochte, würde Asmussens Erwählte willkommen heißen, bevor er sie gesehen; aber Rebekka –? Mütter sind eifersüchtig, und überdies war er erst 23 Jahre! Sie wird schelten, dachte er. Aber sie schalt nicht; sie schüttelte nur den Kopf und sagte: »Junge, Junge, du bist ja noch so jung!«

»Aber Mutter!« rief Asmus lachend und faßte sie bei beiden Schultern, »du hast ja auch jung geheiratet!«

»Ja, das war damals auch ganz anders!« rief sie.

Ludwig Semper konnte dieser Geschichtsauffassung nicht beipflichten; er wußte noch, wie junge Herzen schlagen, und sagte, Asmus möge seine Braut am Sonntag nur mitbringen.

Und an diesem Sonntag feuchtete er keinen Tabak an und grübelte er nicht; er hatte seinen guten schwarzen Rock angezogen und ein feines weißes Tuch umgelegt – denn ein gesteifter Kragen durfte ihm nicht an den Hals kommen – und ging munter und aufgeräumt im Hause umher, und wenn er sich allein wußte, sah er mit strahlenden Augen in die Ferne und summte vor sich hin: »Tränen, vom Freunde getrocknet.« Und als es hieß: »Sie kommen!« und die Tür aufging und Asmus rief: »Da ist meine Braut!« da stand Ludwig Semper da wie ein herrlicher, gütiger Nordlandskönig, dem sein Erbe die junge Königin zuführt; er streckte seine warme kräftige Hand aus und sagte nichts als:

»Seien Sie uns herzlich willkommen!«

Aber als sie sein Lächeln sah, mußte sie ihm entgegenlächeln wie sein eigenes Kind, war alle Befangenheit von ihr gefallen wie ein Schleier, wußte sie ganz, daß sie aufgenommen sei in den Frieden des Hauses. Rebekkas Willkommen war ganz anders. Sie rannte geschäftig hin und her und bemühte sich um den Gast, als sei er von einer mehrjährigen Nordpolfahrt heimgekehrt und müsse mit allen erfindbaren Mitteln aufgetaut, gewärmt, getränkt und gespeist werden. Ein bißchen Eifersucht saß ihr wohl trotzdem im Herzen; aber schon beim dritten Besuche Hildens sagte sie ganz von selbst:

»Du bist ein süßes Geschöpf!«

Hilde aber sagte schon nach ihrem ersten Besuche auf dem Heimwege zu Asmus:

»Du, ich will dich nicht mehr; ich will deinen Vater heiraten.«

»Nun ja,« sagte Asmus trocken, »sprechen Sie mit meiner Mutter. Sie ist nun wohl gute vierzig Jahre mit ihm verheiratet und ist mit ihm nie auf einen grünen Zweig gekommen; aber ich glaube nicht, daß sie ihn losläßt.«

»Da hat sie recht,« sprach Hilde, »den gäbe ich auch nicht her.«

Nach einiger Zeit bat sie um die Erlaubnis, »Vater« und »Mutter« sagen zu dürfen, und Ludwig und Rebekka waren froh und stolz, zu ihren acht Kindern noch ein so feines und liebes hinzu zu bekommen. Sie hatten inzwischen noch eine Tochter bekommen, ohne sie zu kennen. Johannes Semper hatte aus Amerika geschrieben, daß er dort ein Weib genommen. Das hatte die Alten gefreut; aber Rebekka hatte dazu geweint und gesagt: »Nun werden wir ihn wohl nicht wiedersehen.« Asmussen schnitt es durchs Herz, als er das hörte.

Bald darauf erfuhr er, warum Hilde sich nach einer Mutter und fast mehr noch nach einem Vater sehnte.

Sie sahen sich zwei- oder dreimal die Woche; und wenn sie nicht spazieren gingen, saßen sie in Hildens Zimmer stundenlang beieinander und waren plaudernd und schweigend miteinander glücklich. Sie bereitete vor seinen Augen den Tee und das Abendbrot, und jedesmal war es ihm, als ob ihre schlanken, weißen und geschickten Hände das einfache Brot und Fleisch in die erlesensten Leckerbissen verwandle. Zu Hause aß er wie ein Schulmeister von energischem Appetit; hier soupierte er bei denselben Speisen wie ein Gourmet.

In manchen Stunden ergötzte er sich daran, ihr die langen, schweren Zöpfe aufzulösen, daß das Haar sie bis zu den Hüften wie ein goldbrauner Mantel umfloß, und im duftig-warmen Schatten ihres Haares küßte er sie, oder er schmiegte sich eine breite Strähne ihres Haares um Hals und Wange und las ihr so ein Gedicht vor, daß er ihr mitgebracht. Selten kam er ohne neue Verse zu ihr, und sie war sein empfänglichstes und unbestechlichstes Publikum. Wenn er geendet hatte und sie ihm freundlich zunickte, dann wußte er, daß das eine vernichtende Kritik war. Wenn ihm etwas Rechtes gelungen war, sah sie ihn mit großen, ernsten Augen und mit zuckendem Munde an, nahm ihm leise das Blatt aus der Hand und las es noch einmal. Und dann bedeckte sie das Blatt mit Küssen, und dann seinen Mund, seine Wangen, seine Augen mit Küssen, und dann barg sie das Blatt auf ihrer Brust, und er wußte, daß sie es wochenlang auf ihrem Herzen trug wie ein Amulett, bis es von einem andern abgelöst ward.

Manchmal auch sangen sie, einzeln oder zu zweien, und dann sang er die Oberstimme, und sie sang mit einem vollen weichen Alt die Begleitstimme; so klang es besser als umgekehrt. Und einmal, als sie allein sang, sang sie:

>Er, der Herrlichste von allen,
Wie so milde, wie so gut ...

Als sie geendet hatte, fragte er: »Liebst du das Lied?«

»Ja. Ich liebe den ganzen Zyklus unbeschreiblich.«

»Die Verse oder die Musik?«

»Beides. Aber die Verse noch weit mehr als die Musik. Sie sind nach meiner Meinung das Schönste, was von der Frau gesungen werden kann.«

»Ja. Mir scheint auch, er hat die Frau nicht besungen, er hat sie gesungen. Das Weib, das in diesen Versen dasteht, überragt Gretchen und Klärchen an Schönheit, Lieblichkeit und Größe; es ist von klassischer Hoheit, aber es ist nicht antike, es ist deutsche Klassik. Wir haben überhaupt nur wenig so deutsche Dichter wie diesen Franzosen. Da fällt mir ein: ich wollte dich immer schon fragen, woher dein französischer Name stammt.«

»Meine Urgroßeltern väterlicherseits wohnten im Elsaß.«

»Ah – daher dein französisches Aussehen.«

»Hast du's nicht gern?«

»Ich glaube, den Beweis erbracht zu haben. Du bringst das Kunststück fertig, pikant und deutsch zu sein.« Und dann rezitierte er leise:

Wandle, wandle deine Bahnen;

Nur betrachten deinen Schein,
Nur in Demut ihn betrachten,
Selig nur und traurig sein!

Höre nicht mein stilles Beten,
Deinem Glücke nur geweiht;
Darfst mich niedre Magd nicht kennen,
Hoher Stern der Herrlichkeit.

Nur die Würdigste von allen
Soll beglücken deine Wahl,
Und ich will die Hohe segnen,
Segnen viele tausendmal.

»Heute gibt es nicht wenig Frauen, die darüber lachen und höhnen,« sprach er.

»Kann man anders empfinden, wenn man liebt?« fragte sie. »Ich wenigstens kann mir keine andere Liebe denken.«

»Und eine Frau, die so empfindet,« fuhr er fort, »wird im Hause des Mannes die stolzeste der Frauen sein, sie wird der 'Stern der Herrlichkeit' sein, zu dem Mann und Kinder in der Stille ihres Herzen beten, zu dem sie aufblicken, wenn sie den Glauben an die Welt verloren haben und wiederfinden möchten.«

»Muß sie dann nicht eine Heilige sein?«

»Nein, so wenig wie je ein Mann die Verehrung verdienen kann, die aus den Frauenliedern Chamissos klingt. Nicht das entscheidet ja, was wir sind – du lieber Gott, wo bliebe ich! –, sondern wie sehr wir geliebt werden, das entscheidet. Das ist die Wahrheit des Christentums, daß uns Liebe erlöst.«

»Asmus,« rief sie ängstlich, »ich zittere und bange, wenn du mich über dich erhebst. Wenn du wüßtest, wie wenig ich das verdiene –«

»Zittere und bange nur,« rief er, »ich habe Mut, wenn ich dich ansehe, einen Mut, einen Mut –«

Er riß sie jauchzend an sich und küßte sie, daß sie aufschrie.

Und einmal, als er so bei ihr saß, in ihrem Nähkästchen kramte und mit allerlei zierlichen Büchschen und Kästchen spielte, die er darin fand, holte er einen Glasmarmel daraus hervor, eine durchsichtige Glaskugel, in der man eine geflügelte Gestalt, eine Fortuna, wie es schien, erblickte.

»Sieh da,« sagte er, »genau solch einen Marmel hab' ich auch einmal besessen. Eigentlich ein hübsches Symbol, wenn ich es jetzt betrachte. Die Glücksgöttin nicht über der Welt, sondern in der Welt, sie selbst nur ein Stück der rollenden Notwendigkeit ...«

»Ich weiß eigentlich selbst nicht,« sagte sie lächelnd, »warum ich ihn immer aufgehoben habe. Wenn man solch ein Ding lange bei sich verwahrt hat, ist es gerade, als hätt' es ein Recht an uns erworben, und wenn man es wegwerfen will, ist es, als säh es einen vorwurfsvoll an, und man kann es nicht aus den Fingern loswerden. Ich hab' ihn vor vielen Jahren von einem kleinen Jungen bekommen.«

Sie sagte das, indem sie sich auf ihre Näharbeit bückte; aber es war ihr, als zöge eine geheime Kraft ihren Kopf empor, und als sie aufblickte – wirklich, da starrte Asmus sie an mit einem Blick, der aus der Ferne einer längst vergangenen Zeit zu kommen schien.

»Von einem kleinen Jungen hast du ihn bekommen?« sprach er langsam. »Wann? Wo?«

»Ja, wenn ich das noch wüßte! – Was hast du? Warum

bist du –«

»Bitte, frag' mich jetzt nicht – sag', wann es war und wo?«

»Ja – zwölf Jahre ist es zum mindesten her – ich weiß nur noch: ich saß auf der steinernen Treppe vor einer Gastwirtschaft und wartete auf meinen Vater, der erledigte drinnen ein Geschäft, da kam der kleine Junge und schenkte mir den Marmel.«

»Hilde,« rief Asmus mit seltsam leuchtenden Blicken, »sah der Junge aus wie ein kleiner, dicker Asmus Semper?«

Hilde starrte ihn sprachlos an.

»Hilde,« rief er, »du hast einen Onkel in Griechenland –«

»Ich hatte ihn – er ist tot –«

»Den nannte man den 'König der Mainotten'!«

»Ja!«

»Hilde! Wir haben uns also vor zwölf Jahren schon gesehen! Der kleine Junge war ich! Vor zwölf Jahren schon sind wir uns begegnet.« Er war so bewegt, daß er aufspringen und auf und ab gehen mußte. Und er erzählte ihr, wie wundersam ihn damals die Begegnung mit dem lieblichen, traurigen Kinde ergriffen habe, wie er wochenlang fast täglich nach der Wirtschaft zwischen den Bahndämmen in Oldensund gelaufen sei, um die »Königin der Mainotten« wiederzufinden – denn sie hatte erzählt, der Onkel wolle sie zu seiner »Königin« machen – wie er sie niemals wiedergesehen, aber wie ihre Erscheinung und ihr Wesen ihn mit einem jahrelang nachleuchtenden, tröstenden Licht erfüllt habe.

»Hilde! Hilde!« – –

Und ihr Gespräch ward ein leises, trauliches Fragen und

Erzählen; sie erzählte ihm die Geschichte ihres Lebens. Was sie nicht erzählte, das ergänzte er sich leicht aus dem Zwange der Tatsachen und aus dem, was er früher von ihr und von andern gehört. Und immer wieder fühlte Asmus mit Beschämung, wie sehr ihn von je das Glück begünstigt habe, schon dadurch, daß er bis heute zwei liebende und geliebte Eltern besessen, und wieviel mehr der Kraft, des Mutes, der Liebe das Leben von ihr gefordert hatte als von ihm!

LIII. Kapitel.

Enthält die Geschichte Hildens vom Marschall Davoust an bis zu Fräulein Paulsen.

Napoleon und sein Marschall Davoust hatten den Urgroßeltern Hildens ihr Glück zerstört. Diese hatten zu den 20 000 gehört, die man zu den Toren Hamburgs in Hunger und Kälte hinausgejagt, und Hildens Urgroßvater war unter denen gewesen, die auf dem Wege nach Oldensund zugrunde gegangen. Die seelenstarke Frau hatte selbst den toten Gatten bis nach Oldensund getragen, und dort hatte er teilgenommen an jenem ewig klagenden Grabe, das Friedrich Rückert besungen hat.

> Wo finden wir Kost und Kleider,
> Wir zwanzigtausend an Zahl?
> Die andern schleppten sich weiter,
> Wir blieben hier zumal.
>
> Wir konnten nicht weiter keuchen,
> Erschöpft war unsere Kraft:

> Frost, Hunger, Elend und Seuchen
> Sie haben uns hingerafft.
>
> Ein ungeheurer Knäuel,
> Zwölfhundert oder mehr,
> Es zieht sich über den Greuel
> Ein dünner Rasen her.

Über diesen Rasen war Asmus in früher Kindheit spielend dahingesprungen – wie manchesmal!

Die arme gute Großmutter, die das Elend der Eltern schaudernd miterlebt und früh den Gatten verloren hatte, war ein Stern in Hildens Jugend gewesen. Eine kindlich-fromme Frau, die ihren Glauben nicht als eine Tugend, sondern als ein Geschenk ihres Heilandes empfand, lehrte sie ihre Enkelkinder beten und geistliche Lieder singen. Aber nicht nur geistliche Lieder sang sie, sie sang:

> Ich denk an euch, ihr himmlisch schönen
>   Tage
> Der seligen Vergangenheit!
> Komm Götterkind, o Phantasie, und trage
> Mein sehnend Herz zu seiner Blütezeit!

und sobald sie das sang, stand die kleine großäugige Hilde an ihren Knien und trank ihr das Lied von den Lippen, und sie wußte, wenn die Großmutter das sang, dann erzählte sie auch bald von der Franzosenzeit und von lieben Toten. Unter dem Herzen dieser Frau hatte Hildens Mutter gelegen, und die grenzenlose Güte dieses Herzens war auf die Tochter übergegangen, nicht aber seine Festigkeit und Stärke. Hildens Mutter gehörte zu jenen Menschen, die aus Gutmütigkeit heiraten können und ihr Mitgefühl mit dem Werbenden für Liebe nehmen. Sie war wehrlos in der Hand ihres Mannes.

Dieser Mann war der schwere, ewig lastende Schatten in Hildens Kindheit. Er war ein Selbstling von jener Art, die in Gegenwart eines vor Hunger Sterbenden einen Kapaun mit Genuß verzehren kann, die vielleicht ein Stückchen hergeben würde, wenn man sie daran erinnerte, aber nie von selbst auf diesen Gedanken verfällt. Als »Kaufmann« – er vertrieb als eine Art Stadtreisender allerlei Dinge für andere Geschäfte – dejeunierte, dinierte und soupierte er in besseren Restaurants und empfand es wie eine Niedertracht von seiner Frau, daß sie immer wieder Mittel für den Haushalt verlangte. Die wenigen Bissen aber, die er den Seinen hinwarf, würzte er ihnen mit hämischen, kränkenden Reden, und wenn er vollends angetrunken nach Hause kam, dann konnte er stundenlang immer in derselben Sofaecke sitzen und immer dieselben peinigenden Bosheiten wiederholen.

Es war ein schlimmer, schlimmer Tag gewesen, als aus diesem Hause die Großmutter für immer geschieden war. Und nicht zu mahnen brauchte man die Kleine, daß sie hingehe und die Blumen auf dem Grabe der Heimgegangenen begieße! An jedem Tage der milderen Jahreszeit machte sie sich unaufgefordert auf den Weg nach dem Friedhof. Und wenn sie ihr frommes Werk getan hatte, setzte sie sich auf das Gitter des Grabes und dachte daran, wie schön die Großmutter gesungen hatte:

> Umglänze mich, du Unschuld früher
> Jahre,
> Du mein verlor'nes Paradies!
> Du süße Hoffnung, die mir bis zur Bahre
> Nur Sonnenschein und Blumenwege
> wies.

Und bei dem Wort »Bahre« sah sie immer die Großmutter auf der Bahre liegen, und dann mußte sie weinen. – Neben der Großmutter lag auch die Tante Romona, die wunderschöne Spanierin Romona Viego, die mit 24 Jahren schon acht Kinder gehabt hatte, und das jüngste lag ihr im Arm. Das war eine gefeierte Sängerin gewesen, und als die kleine Hilde einmal die herrliche Frau gesehen hatte, auf dem Divan liegend, ganz in weißen Gewändern und eine Zigarette rauchend, da war sie ihr als die oberste und heiligste aller Frauen erschienen. Das Grab der Tante Romona pflegte sie auch, und dann wandelte sie oft stundenlang zwischen den Hügeln des Friedhofes schauend und sinnend umher und fühlte sich heimischer als in der Gegenwart ihres Vaters.

Zwischen diesem Manne und seiner ältesten Tochter war ein Gegensatz von Ewigkeiten her. Ihr Wesen war von jenem Adel getragen, dem am letzten Ende doch mit aller Brutalität nicht beizukommen ist, der wie eine uneinnehmbare innere Festung das Herz umgibt. Das aber ärgerte ihn, reizte ihn, und er schalt sie hochmütig, übergeschnappt und verhöhnte ihren regen Bildungstrieb. Sie duldete tapfer an der Seite ihrer Mutter und half ihr heimlich, soviel sie konnte, in ihren Ängsten und Nöten. Ihrem stolzen, wahrheitsliebenden Wesen war alle Heimlichkeit zuwider; aber sie begriff, daß es gegen einen gemeinsamen Feind zusammenzustehen galt. Und sie fürchtete ihn; er hatte sie wiederholt geschlagen. Einmal hatte er sie geschlagen, als sie bis spät in die Nacht das Haus hatte hüten müssen und eingeschlafen und durch langes Klopfen und Rütteln an der geschlossenen Haustür nicht zu erwecken gewesen war. Da, als sie wieder einhüten sollte und der Vater ihr streng befohlen hatte, weder zu schlafen noch sich einzuschließen, setzte sie sich an die Haustür, lehnte den Kopf dagegen und schlief beruhigt ein. Wenn die Haustür aufging, mußte sie ihren Kopf treffen, und dann mußte sie sicher erwachen. Als die Eltern sie so fanden, erklärte die Mutter, daß sie nicht wieder ausgehen werde, wenn das Kind nicht zu Bett gehen dürfe, was ihrem Gatten zu sehr ausgedehnten und sehr ironischen Bemerkungen Anlaß gab.

Nur nach langen Kämpfen und unter verletzend spöttischen Glossen hatte er zugegeben, daß Hilde dem dringenden Rat ihrer Lehrer folge und ins Präparandeum eintrete. Und bald nachdem dies geschehen, hatte er seine Familie verlassen. Er gab ihnen keinen Pfennig zu ihrem Unterhalt; aber dennoch wünschten sie ihn nicht zurück; trotz allem Mangel und aller Sorge schien es ihnen, als wäre der Himmel heiterer geworden. Mit treu vereinten Kräften schlugen sie sich durch. Aber dann wurde die Mutter krank und kränker, und endlich lag sie ein ganzes Jahr lang auf dem Schmerzenslager. Nun mußten sie den Gatten und Vater doch an seine Pflicht gemahnen, und auf Mahnen und Drängen kam er ihr halbwegs und mit Verwünschungen nach. Hätte Hilde nicht eine Freundin gehabt, die ihr oft geholfen, so hätte sie das Seminar verlassen und einen Dienst annehmen müssen. Aber es kam der Tag, da sie mit drei kleineren Geschwistern am Sarge der Mutter stand. Da plötzlich erschien auch eine Tante mit ihren Töchtern und mit Trauerkränzen, und siehe, sie erhoben ein mehrstimmiges, schallendes Klagegeheul.

»Geht hinaus!« sagte Hilde.

Die Tante glaubte nicht recht zu hören.

»Drei Jahre hat sie gelitten, und Ihr habt Euch nicht um sie und nicht um ihre Kinder gekümmert. Geht hinaus und nehmt Eure Kränze mit.«

Und die Klageweiber schlichen betreten mit ihren Kränzen davon.

Ein Bruder ihrer Mutter gab ihnen nun das Notdürftigste

zum Leben. Die Verstorbene hatte immer darauf gehalten, daß ihre Kinder, wenn es irgend zu erschwingen war, am Sonntag einen Kuchen bekämen. Und eines Sonntags kaufte Hilde ihren Geschwistern für wenige Pfennige ein paar Kuchen, weil sie die verlangenden Blicke der Kleinen nicht ertragen konnte. Das hörte der Onkel und überhäufte sie mit Vorwürfen, daß sie nichts verdiene und fremdes Geld noch obendrein vergeude. Da beschloß sie, ein Ende zu machen. Sie ging zum Armenpfleger und sorgte dafür, daß ihre Geschwister bei wackeren Leuten ihrer Bekanntschaft untergebracht würden. Und dann ging sie zum Seminardirektor, um ihren Austritt aus dem Seminar anzumelden. Sie wollte einen Dienst annehmen, und wenn es der niedrigste wäre. Nur nicht mehr von der Gnade der Menschen abhängen!

Herr Direktor Dr. Korn war noch im Schlafrock und Pantoffeln; aber er dachte nicht daran, diese Toilette einer jungen Dame wegen zu ändern.

»Was wünschen Se?« fragte er unwirsch.

Sie erklärte, daß sie auszutreten wünsche.

Er starrte sie an und sagte: »Se sind wohl nicht recht jescheit. Jetzt, wo Se 'n halbes Jahr vor der Prüfung stehen?«

Sie erklärte ihm, daß sie müsse und warum sie müsse.

»Hm. Und wat woll'n Se denn jetzt anfangen?«

»Irgendeinen Dienst annehmen.«

»I Jott bewahre. Det jiebt's nich. Wir lassen Se nich los. Wir jeben Ihnen in einem unserer Schulhäuser 'ne Wohnung, umsonst, mit Feurung. Für's Essen wird sich auch Rat finden. Und vielleicht läßt sich auch noch irgendwo 'n kleines Stipendium losmachen.«

Hilde hatte Mühe, ihre Tränen zu unterdrücken.

»Also austreten is nich. Det schlagen S' sick man aus'm Kopf.«

»Ich weiß nicht, wie ich Ihnen danken soll, Herr Direktor,« stotterte Hilde.

»Is auch jar nich nötig. Halten Se man'n Kopf hoch.«

»Vielen, vielen Dank, Herr Direktor.«

»Bitte« sagte Korn nicht; all dergleichen Überflüssigkeiten verachtete er.

So war nun der äußersten Not gewehrt, aber freilich nur der äußersten. Wohl hatte sie sechs Freitische: aber die Woche hatte noch immer sieben Tage, und auch am Morgen und am Abend empfindet der Mensch ein Bedürfnis nach Nahrung. Damit nun ihre Mitschülerinnen nicht auf den Gedanken verfielen, daß sie nichts zu essen habe, versagte sie sich das Abendbrot: dann hatte sie ein paar Groschen für ein Frühstück. Auch war es für ein siebzehnjähriges Mädchen ein unheimliches Wohnen hoch oben in dem verlassenen Schulhause, und in verzweifelten Augenblicken flüchtete sie sich in den Keller, an den Herd der Schuldienerfamilie. Aber es kam die Prüfung, die sie mit Auszeichnung bestand, und mit ihr kam das befreiende Gehalt von achthundert Mark pro anno. Als sie die erste Vierteljahrsrate empfangen hatte, zahlte sie zunächst alle ihre Schulden, und dann ging sie hin und kaufte für die Schuldienerfrau ein Geschenk, weil sie der Meinung war, daß man erwiesene Freundlichkeiten vergelten müsse, sobald man die Mittel dazu habe. Ihre Sympathie mit Ludwig Semper war nicht ohne einen tiefen Grund.

Inzwischen aber war der reiche Onkel in Griechenland gestorben, der Besitzer großer Marmorbrüche, der »König der Mainotten«, der einmal gesagt hatte, wenn Hilde groß sei, solle sie seine Königin werden. Wie ein Meteor war er damals aufgetaucht und verschwunden. Nun war er tot, und alle Verwandten reisten nach Griechenland, um die Erbschaft in Empfang zu nehmen, nur die Chavonnes nicht; denn die hatten kein Geld zum Reisen. Und nach einiger Zeit hieß es, die Chavonnes seien bei der Erbschaft ausgefallen, der Onkel habe sie in seinem Testament nicht bedacht. Um ihrer Geschwister willen ging Hilde zu einem Anwalt, und der erklärte, wenn man viel Geld habe, könne man nach Griechenland prozessieren. »Das haben wir nicht,« sagte Hilde und ging mit dem ruhigsten Herzen von der Welt von dannen. Sie war ja imstande, sich selbst zu helfen; ihre Schwestern hatten ihr Auskommen, und ihren Bruder, der ein Handwerk lernte, konnte sie immerhin mit Taschengeld versorgen. In solcher Vermögenslage sich mit den Verwandten um Geld schlagen? Wozu?

Auch bekam sie ja Privatstunden, mehrere Privatstunden an der Schule einer unglaublich frommen Schulvorsteherin. Aber Hilde hatte nicht mehr die Frömmigkeit der Großmutter; eine andere Frömmigkeit war in ihr emporgewachsen. Und als die gute alte Dame, die die junge Lehrerin ob ihres Wissens und ihres Lehrgeschicks nicht genug rühmen konnte, ihr auch den Geschichtsunterricht übertragen wollte, da lehnte sie ab.

»Das kann ich nicht,« sagte sie. »Ich habe gehört, wie Sie den Geschichtsunterricht erteilen. Sie geben einen frommen Geschichtsunterricht; überall sehen Sie Gottes Fügung. Das – das kann ich nicht. Wenigstens so nicht.«

Da sah das kleine alte Fräulein Paulsen geraden Blickes hinauf in Hilde Chavonnes weit offene, dunkelleuchtende

Augen und sagte: »Geben Sie nur ruhig den Geschichtsunterricht. Was Sie tun, kann nicht schlecht sein.«

LIV. Kapitel.

Asmus ringt mit höheren Töchtern und besteht ein schweres Examen nur mangelhaft.

Als Hilde geendet hatte, ergriff Asmus leise ihre Hand und bedeckte sie mit langen, andächtigen Küssen. Das viele Leid, das sie erlitten, hatte sie ihm zwiefach geheiligt. Er unterschied sich insofern gewiß nicht von anderen Menschen, als ihm Geld und Gut keineswegs zu den unnötigen und unerfreulichen Dingen gehörten; aber doch schien es ihm, daß er dies Mädchen um seiner Armut und seiner Kämpfe willen nun doppelt und dreifach liebe. Auch war die Armut etwas, das nun mit jedem Tage mehr schwinden mußte. Nächste Ostern bekam er schon 1600 Mark Gehalt; dann wollten sie heiraten.

»Was? Ostern wollt ihr schon heiraten?« rief Frau Rebekka.

»Bald nach Ostern, ja.«

Das schien gar nicht nach Rebekkens Sinne zu sein.

»Ich laß euch deshalb ja nicht im Stich,« sagte Asmus. »Hab' deshalb nur keine Sorge.« Von den 1600 Mark und von den 200 Mark, die er mit Privatstunden verdiente, konnte er seinen Eltern ja leicht noch abgeben, ohne daß er und sein Weib Mangel litten.

Die 200 Mark waren allerdings ein hartes Brot. Wenn er in seiner Schule fertig war, hastete er nach einer »Höheren Töchterschule«, um dort im Singen und im deutschen Aufsatz zu unterrichten. Es waren richtige »höhere« Töchter, das heißt sie hatten das Bewußtsein, zu den höheren Dingen zu gehören. In den sogenannten besseren Hamburger Familien ist der Klassendünkel nicht selten bis zur vollkommenen Verblendung entwickelt, und dieser traditionelle Geist oder Ungeist überträgt sich auf die

Kinder. Es waren wohl liebe und gescheite Mädchen darunter; eine große Anzahl aber ging von dem Grundsatze aus: »Wie kämen wir dazu, zu antworten und uns anzustrengen; unser Vater bezahlt ja.« Asmus kam bald dahinter, daß seine Meinung, die wohlgepflegten Kinder reicher und »guter« Familien zu unterrichten und zu erziehen, sei keine Kunst, ein ganz erheblicher Irrtum gewesen war. Im Gegenteil; er stieß hier gelegentlich auf raffinierte Niederträchtigkeiten und herzlose Tücken, die weit betrübender und hoffnungsloser waren als die Roheiten seiner Schüler aus der Hafengegend. Dazu waren die Machtmittel des Lehrers hier geringer. Einen Lümmel unter den Jungen nahm man, wenn's not tat, beim Ohr oder versetzte ihm eine Ohrfeige – er hielt den Körper eines Schlingels nicht für unantastbar und erinnerte sich sehr gut, daß manche der Schläge, die er als Junge empfangen, ebenso begründet als nützlich gewesen waren – aber dergleichen Mittel waren bei Mädchen freilich ausgeschlossen. Obendrein standen die meisten seiner Schülerinnen im zwölften oder dreizehnten Lebensjahre, das will sagen: in den weiblichen Flegeljahren. Er bemühte sich, seinen Unterricht so anziehend wie möglich zu gestalten; aber eine ganze Reihe dieser Damen war gleichwohl von der Existenzberechtigung eines Lehrers nicht zu überzeugen. Endlich fand er dennoch ein Mittel, sie zu bändigen. Wenn eine sich mit besonderer Wohligkeit auf den passiven Widerstand verlegte, so las er einfach der Klasse ihren Aufsatz vor. Das half. Wenn er las:

»Antigone hatte sich an dem zarten Bande ihres Schleiers emporgeknüpft,« oder »Schiller setzte dem wackeren Pfarrer Moser in seinen »Räubern« ein Denkmal, indem er den Räuberhauptmann nach ihm benannte,« oder »Er konnte den unbequemen Laut seines Innern nicht zum Schweigen bringen«; und wenn dann alles in stürmische Heiterkeit ausbrach (auch die, die Schlimmeres geschrieben hatten), dann fühlten sie doch etwas wie das Walten einer Nemesis. Asmus hatte entdeckt, daß die weibliche Seele außerordentlich empfindlich ist gegen den Spott, und von nun an brauchte er nur zu sagen:

»Bertha Klapp, ich werde nächstens wieder einen Aufsatz vorlesen –« dann wurde Bertha ohne weiteres umgänglich.

Von solchen und anderen Strapazen erholte er sich, indem er sich unter Hildens Oberaufsicht zum zweiten Examen vorbereitete, zu jenem Examen, das die feste Anstellung gewährleistete. Es war die lustigste und erfrischendste Büffelei von der Welt. Sie pilgerten hinaus in jenen anmutigen Garten »Zum Morgenstern«, wo sie sich um Erika und Calluna gestritten hatten, setzten sich in eine Laube und tranken Kaffee. Dann gab er ihr den betreffenden Schmöker in die Hand, und sie fragte ihn mit redlichem Eifer, was darin stand. Es war eine der schwersten Prüfungen, die man sich denken kann, viel schwerer als die gewöhnlichen; denn gewöhnlich haben die Examinatoren nicht solche Augen, solche Nase, solche Wangen, solchen Mund, solches Haar, solche Stimme! Eine Stunde wohl und länger gab er ihr treulich auf alles Bescheid, bis ihm die Sache doch zu unnatürlich wurde.

»Einen Schluß nach Celarent,« verlangte sie von ihm.

»Einen Schluß nach Celarent? Bon!«

Kein Weib ist schön (nach Schopenhauer)!

Alle Hilden sind Weiber.

Also keine Hilde ist schön.«

Sie drohte mit dem Finger. »Herr Semper? Ich werde Sie durchfallen lassen!«

»Ach bitte, Herr Professor, lassen Sie mich nicht durchfallen, ich möchte so gern heiraten!«

»Haha, heiraten wollen Sie? Wen denn?«

»Ein entzückendes, ein wonniges, ach Gott, ein – Sie haben ja keine Ahnung, Herr Professor. Erlauben Sie, daß ich Sie küsse –«

»Was fällt Ihnen ein!« Sie stieß ihn auf seinen Platz zurück. »Bilden Sie einen Schluß nach Darii!«

»Nach Darii? Wie Sie wollen.

Alle Basen färben rotes Lackmuspapier blau.

Hilde ist eine Base.

Also färbt Hilde rotes Lackmuspapier blau.«

Dann sah sie wohl ein, daß mit ihm nichts mehr anzufangen sei; sie klappte lachend das Buch zusammen und schlug ihm damit auf die Finger.

»Lieber, süßer Professor,« rief er, »die Logik, die Sie mir da abfragen, ist ja der gottvergessenste formalistische Quatsch, ist ja das blankste scholastische Blech von der Welt! Bevor ich etwas davon wußte, hab' ich genau so konsequent gedacht wie jetzt, oder konsequenter. Ach bitte, Herr Professor, tun Sie Ihr Täschchen auf und geben Sie mir vom Brote des Lebens.«

Dann verzehrten sie den Proviant, den Hilde mitgebracht und den sie mit gewohnter Delikatesse bereitet hatte; er ließ es sich mit Ausdauer schmecken und meinte: »Die Brotgelehrten haben doch nicht so ganz unrecht.«

Zu solchen Stunden brachte er wohl auch trotz aller Examenbüffelei ein Gedicht mit, und eines Tages brachte er ihr eins, das eine »hartnäckige Liebe« besang.

Jan Reimers hatte vor gar nichts Furcht.
Er rettete damals die beiden Dänen,
Ihr wißt wohl – es wollte keiner dran –
Er riß sie dem blanken Hans aus den
    Zähnen.

Nun war da die Antje Nissen – ei ja,
Die mochte dem starken Jan wohl taugen!
Schmuck war sie, alles was recht ist – man
    bloß:
Ihr guckte der Deubel aus beiden Augen.

Aber Jan, wie gesagt, war bange vor
    nichts.
Und so freit' er um Antje. Sie ziert' sich
    nicht lange
Und sagte Ja und ward seine Braut.
Aber als sie's war, da ward ihm doch
    bange.

Schon vor der Hochzeit alle Tag Krieg!
Verdammt, denkt Jan, nur noch drei
    Wochen,
Dann ist die Hochzeit. Sie läßt mich nicht
    los.
Aber sie ist ein Stachelrochen.

Da – denkt euch – da kommt ihm Hilf' in
    der Not!
Bei Südsüdost wird Jan Reimers
    verschlagen –
Er rennt auf die Klippen – das Schiff
    zerkracht –
Eine Planke hat ihn nach England
    getragen.

Sein erster Gedanke war: »Jung, wat'n
   Glück,
Nu bin ick verschollen! Das 's Gottes
   Wille!«
Er stopft sich die Pfeife mit nassem Shag
Und steckt sie in Brand bedachtsam und
   stille.

Sein Ewer freilich war Grus und Mus.
»Na ja,« denkt Jan, »wat is dor Slimm's bi!
Ick hev hier Fisch un hev hier Tobak.«
Und er lebte drei Jahre vergnügt in
   Grimsby.

Aber die Welt ist ein Rattenloch.
Ein Landsmann muß ihn gesehen haben.
   –
Jan bummelt am Hafen, die Fäust' in der
   Tasch',
Sich recht an Freiheit und Sonne zu laben
   –

Da hört er plötzlich – ihm schießt's in die
   Knie –
Seinen Namen rufen von weiblicher
   Stimme:
»Jan Reimers! Jan Reimers!« Ihm war's als
   rief
Des jüngsten Tages Posaun' ihn mit
   Grimme!

Aber Jan hat Courage: er stellt sich taub!
Da ruft Antje Nissen: »Du solltest dich
   schämen!
Nun tu' doch nicht so, als wenn du nicht
   hörst.

Du Feigling, du!«
                    Da mußt' er sie nehmen.

Sie lachte, als er geendet hatte, und dann nahm er noch einmal das Blatt und schrieb mit Bleistift oben über das Gedicht:

»Meiner Antje Nissen
In Schauern der Ehrfurcht gewidmet.«

Da lachte sie noch herzlicher, und ihr Lachen führte immer unfehlbar zum Küssen. Vom Küssen kamen sie dann wieder ins Lachen, kurz, es war der alte wohlbekannte `circulus vitiosus` der ja in der Logik eine wichtige Rolle spielt.

Es kann nicht von allen Szenen dieser Art berichtet werden, um so weniger, als sie für den älteren Leser eher ärgerlich als unterhaltend sind. Nur so viel sei gesagt: Sie liebten sich so zärtlich, daß sie die zärtlichen Worte und Kosenamen unseres Sprachschatzes längst verbraucht hatten und, wenn sie ihre ganze Liebe in ein recht von Grund aus erschöpfendes Wort pressen wollten, zu Injurien greifen mußten. Wenn er sie zu hart angefaßt hatte, rief sie mit einem goldenen Lachen in den Augen: »Du Gassenjunge du, du Rowdy!« und er flüsterte mit überquellendem Jubel: »Du Hexe du, du Teufelsweib!« und meistens, wenn sie dergleichen gesagt hatten, kam gerade der Kellner. Asmus Semper war damals noch recht unbekannt, sonst würde gewiß eines Tages in den Zeitungen gestanden haben, daß er und seine Braut sich »Hexe« und »Gassenjunge« schimpften.

Wenn sie dann nach der hochnotpeinlichen Prüfung an die Elbe hinunterwanderten, sich in den Sand streckten und die Schiffe kommen und gehen sahen, wenn Hilde heimlich herbeischlich, ihr Gesicht leise über das seine neigte und ihn küßte, wenn dann alles Glück der Kindheitserinnerung mit dem Glück der Gegenwart in Asmussens Herzen zusammenschmolz, dann mußte er laut oder schweigend ein Dankgebet sprechen. Er, dem in trüben und schweren Tagen nie der Gedanke an einen persönlichen, väterlich waltenden Gott kam, in Augenblicken überwältigenden Glückes hatte er das Bedürfnis nach irgendeinem Wesen, dem er danken könne, und unter Lachen und Tränen rief er stumm oder mit lautem Jubel in den Himmel hinauf: »Herrgott, du verwöhnst mich, du verwöhnst mich entschieden! Lieber Gott, laß mich nicht ersticken in meinem Glück!«

LV. Kapitel.

Zeichnet sich durch Kürze aus, die aber nicht Schuld des Verfassers ist.

Nach dem zweiten Examen wollte Murow, der Seminardirektor, ihn an die Seminarschule ziehen. Aber Asmus lehnte abermals dankend ab.

Und bald darauf machten die beiden sich auf, eine Wohnung zu suchen. In einer westlichen Vorstadt Hamburgs, in einem Hinterhäuschen, fanden sie zwei Zimmer, eine Kammer und eine Küche. Als sie diese Räume sahen, waren sie mit einem einzigen Blicke einverstanden: Hier kann das Glück wohnen. Als Asmus dem Hauswirt den »Gottespfennig« in die Hand drückte, war der erstaunt über die Größe des Geldstücks. Es war ein Taler. Heute konnte Asmus es sich leisten, Grundeigentümer zu beschenken. Er war dem Manne so dankbar, daß er ihm die reizende Wohnung abgelassen hatte!

Als er aber für einen Aufsatz, den er in einer Zeitschrift veröffentlicht hatte, ein ansehnliches Honorar empfangen hatte, schenkte er der Geliebten ein Kleid von weißer Seide, und ihre Kolleginnen und Freundinnen schenkten ihr dazu einen Einsatz von köstlicher Stickerei. Wie eine Königin sollte sie aussehen.

Die Ausstattung der künftigen Wohnung war ein ununterbrochenes Fest. Jeder Stuhl und jedes Kissen war eine Freude für sich, und wenn sie ein Dutzend Teller kauften, so waren es zwölf Freuden auf einmal. Als aber am Abend vor der Hochzeit die Freundinnen zu Hilden in das künftige Heim kamen, um die letzte Hand an den Brautputz zu legen, siehe, da hatte der treuherzige Handwerksmann die längst versprochenen Sitzmöbel noch immer nicht geliefert. Kurz entschlossen setzten sich die Mädchen in einem Kreis um Hilden herum auf den Fußboden und durchflochten ihr heiteres Werk mit Lachen und Singen.

In einem Gartenlokal am Elbufer sollte die Hochzeit gefeiert werden. Nicht umsonst zog es ihn in heiligen Tagen seines Lebens immer wieder an diesen Strom; auf seinen Fluten war die Seele des Knaben und des Jünglings von je in alle Fernen der Hoffnung gewandert.

Mit Wolken und leisem Regen begann der Hochzeitstag, und auch, als sie aus dem Wagen stiegen, regnete es ein wenig. »Es regnet in die Brautkrone,« sagte eine abergläubische Verwandte, »das bedeutet Glück«. Und dann ward es ein stiller, wolkenloser, in seiner eigenen Schönheit seliger Maientag.

Ludwig Semper und Goers der Riese waren Trauzeugen gewesen, und als nun Goers, der Gütige, sich zu einem Trinkspruch auf das Brautpaar erhob und ihm aus treuem, lauterem Herzen eine Schar von blühenden Kindern wünschte, da errötete Hilde wohl, aber nicht in Unwillen, sondern in einem wirbelnden Gefühl von Scham und Glück.

Und als sie noch beim bescheidenen Mahle saßen, erklang plötzlich ein langer, sanfter Geigenton; die Türen des kleinen Saales taten sich auf, wie von Geisterhand geöffnet, und von einem feinen und sauberen Streichquartett klang es herein:

> Treulich geführt, ziehet dahin,
> Wo euch der Segen der Liebe bewahr'!
> Siegreicher Mut, Minnegewinn
> Eint euch in Treue zum seligsten Paar.

Und am Pulte des ersten Geigers saß niemand anders als Morieux.

Asmus war aufs freudigste ergriffen von diesem zarten Geschenk; die Streicher wurden im Triumph an den Tisch geholt, und als alle genug gegessen und getrunken hatten, erhob man sich zum Tanz. Asmus und Hilde aber bestiegen den lange schon wartenden Wagen zur Hochzeitsreise nach dem Hinterhäuschen in der westlichen Vorstadt.

Als sie an seinem Elternhause vorüberfuhren, neigte er sich ans Wagenfenster und sah so lange hinaus, bis das Haus seinen Blicken entschwunden war. In diesem Augenblick fuhr ihm wie ein Blitz ein künftiges Gedicht durchs Herz, und einige Tage später schrieb er es auf.

Am Hochzeitstage.

Laut rollt der Hochzeitswagen durch die
    Gasse.
Wir ruhen drin, zu stillem Glück geeint.
Sieh, wie die Sonne glänzt durch
    Regenwolken:

Die Hoffnung lacht – und die Erinn'rung weint.

So ist's ein Fest der Wonne wie der Trauer.
Ich fühl's, da neue Liebe mich beglückt,
Wie lang genoss'ne, unvergoltne Liebe
Mit schwerem Vorwurf meine Seele drückt.

Der Eltern denk' ich, der verlass'nen, alten,
Und während mich dein Zauber sanft umgibt,
Erfaßt es mich mit wehmutsvoller Mahnung,
Wie zärtlich sie mich je und je geliebt.

Sie ließen mich den Traum der Jugend träumen,
Leicht schlug mein Herz! – ihr Haupt war sorgenschwer.
So zweifle nicht, wenn sich mein Auge feuchtet.
Der Sommer prangt; ein Frühling kommt nicht mehr.

Wie rasch der Wagen rollt! Wir fliegen selig
Und zukunftstrunken in die Welt hinaus.
Euch Sternen meiner Jugend send' ich Grüße
Ins abendrotumkränzte, stille Haus.

Verzeiht dem heißen Drang der jungen Seelen,
Der euch des vielgeliebten Sohns beraubt.

Unsterbliches Gedächtnis eurer Liebe
Und Segen über euer greises Haupt!

LVI. Kapitel.

Ein längeres Kapitel, weil darin von einem Leuchtturm, einer Nachtigall, einem Kinde, einem Rosenberg und von noch einem Kinde berichtet werden muß.

Wenn Semper der Ehemann sich einen neuen, herzquickenden Kunstgenuß bereiten wollte, dann lustwandelte er durch seine zwei Stuben, seine eine Kammer und seine Küche. Sie schimmerten und flimmerten, daß er sich nicht satt schauen konnte, und der phantasievolle Schloßherr der bayrischen Königsschlösser konnte mit seinen ungezählten Millionen keine tiefere Befriedigung gewonnen haben als der junge Schloßherr in der westlichen Vorstadt. Als Knabe hatte er einst geträumt, wenn er reich werde, wolle er sich ein großes Schloß bauen mit hohen Bogenfenstern und Marmorsäulen und Marmortreppen. Das war nun Wirklichkeit geworden, ohne Marmor und Bogenfenster, und doch alle Luftschlösser übertreffend. Wenn er auf dem Sofa lag und die Blicke über Wand und Decke, Schrank und Bücherbrett wandern ließ, und wenn er sich dann den ärmlichen Hausrat des Elternhauses vorstellte, dann dachte er: ich bin ein Emporkömmling; mit rasender Geschwindigkeit bin ich emporgekommen. Er erinnerte sich, gelesen zu haben, daß innerhalb desselben Geschlechtes nach einem Aufstieg mit einer gewissen Regelmäßigkeit eine »Decadence« der folgenden Generationen eintrete, und mit Wehmut erfüllte ihn der Gedanke, daß spätere Nachkommen von ihm gezwungen sein könnten, diese strahlende Höhe wieder zu verlassen. Er wußte freilich noch gar nicht, ob er überhaupt Nachkommen haben werde.

Nun war aber an seiner ganzen Wohnstatt ganz gewiß nichts Kostbares im alltäglichen Sinne, und manche Frau trug in einem Ohrläppchen ein weit größeres Vermögen, als dieses ganze Schmuckkästchen mit allem, was darin war, gekostet hatte. Was dieser Heimstatt für die Seele des jungen Mannes den unnennbaren Glanz gab, das war sein Glück; was ihr aber auch für das Auge Schönheit verlieh, das war Hildens Hand. Nicht umsonst war sie die Jahre hindurch, als die Mutter krank lag, das alles umsorgende, alle betreuende Hausmütterchen gewesen. Und die Mutter war wie die Mutter des Goetheschen Gretchens gewesen. »Bei der Frau Chavonne kann man vom Fußboden essen,« hatte es bei den Nachbarinnen geheißen, und Nachbarinnen sind streng. Diese Tradition hielt Hilde aufrecht. Und wie es nun einmal wahr ist, daß die Grazien den, den sie lieben, in keiner Lage und zu keiner Stunde verlassen, so blieb ihre Anmut ihr auch bei den gröbsten Verrichtungen treu. Und sie durfte vor grober Arbeit nicht zurückscheuen; denn fremde Dienste konnten sich die jungen Semper nur als seltene Aushilfe gestatten. Aber sie dachte auch nicht daran, vor irgendeiner Arbeit zurückzuschrecken; in lächelnder Ruhe stand sie über jedem beschränkten Hochmut. Arbeit hatte sie geadelt, und sie adelte die Arbeit.

Und wenn man nun bedenkt, daß jeden Abend, wenn sie zur Ruhe gegangen, die Nachtigall in ihr Geplauder, in ihre Träume, in ihren ersten Schlummer sang! Hinter den Fenstern ihres Schlafgemaches standen blühende Apfelbäume und andere Bäume, auch ein Goldregen, dessen Blüten herabhingen wie goldene Lampen in einem dämmergrünen Dom. Und aus einem der Bäume sang Abend für Abend die Nachtigall. Mitten in ihrem

Liebesgeplauder verstummten sie oft entzückt und sagten: »Hör' nur – hör' nur!« Ja, oft horchten sie fast erschrocken auf; denn es hatte geklungen wie eines Menschen weinende, schwellende, verhauchende Klage; dann wieder war es wie ein plätschernder Quell, durch den das Mondlicht glänzt. Alle Vögel haben ihre wiederkehrende Weise, dachte Asmus; nur sie hat immer neue Weisen; nie singt sie zweimal dasselbe; sie ist das Genie, dem die Welt immer neu erscheint, das immer Neues erkennt und Neues singt. Aller Vogelgesang ist lieblich; aber sie allein hat Kraft und Milde, sie allein hat Lust und Tiefe zugleich. Darum ist sie die Sängerin der Liebenden. Denn mit Sinnenkraft und Herzensmilde die Welt ergreifen, von höchster Geisteswonne bis zu tiefen Zuges trinkender Sinnlichkeit die Welt ausmessen: das ist Liebe. »Horch,« sagte Asmus, »wie langsam und klagend sie auch ihr Lied beginnen mag, immer endet sie mit jubelndem Geschmetter. Sie ist eine Optimistin; sie glaubt an das Leben. Glaubst du auch daran?«

Ja, wenn sie bei ihm war, glaubte sie daran; wenn sie allein war, konnte sie noch immer nicht fassen, daß das Leben nicht mehr ihr Feind sei. Sie konnte noch immer dem neuen Gesicht des Lebens nicht trauen; ihr Vertrauen war in einem langen Winter bis auf den Grund gefroren, und jahrelangen Sonnenscheins bedurfte es, diesen See wieder bis zum Grunde zu erwärmen.

Noch blieb ihnen die Sonne treu. Herrgott, wie es sich arbeitete in diesen ewig sonntäglichen Räumen! Und als er eines Mittags aus der Schule kam, sah er es Hildens Gesicht an, daß etwas Gutes passiert sei.

»Wieviel erwartest du noch vom »Leuchtturm«? fragte sie gespannt.

»Fünfundsiebzig Mark.«

»Er schickt hundert!« Asmus riß den Begleitbrief auf und las: »Es entfallen auf Ihren Beitrag eigentlich nur fünfundsiebzig Mark; aber wir schicken Ihnen mit Vergnügen hundert, wenn Sie uns bald wieder bedenken wollen.« Er schlang Hilden den Arm um die Taille und tanzte mit ihr durchs Zimmer. In solchen Augenblicken tanzte er sogar gut.

Fünfundzwanzig Mark wie vom Himmel gefallen! Sie kamen ja noch immer so eben, eben aus; aber sie konnten es schon brauchen.

Aber es war doch noch eine ganz winzige Freude, eine wahre Lumpenfreude gegen die Freude eines andern Tages, jenes Tages, da sie ihm verriet, sie habe sichere Anzeichen dafür, daß sie nicht immer allein bleiben würden. Da tanzte er nicht mit ihr, da zog er sie sacht auf seine Knie herab und hielt lange, lange ihren Kopf an seiner Brust, als müßt' er sie nun behüten auch vor dem leisesten Leid der Welt.

Ja, das Schicksal war ihm in diesen Tagen hold gesinnt, und manchmal schon hatte er sich im stillen gefragt, wieviel es ihm abziehen werde, und was, und wann? Aber es schien an keinen Abzug zu denken; im Gegenteil; es schenkte ihm in dieser Zeit zu allem Glück noch einen neuen und echten Freund. Er hatte in einem Lehrerverein einen Vortrag über Hamerling gehalten und damit unter anderen den Beifall eines jüdischen Lehrers gefunden, der ihm nach dem Vortrag als Dr. Rosenberg vorgestellt wurde. Asmus fand sofort an dem ganzen Manne ein großes Gefallen, an seinem sympathischen Gesicht, an seinem offenen und doch bescheidenen und bei aller bescheidenen Zurückhaltung dennoch bewußten Wesen, an seinen Interessen und seinen Erlebnissen. Rosenberg war Philologe, war in Paris und London gewesen und erzählte, wie er in London lange vergeblich seinen Unterhalt durch Stundengeben gesucht und wie, als er eines Tages wieder von einem vergeblichen Gange heimgekehrt sei und auf dem Rücken eines Buches den Namen »Schiller« gelesen habe, bei diesem Namen die Tränen des bittersten Heimwehs unaufhaltsam hervorgebrochen seien. Es war der erste Jude, mit dem Asmus in nähere persönliche Berührung kam, und diese Begegnung war ihm so interessant und erfreulich, daß er den neuen Bekannten einlud, ihn zu besuchen. Rosenberg kam; Asmus erwiderte den Besuch, und auf die lebendigste Weise erwuchs nun ein Freundschaftsverhältnis, das fast alle früheren Freundschaften Asmussens an Dauerhaftigkeit übertreffen sollte.

Als Rosenberg zum ersten Male bei Sempers gewesen war und die junge Frau Semper nur flüchtig gesehen hatte, da hatte er, wie er später gestand, im stillen gedacht: Er hätte doch so jung nicht heiraten sollen. Beim zweiten Besuche lernte er ganz anders denken und sah doch die junge Frau überhaupt nicht. Und das hatte alles seine guten Gründe.

Als Rosenberg seinen zweiten Besuch machte, war es wieder ein Maientag, der Tag vor Pfingsten, und in grauender Frühe dieses Tages hatte Hilde ihren Gatten geweckt und ihn gebeten, daß er die Wehmutter hole. Und dann folgte ein Tag, für Asmus wohl nicht viel leichter als für Hilden. Er wanderte in seinem Zimmer rastlos auf und ab, und am Nachmittag war er so weit, es laut vor sich hinzusprechen: »Ich will lieber kein Kind haben – wenn sie nur nicht mehr zu leiden braucht.« Ein furchtbares Gewitter brach los; unmittelbar über dem Hause war ein unablässiges Flammen und Krachen, und jeder Schlag traf ihn, weil er daran dachte, wie es sie erschrecken müsse. Er hatte ihr angeboten, bei ihr zu sein; aber sie wollte mit der Wehmutter allein sein. Und erst um 7 Uhr des Abends vernahm er das Schreien eines Kindes; Isolde Semper war zur Welt gekommen. Als die Wärterin der jungen Mutter das Kind zeigte, rief sie: »O, das ist ja Mutter Rebekka!« und sank in die Kissen zurück.

Auf den Fußspitzen war Asmus hereingekommen; er beugte sich über sie und küßte sie leise, leise auf die Stirn. Sie schlug die Augen auf, große, feuchte Augen und hauchte: »Du armer Mann, jetzt kann ich nicht für dich sorgen.«

»Du närrischer Engel,« flüsterte er, »willst du gleich schweigen und schlafen?« und küßte ihr die Augen zu. Aber sie öffnete sie wieder und sah ihn an mit einem Blick voll übermenschlichen Glücks. Dann hob sie behutsam die Decke von dem Kindlein, das in ihren Armen lag.

»Sieht sie nicht ganz aus wie Mutter Semper?« flüsterte sie. Er nickte »Ja«, obwohl er nichts dergleichen sah; er dachte nicht an das Kind: er dachte nur an sie. Die weise Frau versicherte ihm, daß alles gut verlaufen sei; da schlich er hinaus, nahm seinen Hut und ging auf die Straße. Er mußte Himmel über sich sehen.

Als er nach einer halben Stunde heimkehrte, war Rosenberg dagewesen. Die junge Mutter hatte jemand kommen hören, hatte vernommen, wer es sei, und der Wärterin gesagt: »Sorgen Sie bitte dafür, daß der Herr eine Erfrischung bekommt.« Und Rosenberg erfuhr von der Wärterin, daß die junge Frau Semper vor kaum einer Stunde Mutter geworden sei und daß sie selbst den Trunk für ihn befohlen habe. Da dachte er: »Das muß eine seltene Frau sein.« Nie vergaß er ihr diesen Trunk, und schon bei einem nächsten Besuch, als sie selbst ihn bewirtete, dachte er: »Er hat keineswegs zu früh geheiratet.«

In den folgenden Wachen und Monaten kam Asmussen seine Erziehung durch die Tabakstube, wo er unter unablässigen Gesprächen und Geräuschen die subtilsten

Sachen studiert hatte, vorzüglich zustatten. Denn die Stimme Isoldens war vernehmlich und ausdauernd. Sie vollbrachte Leistungen, gegen die die Partie der Wagnerschen Isolde als Episode erscheint. Aber das störte ihn nicht. Er gehörte nicht zu den geistigen Arbeitern, die auf eine Meile im Umkreis Asphaltpflaster und Strohschütten brauchen. Der Platz vor seinem Hause war ein beliebter Spielplatz der ganzen nachbarlichen Kinderschar, und er schloß das Fenster nicht, wenn ihr Geschrei hereinklang; denn es war ihm wie ein fröhlicher Gruß des Lebens, das zum Wirken und Schaffen rief. Auch besaß er im Notfall noch immer die Kraft, eine Mauer um sich zu bauen; wenn er nicht wollte, so hörte er selbst Isolden nicht. Auch als Dichter gehörte er nicht zu denen, die nur auf persischen Teppichen und vor perlgrauen Seidentapeten dichten können, und die mancherlei kleinen Banalitäten, die ein enger Haushalt unweigerlich mit sich bringt, die selbst einer Hilde Hand nicht immer zu bannen vermag, verstimmten nicht sein Saitenspiel. Er verstand es so gut, daß Schiller in einem Zimmer, das nichts als einen halben Tisch, einen Stuhl und eine Schütte Kartoffeln enthielt, die »Louise Millerin« schreiben konnte. Was mußte das für ein Dichter sein, der die Ausstattung seines Zimmers, der seine Gesellschaft nicht jeden Augenblick selbst beschaffen, der nicht jeden Augenblick seine Zelle in das Boudoir der Lady Milford oder in den Hafen von Genua verwandeln konnte?!

Und so erzog er in unbekümmertem Frohsinn neben der kleinen Isolde noch ein zweites, stilleres Kind, sein erstes Buch. Unbekümmert war dieser Frohsinn freilich nur in Hinsicht der äußeren Störungen; was die inneren Hemmnisse anlangt, war es ein oft unterbrochener Frohsinn. Nie hat jemand besser den Künstler beschrieben als Goethe, da er die liebende Seele beschrieb: »himmelhoch jauchzend – zum Tode betrübt«. Der Künstler wäre kein Künstler, der nicht himmelhoch jauchzte über ein gelungenes Werk und der nicht zum Tode betrübt sein könnte über dasselbe Werk. Und als ihn nun gar die Banalität der Druckkorrekturen überfiel, als er seine eigenen Verse immer wiederkäuen mußte, da übermannte ihn ein tiefes Verzagen. Aber Rosenberg riß seinen Mut wieder empor; Rosenberg war begeistert von diesen Versen. »Ich lege meine Hand dafür ins Feuer, daß Sie Anerkennung finden werden«, prophezeite er. Und wirklich fanden die »Gedichte« von Asmus Semper, als sie endlich erschienen waren, die freundlichste Aufnahme; denn da die Lyrik nichts einbringt, so erfährt sie oft eine sehr wohlwollende Beurteilung.

LVII. Kapitel.

Fängt fröhlich an und endet traurig; das Schicksal fordert seinen Zoll.

Zu allen diesen Freuden schenkte das Schicksal, das ihn verziehen zu wollen schien, unserm Asmus noch eine sonnige Weihnacht. Schon zur vorigen Weihnacht hatte er die bisherige Ordnung der Dinge auf den Kopf gestellt und seinen Eltern den Tannenbaum geschmückt; diesmal, da er wieder ein feistes Honorar von siebzig Mark errungen hatte, sollten sie das zu essen bekommen, was in seinem Elternhause immer als das Weihnachtsgericht der Reichen gegolten hatte: Karpfen! Und Weißwein sollte dazu getrunken werden, ja Weißwein! Unmittelbar vor der allgemeinen Bescherung aber winkte Hilde ihren Gatten auf die Seite, zog ihn ins andere Zimmer, schlang die Arme um seinen Hals und flüsterte ihm ins Ohr: »Wenn du lieb bist, hab' ich noch ein besonderes Geschenk für dich – freilich noch nicht heute.« Er sah ihr mit jähem, frohem, fragendem Staunen ins Gesicht.

»Ja??!«

Sie nickte eifrig.

»Wann denn?«

»Ich denke, im Juli oder August.«

Da küßte er sie unzählige Male und zog sie in das Weihnachtszimmer und war, noch bevor er den Weißwein genossen hatte, so trunken, daß er die Lichter des Tannenbaumes nicht doppelt, nein siebenfach, nein hundertfach sah.

Rebekka Semper fand den Karpfen köstlich, fand überhaupt, daß Hilde eine »gebor'ne Köchin« sei, und Ludwig Semper lächelte sein stillstes und innigstes Lächeln, als habe er den Weg zurückgefunden zu den strahlenden Tannenbäumen seines Elternhauses. Er sprach mit Asmus von dessen Gedichten und nannte die, die ihm besonders gefallen hatten, und obwohl eines Vaters Beifall zu den Werken seines Sohnes vor der Welt keinen Klang hat, so wußte Asmus doch, daß ihm nie ein schönerer Lorbeer gedeihen könne als dieses schweigsamen Mannes Lob und Lächeln. Diesem großen und stillen Herzen zu gefallen, das war ein großer und stiller Ruhm. Aber nur ein Semper konnte das wissen.

Ludwig Semper war aufgeräumt und gesprächig wie seit langem nicht; er erzählte, wie Asmus einst mit kleinen Kinderschrittchen neben ihm über die Wiese getrippelt sei und gerufen habe: »O Vater, hier ist es gerade so wie dein Geburtstag!« wie der Kleine unzählige Male an seinen

Arbeitstisch gekommen sei und ihm nach Wunsch aus dem »Freischütz«, aus der »Nachtwandlerin« und wohl aus zwanzig andern Opern vorgeblasen, was er aufgefangen habe, ja, Ludwig Semper stieg weit in die eigene Kindheit hinab und sprach von seinem Vater, dem Kaufmann Carsten Semper, auf dessen Diele jeder Besucher Schinken essen und Kornschnaps trinken konnte, ohne zu bezahlen, und von dem Tage, da der Justizrat quer über die Straße auf seinen Vater zugelaufen kam und rief: »Wissen Sie schon, Herr Semper, Goethe ist tot!« Es war wie Sammlung und Rückblick in diesen Reden Ludwig Sempers; aber die Seinen merkten es nicht. Wohl war ihnen aufgefallen, daß er die Speisen kaum berührt hatte, selbst die Karpfen nicht; aber da er ihre Besorgnis mit Lachen zurückwies, so hatten sie sich beruhigt. Freilich hatte Frau Rebekka erklärt, daß er schon länger an Appetitlosigkeit leide und daß sie ihn »natürlich« nicht zum Arzt kriegen könne.

Als Asmus seine Eltern am Sylvestertage besuchte, hörte er, daß sein Vater sich von der Weihnachtsfeier nur mit unsäglicher Mühe nach Hause geschleppt habe. »Ich werde den Weg nicht wieder machen können,« sagte Ludwig Semper mit wehmütigem Lächeln. »Ei was!« rief Asmus, »dann holen wir euch einfach in der Droschke; wir haben's ja!« Und er dachte sich, welch eine Lust es sein werde, die »Alten« im Triumph einzuholen, zu Wagen, wie ein Fürstenpaar! Und noch einmal ging er beruhigt heim.

Beim nächsten Besuch fand er seinen Vater zum Schlimmen verändert. Er konnte nicht mehr arbeiten, saß in seinem alten Lehnstuhl und mochte nicht sprechen. Seine Gesichtsfarbe war grau geworden, und wie Frau Rebekka mit Kümmernis erzählte, schlief er den größten Teil des Tages. Sein Appetit war nicht zurückgekehrt.

Mit Bangen im Herzen ging Asmus diesmal davon. Sollte

das Schicksal –? Nein, einen so harten Zoll konnt' es nicht fordern; so grausam konnt' es sein Glück nicht verkürzen wollen! Ja, wenn es ein achtzig-, neunzigjähriger Greis wäre, dann müßte man sich mit der Notwendigkeit versöhnen. Aber mit siebenundsechzig Jahren konnte das Schicksal diesen Mann nicht hinraffen wollen, diesen Mann nicht! Selbst völlig fremde Menschen mußten dem Zauber dieses Mannes huldigen. Als Asmus vor nicht langer Zeit im Lehrerverein geredet und die Kunst als Erzieherin proklamiert hatte und auch sein Vater als Gast zugegen gewesen war, da hatte die Versammlung dem Redner ein Hoch gebracht. Gleich darauf aber hatte sich der Vorsitzende erhoben und gesprochen: »Ich glaube, nicht fehlzugehen, wenn ich in dem ehrwürdigen Manne, der unserm Semper zur Seite sitzt, seinen Vater vermute.« Und dann hatte er mit kühner, launiger und geschickter Psychologie aus dem Wesen des Sohnes ein Bild des Vaters konstruiert und hatte diesen Vater gefeiert, und mit brausendem Hurra hatte die Versammlung ihm zugestimmt. Asmus hatte heimlich nach seinem Vater geschielt und hatte gesehen, wie er sich freute, und daß dieser Mann, der sein ganzes reiches Pfund in Weltabgeschiedenheit vergraben hatte, nun doch einmal vor aller Welt die Ehren genoß, die ihm gebührten, das war doch von allen Erfolgen Asmussens der beglückendste gewesen.

Und sollte das die letzte große Freude im Leben Ludwig Sempers gewesen sein? Nein, nicht die letzte.

Als Asmus wieder nach Oldensund kam, waren Hilde und die kleine Isolde mit ihm. Und als sie zu dem Vater ins Zimmer traten, saß er schlafend im Lehnstuhl; er erwachte auch nicht von ihrem Eintritt. Bekümmerten Herzens hörten sie, was Mutter Rebekka mit leisem Weinen berichtete. Er schlafe fast den ganzen Tag, sei nicht zum Essen zu bewegen und verstehe oft gar nicht, was man zu ihm sage. Während sie noch sprach, öffnete der Kranke die

Augen; immer weiter öffnete er sie, bis sie so groß und freundlich waren wie in seinen besten Tagen.

»Wem gehört das allerliebste Kind?« fragte er leise, mit frohem Staunen.

Sie sagten ihm, daß es ja Isolde sei, Asmussens und Hildens Kind und seine eigene Enkelin.

Da verbreitete sich noch einmal von diesen Augen aus über das ganze Gesicht des Leidenden das große, unerschöpflich gütige Lächeln, das über Asmussens ganzer Kindheit wie eine treulich wiederkehrende Sonne geleuchtet hatte, und dann schlossen sich die Augen wieder, und der Kranke war wieder entschlummert.

Die Besucher schlichen hinaus, und draußen nahm Asmus seine Mutter auf die Seite und fragte: »Was sagt denn der Arzt?«

Da konnte sich Rebekka nicht mehr halten: laut jammernd rief sie: »Ach Gott, der schreckliche Mensch sagt, es wäre vielleicht Magenkrebs, – ich werd' ja verrückt, wenn ich bloß daran denke!«

Das machte Asmus vom Kopf bis zu den Füßen erstarren. Über all seine Befürchtungen hatte immer wieder die Hoffnung gesiegt, es werde vorübergehen. Dieser Schlag betäubte ihn. Aber nur für einen Augenblick. Er schickte Hilden und das Kind nach Hause und rannte zum Arzt.

»Ja,« sagte der, »alle Anzeichen sprechen dafür. Ich habe keine Magensäure gefunden, das ist das sicherste Symptom.«

»Herr Doktor,« stammelte Asmus, »Sie dürfen mir nicht zürnen, – Sie sind ja auch nur ein Mensch, – Sie müssen sich in meine Lage versetzen, – es ist mein Vater, – würden Sie es mir übelnehmen, wenn ich noch einen zweiten Arzt befragte?«

»Durchaus nicht,« versetzte der Arzt, »Sie machen sich freilich unnötige Kosten; aber wenn es Sie beruhigt –«

Asmus eilte zu einem Altenberger Arzt, der ihm als besonders tüchtig empfohlen war. Der ließ ihn kühl an. Wer denn seinen Vater behandle?

Der Doktor Soundso.

Ja, das sei ja ein sehr tüchtiger Arzt. Er wisse nicht, was er da solle.

Asmus flehte ihn an, er möchte doch kommen.

»Nun ja, ich kann ja hinkommen.«

Und Asmus ging mit neuer Hoffnung: Der wird vielleicht zu einem anderen Ergebnis kommen.

Als er andern Tages ins Elternhaus kam, war der zweite Arzt noch nicht dagewesen. Der Kranke aber delirierte und konnte nur mit größter Mühe im Bette festgehalten werden. Da kam Asmussen der Gedanke: Ins Krankenhaus. Hier, in diesen ärmlichen, beschränkten Verhältnissen konnte ja der Vater nicht gepflegt werden wie im Krankenhause, und wenn eine Operation nötig war, mußte er doch dorthin. Und dort waren die besten Ärzte. Er besorgte die Aufnahme ins Krankenhaus, nahm eine Droschke und fuhr vors Elternhaus. Nun holte er seinen Vater in der Droschke! Aber nicht im Triumph, ach Gott, nicht im Triumph! Ohnmächtig lag ihm sein Vater im Arm wie ein Kind, und als er so mit seinem Vater im Wagen allein war, rannen seine Tränen unaufhörlich. Als er den Vater endlich wohlgebettet sah, eilte er zum Arzt des Krankenhauses und erstattete ihm Bericht über den Kranken. Dieser Arzt war ein feiner und milder Mann; er hörte den Sohn, aus dessen Worten er wohl die fliegende Angst des Herzens vernahm, mit großer Teilnahme an und entließ ihn mit neuer Hoffnung. Nun kann noch alles gut werden, dachte Asmus. Dieser Arzt ist ein vortrefflicher Mann, und im Krankenhause hat man alles zur Hand, was man zur Pflege eines schwer Erkrankten braucht.

Andern Mittags, als er aus der Schule heimkam, war sein erstes Wort:

»Ist Nachricht vom Krankenhause da?«

»Ja,« sagte Hilde ernst, »der Bote war hier.«

»Und?« rief er begierig.

»Du weißt es doch schon, nicht wahr?« sprach Hilde sanft. Er starrte sie an. »Ist er –?« Er brachte das Wort nicht heraus.

Sie nickte stumm und legte den Arm um seinen Hals. Er aber fiel mit einem einzigen, lauten Aufschluchzen in die Sofaecke.

Das also hatte er mit allen Mühen und Ängsten erreicht, daß sein Vater nun einsam gestorben war. Zwar: Ludwig Semper war nach dem Bericht der Wärter nicht wieder zum Bewußtsein erwacht, und morgens um zwei Uhr war er gestorben. Aber wenn er nun doch noch einen lichten Augenblick gehabt und wenn er Weib und Kinder gesucht hatte – mit diesem Gedanken zerfleischte sich Asmus das Herz, während er durch die Straßen rannte und die Formalitäten für die Bestattung erledigte. Dabei lief er oft stundenlang durch Gegenden, in denen er nichts zu suchen hatte; er wußte nicht, womit er sonst seine Zeit ausfüllen sollte.

Als er dann an der Bahre seines Vaters stand und den

starren, tränenlosen Blick auf das weiße Haupt des Toten heftete, da mußte er unaufhörlich denken: König Lear – König Lear. Dieser Mann hatte nicht aus Torheit ein Kind verstoßen, war kein Tyrann gewesen – und war seine Liebe vergolten worden, wie sie's verdiente? Die Liebe eines Vaters kann man nicht vergelten, dachte er; jeder Vater ist ein König Lear. Und als er seine arme, gebeugte Mutter sah, als er daran dachte, daß ihre Kinder von ihr gegangen waren und das beste Teil ihres Herzens an andere gegeben hatten, da fügte er hinzu: und jede Mutter ist eine Niobe.

Er riß sich gewaltsam empor aus seinem Brüten und sah sich um. Von seinen Freunden war nur einer erschienen: Dr. Rosenberg. Und das war die erste Freude in all diesem Leid.

Als er am Grabe stand, war es wieder wie immer; er konnte nicht weinen. Er dachte, was müssen die Menschen von dir denken, daß du am Grabe deines Vaters ohne eine Träne stehst. Aber als er das dachte, konnte er um so weniger weinen. Er hatte seit jenem Aufschluchzen in Hildens Armen nicht geweint; auch als er heimgekommen war, weinte er nicht. Erst am Abend des folgenden Tages, als Hilde zu einer Besorgung das Haus verlassen hatte und er allein an seinem Schreibtisch saß, legte er den Kopf in den Sessel zurück und weinte, weinte unaufhaltsam wie ein kleines Kind, das im Gewühl und Gedränge der Menschen die Hand des Vaters verloren hat.

LVIII. und letztes Kapitel.

Asmus bekommt einen Preis, einen Wolfram und eine Weltanschauung, und da dies dem Verfasser genug dünkt, übrigens auch die Weltanschauung den Mann macht, so schließt er diese Geschichte eines Jünglings.

Warum suchte denn Asmus in diesen schweren Tagen nicht Trost bei seiner Hilde? Wer am Schlusse dieses Buches noch so fragen würde, der würde das Wesen von Ludwig Sempers Sohn nicht ganz verstanden haben. Leute wie dieser Asmus können den Trost nicht bei anderen, sondern immer nur in sich selbst finden, und wenn sie auf den Trost anderer hören, so ist es, weil sie ihn schon in sich selbst gefunden haben. Zunächst suchte er auch keinen Trost; er wühlte vielmehr in seiner Wunde. Nicht alle Menschen rufen im Schmerze sofort nach Linderung wie das Kind nach dem Schnuller. Er fand es recht und gut, daß er litt, wo sein Vater so schwer und so lange geduldet hatte; er bildete sich nicht ein, ein Anrecht auf ein schmerzloses Dasein zu haben, wenn solche Menschen litten. Dann aber, als er sich recht in Ruhe und Einsamkeit sattgeweint hatte, trat seine angeborene Philosophie wieder in ihr Recht: Mit unabänderlichen Tatsachen nicht zu hadern und den Kampf des Lebens in Hoffnung und Vertrauen immer wieder aufzunehmen. War es doch inzwischen eine Hoffnung und ein Vertrauen geworden, die weit über den Kreis eines Einzeldaseins hinausreichten.

So oft er auch an den frühen Hingang seines Vaters mit Schmerzen gedenken mochte – er konnte dessen auch in weit, weit späteren Jahren nur mit tiefer Wehmut gedenken – dieser Verlust gehörte, als er mit ihm abgeschlossen hatte, nicht mehr zu den Dingen, die sein Wirken und seine Entwicklung hemmen konnten. Er hätte auch keine Zeit gehabt zu melancholischen Meditationen; er erfuhr wieder einmal den Fluch und den Segen der Armut. Er hatte schließlich doch einsehen müssen, daß 1800 Mark und selbst 2000 Mark nicht ausreichten, wenn man Eltern davon unterstützen und außerdem drei Menschen erhalten wollte, von denen zwei doch etwas mehr verlangten als Stillung des Hungers. Und seine Schriftstellerei war noch ein völlig unsicheres Brot; Arbeiten, die ihm später mit Kußhand abgenommen wurden, mußte er in diesen Jahren wie saures Bier an Dutzende von Blättern vergeblich ausbieten. Dazu stand die Geburt des zweiten Kindes in naher Aussicht. Rosenberg, der dem Freunde die Sorgen vom Gesicht lesen mochte, hatte ihm in zartester Weise seine Hilfe angeboten; »ich verdiene weit mehr, als ich brauche,« hatte er gesagt, »und ich bin froh, wenn ich mein Geld so gut anwenden kann.« Aber Asmus hatte vorläufig mit Dank und Rührung abgelehnt. Er wußte, daß dieser Mann ihn niemals drängen würde; aber er hatte vor Schulden ein tiefes Grauen; sie waren das einzige gewesen, das die heiter gütige Seele seines Vaters verbittern konnte. So griff er denn zu einer Häufung der Privatstunden; er bereitete Lehrer und Lehrerinnen auf das zweite Examen vor. Die Nachbarinnen steckten die Köpfe zusammen und fragten: »Was tun denn die jungen Damen immer bei Herrn Semper?« Dann sagte der Hauswirt: »Sie lernen bei ihm das Dichten.«

Es war ein Glück, daß ihm in seiner regelmäßigen Tätigkeit eine große Wohltat geschehen war. Er war nun schließlich doch versetzt worden, und an dem Leiter dieser neuen Schule erkannte Asmus so recht, wie unsere Worte und Handlungen das Gesicht der Persönlichkeit tragen, aus der sie fließen. Auch dieser Chef legte zuweilen auf kleine Dinge einen Wert, der ihnen nicht zukam; aber er war ein jovialer Gentleman, der in seinen Kollegen bis zum Beweise des Gegenteils Gentlemen erblickte, und so bedeuteten alle Kleinigkeiten nichts auf dem großen Grunde des gegenseitigen Vertrauens. Kein Mißton trübte das Verhältnis zwischen diesem Manne und dem renitenten Herrn Semper.

Und als er eines Mittags von diesem freieren und froheren Dienste nach Hause kam, da sah er an Hildens Gesicht, daß etwas Ähnliches geschehen sein müsse, wie damals mit den hundert Mark vom »Leuchtturm«, aber etwas noch weit Froheres. Auf ihrem schönen Gesicht, das ihm einst nur für den Ernst und die Trauer geschaffen schien, zuckten tausend Lichter des Frohsinns, und in ihrer Hand hatte sie einen Brief.

»Du darfst nicht böse sein!« rief sie, »ich konnt' es nicht aushalten – ich hab' ihn geöffnet, als ich sah, woher er kam! Da lies selbst!«

Er las, und als er gelesen hatte, wollt' er sie wieder umarmen und mit ihr tanzen; aber nein – das durfte sie ja nicht! Da drückte er ihr Gesicht mit beiden Händen und zerknüllte dabei den Brief und dessen Inhalt vollständig und küßte sie, bis ihr der Atem verging; aber er mußte doch tanzen, er mußte tanzen, und er umarmte einen Stuhl und tanzte mit dem durch beide Zimmer.

In einer süddeutschen Stadt gab es eine Schillerstiftung, die von Zeit zu Zeit an Versdichter einen Schillerpreis von 200 Mark verteilte. Dieser Preis war nun den »Gedichten von Asmus Semper« zuerkannt worden.

Als er den Brief noch einmal gelesen und die beiden Hundertmarkscheine geglättet und genau betrachtet hatte, ob es auch richtige Banknoten und nicht etwa Ehrendiplome oder dergleichen wären, da drehte er sich auf einem Beine mehrmals um sich selbst. Aber plötzlich hielt er inne, ließ sich auf einen Stuhl fallen und wurde tiefernst. Und Hilde kniete zu ihm nieder und sagte:

»Ich weiß, was du denkst!«

»Ja, Hilde? Weißt du das? – Hilde! Wenn er das noch erlebt hätte! Mein Gott, wenn er das noch erlebt hätte! Das wäre ihm wie eine Krönung seines Lebens gewesen.« – – –

So wenig sich Frau Hilde in den Gedanken ihres Mannes verrechnet hatte, so sehr hatte sie sich in der Zeit ihrer Erwartung verrechnet. Einen vollen Monat später, als sie gehofft, erschien das zweite Kind; dafür aber war es ein richtiger Junge. Der junge Herr Wolfram schrie genau so kraftvoll wie seine Schwester.

Als Asmus seinem Freunde Rosenberg die Nachricht brachte, da rief der: »Nun, da muß man wahrhaftig sagen: Ein volles Glück! Mensch, Sie sind ein Liebling der Götter! Sie haben ein herrliches Weib, eine Tochter, einen Sohn und alle sind gesund, und Sie haben Glück und Freude an Ihrer Kunst und in Ihrer Kunst! Bei Gott, ein volles Glück, ein volles Glück!«

Er sprach es ohne Neid, obwohl ihm selbst eine frühe Hoffnung verhagelt war.

Und doch ahnte der Freund bei weitem nicht den ganzen Umfang von Sempers Glück; er konnt' es nicht kennen in seiner ganzen Fülle. Asmus hatte in den letzten Monden Kämpfe durchgerungen, von denen niemand wissen konnte. Er hatte für seinen frohen, hoffenden Glauben an das Leben nach einem tieferen und festeren Grunde gesucht und hatte ihn gefunden, für viele Jahre wenigstens gefunden.

Wenn selbst ein Faust ausrief:

> O glücklich, wer noch hoffen kann,
> Aus diesem Meer des Irrtums
>   aufzutauchen!

und wenn Asmus dennoch hoffte, so fragte er sich: »Bin ich ein Wagner?« Nein, ein Wagner war er nicht, das durfte er sich zuerkennen. Nur in halbkindlichen Jahren hatte er geglaubt, daß ein Mensch viel wisse und daß er alles wissen könne. Auch war er nie so gemein gewesen, die Welt für vortrefflich zu halten, weil es ihm gut erging. Aber doch hatte er sich die Harmonie der Welt schon in engeren Kreisen, ach, schon im Bezirk eines Einzellebens vollendet gedacht. Daran war er irre geworden und hatte nun die Landmarken seiner Hoffnung weiter gesteckt, in die Jahrhunderttausende, in die Jahrmillionen hinein. Auf diesem langen Wege bedurft' es eines starken Glaubens, nein, eines starken Wissens, und das hatte er gefunden. Nicht nur die unmittelbare Gewißheit des Sittengesetzes war ihm aufgegangen, er fühlte auch unmittelbare Gewißheit im Denken und im Schaffen, und er nannte dies Gefühl, das die Entwicklung des Menschen begleitet, das Richtungsgefühl. Trotz aller Schuld, alles Irrtums und alles Mißlings weiß der Mensch, in welcher Richtung Ausgang und Ende des Entwicklungsstromes liegen; in seiner Brust ist ein Magnet, der trotz allen Zitterns und allen Abirrens den Weg zur Vollendung weist.

An einem köstlich milden Septemberabend, als er mit der froh genesenen Hilde am Fenster saß und noch ein letzter Hauch der Sonne auf den Bäumen lag, sprach er zu ihr:

»Ich hab' was geschrieben – willst du's hören?«

Mit der Freude eines Kindes ergriff sie seine Hand und drückte sie an ihr Herz und ließ sich dann zu seinen Füßen nieder. Er entfaltete ein Blatt und las:

Chidhr.

Ein wunderbarer Traum hat mich
besucht.
Ich saß an eines Berges Hang und
schaute.

In einer flüchtigen Minute Raum
Gedrängt, den Daseinswechsel langer
      Zeiten.
Im Tal zu meinen Füßen sah ich Blumen
Auf Blumen sich erschließen und
      vergehn,
Sah' Bäum' und Sträucher keimen
      ich und sprossen
Und wachsen, blühen, welken und
      vermodern,
Und sah ich Menschen von der Wiege bis
Zum Sarg des Lebens kurzen Tag
      durchwandeln.
Ich sah sie lachen, weinen – weinen,
      lachen,
Sah sie verzweifeln, hoffen und –
      verzweifeln,
Sah, wie das Glück dem Unglück reicht
      die Rechte,
Wie Unglück seine Rechte reicht dem
      Glück
In ewiger Kette.

            Namenlose Trauer
Sank mir mit schweren Schatten in die
      Seele.
»Wann endlich,« dacht' ich, »sinnlos-
      blödes Spiel,
Wirst du dich enden? Auf und ab und auf
Wiegt seit Äonen sich die Lebensschaukel
– Auf einer Seite staunend sitzt das Leben,
Und auf der andern grinsend wippt der
      Tod –
Und auf und ab, stumpfsinnig, wird die
      Wippe

Durch Ewigkeiten gehn. Wo lebt der
    Gott,
Den dieses grause Einerlei vergnügt?
Der ärmste Menschengeist, er hätte längst
Voll Überdruß und Ekel dieses Spielzeug
    Zertrümmert –!«

        Wie ich also bei mir
           dachte,
Sah ich am Boden plötzlich einen
    Schatten –
Ich hob den Blick, und einen Jüngling
    sah ich
Mit himmelsheit'rer Stirn, wie junge
    Rosen
Der frohe Mund, das Auge sonnentief.
Er hob den Arm und winkte freundlich
    »Komm!«
»Wer bist du?« rief ich. Er drauf: »Chidhr
    bin ich,
Der Grüne, Ewigjunge, der im Lande
Der Finsternis des Lebens Quellen hütet.
Komm, folge mir.«

        Und Falterflug des
           Traumes
Entführte mich auf lautlos dunklen
    Schwingen
In eine schreckendüstre Felsenwelt.
Doch sieh, aus tiefem Spalt granit'ner
    Berge
Sprang bläulich silbern einer Quelle
    Strahl,
Der wie ein ewig junges Lachen klang.
Und Chidhr sprach: »In hundert Jahren

furcht
Der ruhlos rege Quell sein hartes Bette
Um eines Fingers Breite. Alexander,
Den bis nach Indien trug der
    Siegeswagen,
Stand einst wie du an diesem Lebensquell.
Seit jenem Tage grub der Silberstrang
Um einen Fuß sich tiefer ins Gestein.
Und einst wird diese Quelle im Verein
Mit ihren Schwestern diese Felsen
    wandeln
In ein begrüntes Tal, wie du's verlassen.
Hier maß der göttergleiche Alexander
Sein Werk und seinen Ruhm am Maß der
    Welt
Und ging von diesem Ort zerstörten
    Herzens.
Und du, der schwach und klein ist bei den
    Menschen,
Kannst, wenn du willst, ein Gott von
    hinnen geh'n.
Wohl ihm, dem Freude sprüht aus dieser
    Quelle,
Wohl ihm, der ihr geheimes Lied versteht.
Wohl bleichen ihm die Lichtlein, die den
    Pfad
Ihm durch ein enges Leben schwach
    erhellten,
Die Lichtlein Ruhm, Unsterblichkeit und
    Macht.
Doch hinter weltenweiten Finsternissen
Geht eine Sonn' ihm auf, die alle Sonnen
Und Sonnenchöre selig überstrahlt.
Er fühlt, wie klein der Mensch, und fühlt,
    wie groß,

Wie unbegreiflich schön, wie über alles
Verdienst und Ahnen göttlich sein Beruf,
Und aus dem Klang der Quelle trinkt sein Herz
Zwei Kräfte wundersam: Geduld und Sehnsucht.
Geduld, die heiß und tief verlangt, und Sehnsucht,
Die sich am Glanz des Zieles still getröstet.

O Menschen, habt Geduld, und tut es nicht
Den Kindlein gleich, die in den Boden kaum
Den Samen senkten und nach Blumen schon
Und reifen Früchten späh'n! Taucht die Gedanken
Ins märchengraue Alter dieser Welt
Und steigt empor dann und erkennt, daß gestern
Der Mörder Kain seinen Bruder schlug.

Du dachtest recht, mein Freund: wär' diese Welt
Ein Einerlei, die Macht, die sie erschaffen,
Sie hätte längst zerstört ihr blödes Spiel.
Doch sieh, soweit in diesem Reich des Lebens
Die Wasser wandern, hat noch nie ein Quell,
Noch nie ein Strom den Weg zurückgenommen –
So glaube: auch der Strom des Lebens nicht.

»Vorwärts zum Licht!« das ist der Sinn
    der Quellen,
»Vorwärts zum Licht!« das ist der Ströme
    Sinn,
Die deine Seele, deinen Leib durchrinnen.
Er, der die Welt gewollt und dessen
    Namen
Kein endlich Wesen nennen darf noch
    kann,
Er gab, daß eures Wesens tiefste Quellen
Zum Lichte geh'n – und gab euch, daß
    ihr's wißt!«

So sprach der Ewigjunge. Oder sprach's
Der Quell? Im Silberklange rann
    zusammen,
Was Chidhr sprach und was die Quelle
    sang.
Und Falterflug des Traumes hob mich
    lautlos
Von dannen, und vom Tageslicht
    geblendet,
Erwacht' ich jäh.   Am Waldesrand
    erwacht' ich,
Wo singend aus dem Fels die Quelle
    springt,
Wo Morgenlicht von tausend Himmeln
    floß.

Sie nahm Ihm leise das Blatt aus der Hand und suchte darin eine Stelle, und als sie sie gefunden hatte, sprach sie langsam und leise:

    Er, der die Welt gewollt und dessen
        Namen

> Kein endlich Wesen nennen darf noch kann,
> Er gab, daß eures Wesens tiefste Quellen
> Zum Lichte geh'n – und gab euch, daß ihr's wißt!

Wie immer hatte sie ihn verstanden. Und als sie nun die dunklen Augen in heiligem Ernste zu ihm erhob, und als sein froher Blick in diese Augen selig versank, da sprach Asmus Semper in seinem Herzen:

»Ein volles Glück – bei Gott, ein volles Glück.«

Ende.

Inhalt

Erstes Buch

I. Kapitel.
II. Kapitel.
III. Kapitel.
IV. Kapitel.
V. Kapitel.
VI. Kapitel.
VII. Kapitel.
VIII. Kapitel.
IX. Kapitel.
X. Kapitel.
XI. Kapitel.
XII. Kapitel.

XIII. Kapitel.

Zweites Buch

XIV. Kapitel.
XV. Kapitel.
XVI. Kapitel.
XVII. Kapitel.
XVIII. Kapitel.
XIX. Kapitel.
XX. Kapitel.
XXI. Kapitel.
XXII. Kapitel.
XXIII. Kapitel.
XXIV. Kapitel.
XXV. Kapitel.
XXVI. Kapitel.
XXVII. Kapitel.
XXVIII. Kapitel.
XXIX. Kapitel.
XXX. Kapitel.
XXXI. Kapitel.
XXXII. Kapitel.
XXXIII. Kapitel.
XXXIV. Kapitel.
XXXV. Kapitel.

Drittes Buch

XXXVI. Kapitel.
XXXVII. Kapitel.
XXXVIII. Kapitel.
XXXIX. Kapitel.
XL. Kapitel.

XLI. Kapitel.
XLII. Kapitel.
XLIII. Kapitel.
XLIV. Kapitel.
XLV. Kapitel.
XLVI. Kapitel.
XLVII. Kapitel.
XLVIII. Kapitel.
XLIX. Kapitel.
L. Kapitel.
LI. Kapitel.
LII. Kapitel.
LIII. Kapitel.
LIV. Kapitel.
LV. Kapitel.
LVI. Kapitel.
LVII. Kapitel.
LVIII. und letztes Kapitel.

www.ingramcontent.com/pod-product-compliance
Lightning Source LLC
Chambersburg PA
CBHW032047220426
43664CB00008B/891